汉译世界学术名著丛书

致外省人信札

〔法〕帕斯卡尔 著

姚蓓琴 晏可佳 译

商务印书馆

Blaise Pascal
LES LETTRES PROVINCIALES
参照 *THE PROVINCIAL LETTERS* (translated by Thomas M'Crie) 译出

汉译世界学术名著丛书
出 版 说 明

我馆历来重视移译世界各国学术名著。从 20 世纪 50 年代起，更致力于翻译出版马克思主义诞生以前的古典学术著作，同时适当介绍当代具有定评的各派代表作品。我们确信只有用人类创造的全部知识财富来丰富自己的头脑，才能够建成现代化的社会主义社会。这些书籍所蕴藏的思想财富和学术价值，为学人所熟悉，毋需赘述。这些译本过去以单行本印行，难见系统，汇编为丛书，才能相得益彰，蔚为大观，既便于研读查考，又利于文化积累。为此，我们从 1981 年着手分辑刊行，至 2020 年已先后分十八辑印行名著 800 种。现继续编印第十九辑，到 2021 年出版至 850 种。今后在积累单本著作的基础上仍将陆续以名著版印行。希望海内外读书界、著译界给我们批评、建议，帮助我们把这套丛书出得更好。

商务印书馆编辑部
2020 年 7 月

译　　序

帕斯卡尔（Blaise Pascal，1623-1662年）的名字，相信我们是绝不陌生的。

作为17世纪法国著名自然科学家，帕斯卡尔从小就对数学产生了浓厚的兴趣。传说帕斯卡尔的父亲起初并不喜欢他学习数学，把欧几里得的《几何原本》藏了起来，有一天他却惊奇地发现，小帕斯卡尔自己推出了三角之和为180°的定理，惊讶的父亲只得亲手将《几何原本》交在了帕斯卡尔的手中。帕斯卡尔的数学天才很早就得到了充分的展示，16岁参加巴黎数学家和物理学家小组（巴黎科学院的前身），后著成《圆锥曲线之几何》，提出著名的"帕斯卡尔定理"，受到了笛卡尔的高度赞赏。在代数研究中，他发现了二项式展开式的系数规律，即著名的"帕斯卡尔三角形"。在他18岁时（1641年），他还动手制造了世界上第一台手摇计算机，能够进行六位数的加减法。此后，帕斯卡尔集中精力投身于真空和流体静力学的研究，取得了一系列重大成果。他根据托里拆利的理论，于1647-1648年间进行试验，发现随着高度降低，大气压强增大的规律。在此基础上帕斯卡尔著成《液体平衡论》（1654年），提出著名的"帕斯卡尔定律"："加在密闭流体任一部分的压强，必然按照其原来的大小由流体向各个方向传递。"同年出版《大气重力论》，确立了大气压力的基本规律。

命运似乎更喜欢捉弄天才，让帕斯卡尔聪慧过人的大脑寄寓在了一个羸弱不堪的躯体里面。从18岁起，各种疾病就一直伴随着他，24岁时还发生过一次中风。脆弱的肉体不仅使这位世纪天才英年早逝，显然也成为他终身未婚的一个主要原因。人们常常谈论帕斯卡尔在巴黎的"世俗生活"，揣测他经历过一段刻骨铭心的爱情，或者至少是一段刻骨铭心的单相思。1843年，有人发现了一份据说是帕斯卡尔的手稿《论爱的激情》，却令人大失所望，它并没有表现出帕斯卡尔在爱情上有什么惊世骇俗的见解，充其量只是一个普通青年的爱情感言而已。事实上，帕斯卡尔除了他所倾心的数学和物理学之外，他把自己全部献给了宗教。

帕斯卡尔出身于一个法国天主教家庭，他和全家属于与正统天主教发生冲突的詹森派。但是，他一生都相信自己的天主教信仰是热诚而且纯正的。这与他独特的心路历程有关。1646年，帕斯卡尔23岁时，其父骨折养病期间，他随家人一起接触到詹森派的观点，此后经常陪同其妹妹雅克琳到波尔—罗雅尔听詹森派的神父们讲道。1655年11月23日帕斯卡尔乘坐马车出行，不慎翻入塞纳河，两匹马溺毙，他却奇迹般生还。入夜，帕斯卡尔反复阅读《新约全书》中的《约翰福音》第十七章耶稣基督被捕前的一段祷告，心中产生了一种特殊的体验，谓激情之夜，撰一祈祷文藏于贴身衣衫，八年后方为仆人所发现，有"正直的天父，这世界从不知道您，但我已知道您。愿我再不离开您"等句[1]。1655

---

[1] 帕斯卡尔：《思想录》（何兆武译），商务印书馆1987年版，第503页。

译　序

年1月，入波尔—罗雅尔修院隐居。

　　当时的波尔—罗雅尔修院为法国詹森派的中心。詹森（Cornelius Otto Jansen，1585-1638年）是荷兰神学家，在鲁汶大学攻读神学期间，苦读奥古斯丁思想，著成《奥古斯丁论》。詹森死后，他的同道和友人就以这本书作为神学基础，在荷兰和法国等地的天主教内部形成了一个派别。詹森派反映了一部分法国新兴的资产阶级的思想意识和社会利益，影响极大并延续至今。1633年，詹森派的早期代表人物圣西朗修院院长德·奥拉纳（Jean Duvergier de Hauranne，1581-1643年）担任波尔—罗雅尔修院院长。1638年3月圣西朗院长被捕后，另外一名重要的詹森派领袖阿诺尔（Antoine Arnauld，1612-1694年）接过波尔—罗雅尔的领导权继续谋求对天主教教会的改革。由于詹森派对当时社会势力很大的耶稣会加以批评，1653年5月被教皇英诺森十世宣布为异端，法国主教表示赞同。阿诺尔因一位友人被拒绝赦罪礼，撰写两封书信，递交给巴黎神学院，为詹森派辩护。对于教皇英诺森十世谴责詹森五大命题为异端，他表示赞同，但是否认这五大命题见于詹森的著作，不料于1656年1月遭巴黎神学院的谴责，并被撤销了教职。阿诺尔返回波尔—罗雅尔修院，秘密组织一些詹森派信徒商讨对策，其中就有帕斯卡尔。

　　起先阿诺尔写了一本小册子，但是大家都觉得很闷气，阿诺尔便对身边的帕斯卡尔道："小伙子，您得干些什么。"于是，帕斯卡尔连夜写了一封《信札：致外省一友人》，第二天公开朗读，大获好评，从此便一发而不可收，在以后的一年多时间，他陆续发表了18封信札。在第二封和第三封信札之间还有一封"外省人"

的回信，暗示信札受到法国社会各阶层人士的喜欢，相互传阅；第十九封信札不知何故没有写完，系一片段，以现有的内容看，好像作者打算正面阐述詹森派内部的团结以及对耶稣会和罗马教会的不满。

以上就是《致外省人信札》的内容，今全部收入本书。

全部信札大致可以分为三大版块。第一个版块由第一至四封信札组成，主要介绍了阿诺尔和耶稣会之间围绕上帝的恩宠和自由意志的神学争论。帕斯卡尔设计了一个对于双方争论甚感兴趣却一无所知的人，热情而天真地在他的詹森派和耶稣会士朋友之间穿梭往返，试图从他们各自的语言中了解他们的神学争论。以奥古斯丁的神学为根据集中攻击了以耶稣会神学家莫林那为代表的耶稣会的恩宠论，也批评了当时神学上颇有造诣的多明我会的骑墙态度。第五至十封信札，帕斯卡尔笔锋一转，向那位外省人"描述一下那些好心的耶稣会士的道德观"。主要对埃斯科巴等一批耶稣会士的决疑论者做了激烈的批评和尖刻的嘲讽，指出耶稣会道德观所依据的一些基本原则（maxims）要对当时道德废弛、世风日下、信仰淡薄的社会状况负责任。正是这些基本原则使得买卖圣职者、腐败的法官、高利贷者、破产者、盗贼、妓女和与魔鬼联手的术士不仅能够在今世大行其道，丝毫不受良心上的谴责，而且死后安享天堂之福。

值得注意的是在第五封信札中，帕斯卡尔从詹森派严谨的道德立场对于耶稣会的海外传教政策进行了严厉批评。何兆武先生在帕斯卡尔的《思想录》所附年表中提到，帕斯卡尔可能读到过意大利耶稣会士卫匡国（Martino Martini，1614-1661年）于1658

年出版的《中国史》，这在《思想录》第593和594条有所反映。但是从这两条文字甚至整篇《思想录》中并不能看出帕斯卡尔对于中国文化有多少了解。不过在《致外省人信札》的第五封信札中，帕斯卡尔批评耶稣会士为了吸引更多异教徒加入到耶稣会来，甚至不惜纵容异教的偶像崇拜。"如果他们正好处在一个普遍认为上帝被钉十字架是一条愚蠢的教义的世界，他们对于十字架的冒犯会暂表隐忍，而只是宣扬那位荣耀的而不是受苦的耶稣基督。他们在印度和中国所实行的就是这一谋略，在那些国家，他们允许基督徒崇拜偶像，并教会当地基督徒如下的计谋：他们让那些皈依基督者在他们的衣服下面藏上一张耶稣基督的画像。"从这些叙述中可以看到，帕斯卡尔对于当时天主教的"中国礼仪之争"相当了解，与多明我会、方济各会等一样反对耶稣会的传教策略，认为这种策略是"一切不道德的根源和基础"（参见第五封信札），因为它们和耶稣会其他的基本原则一样，目的都是为了尽可能把更多的人笼络到自己一边，而不惜降低天主教的道德和信仰的标准。显然，帕斯卡尔的此番议论也是欧洲人文主义者对当时天主教的礼仪之争发出的一种声音。

第十一至十八封信札构成了《致外省人信札》的第三个版块。前五封信札的信头是"致尊敬的列位耶稣会士神父"，以回答耶稣会士对于信札作者的答复为形式，继续揭露耶稣会士道德观的虚伪和渎神。后三封是写给两年前升任法王告解神父的安纳特，信头变成了"致尊敬的耶稣会士安纳特神父"，其中第十六封信札以奥古斯丁的学说为基础，为波尔—罗雅尔的圣体论辩护，反驳耶稣会士把后者的观点等同于加尔文的神学。第十七和第十八封信札，与第一至四封信札相呼应，正面阐述了詹森派关于恩宠和自由意志的观点，否认在詹森的著作中存在被教皇谴责的五大命题为异端。

帕斯卡尔提出，必须把信仰问题和事实问题区别开来。教皇通谕既已宣布五大命题是异端，是否承认它们是异端，这是一个信仰问题。帕斯卡尔强调詹森派必须和罗马教皇保持一致，谴责这些异端思想；但是，在詹森的作品是否存在耶稣会所说"一字不差"的五大命题的表述，却是一个事实问题，只要找到詹森的著作阅读一遍就可以得到解决的。正是在这一事实问题上，耶稣会欺骗了教皇。事实上，在詹森的作品中并不能找到这些表述，詹森不是异端，因此，那些否认在詹森的作品中存在五大命题的异端思想的詹森派就更不是异端。耶稣会以谴责詹森派异端的通谕，断言凡是不承认詹森为异端者本身也是异端，是把事实问题混淆为信仰问题，如果没有詹森著作本身为事实根据，无疑就是诽谤。

《致外省人信札》出版之后，未能完全改变詹森派的命运。1656年3月，波尔—罗雅尔修院被政府查封。10月，教皇亚历山大七世断定在詹森的著作《奥古斯丁论》中确有五大命题，乃为异端。1657年9月，《致外省人信札》被罗马教会列入《禁书目录》。

但是，整个巴黎似乎早已被帕斯卡尔信札的文采和才气所征服，信札刚一问世，便大为风行，争相传阅。1657年全部信札的法文本即伪托路易·蒙达尔之名发表，不到两年就有英文译本和拉丁文译本问世。以后一直不断再版，流传至今。事实上，《致外省人信札》虽然是一部论战性作品，却是帕斯卡尔相对完整的一部著作，其逻辑严密、思路清晰、文采飞扬、行文直白，文章布局寓诙谐、变化于庄重、严谨之中，为世所公认。有学者评价帕斯卡尔是法国文学史上最重要的散文作家之一，确立了现代法国典雅语体散文是不为过的。

帕斯卡尔的文名以《致外省人信札》和《思想录》为巅峰。20 世纪 80 年代末，有何兆武先生翻译的《思想录》问世；90 年代初陈宣良、何怀宏等翻译出版了《帕斯卡尔文选》。今《致外省人信札》又与读者见面。如此，帕斯卡尔在哲学和神学方面的著作基本上都有了中文译本，有助于读者全面地领略三百余年前这位法国天才的文采和思想。

本书译文错误之处一定不少，甚望读者提出批评指教。

晏可佳
2002 年 6 月

目　录

信札之一 ⋯⋯⋯⋯⋯⋯⋯⋯⋯⋯⋯⋯⋯⋯⋯⋯⋯⋯⋯⋯⋯ 1
信札之二 ⋯⋯⋯⋯⋯⋯⋯⋯⋯⋯⋯⋯⋯⋯⋯⋯⋯⋯⋯⋯⋯ 13
　　"外省人"给他朋友前两封信的答复 ⋯⋯⋯⋯⋯⋯⋯ 25
信札之三 ⋯⋯⋯⋯⋯⋯⋯⋯⋯⋯⋯⋯⋯⋯⋯⋯⋯⋯⋯⋯⋯ 27
信札之四 ⋯⋯⋯⋯⋯⋯⋯⋯⋯⋯⋯⋯⋯⋯⋯⋯⋯⋯⋯⋯⋯ 36
信札之五 ⋯⋯⋯⋯⋯⋯⋯⋯⋯⋯⋯⋯⋯⋯⋯⋯⋯⋯⋯⋯⋯ 51
信札之六 ⋯⋯⋯⋯⋯⋯⋯⋯⋯⋯⋯⋯⋯⋯⋯⋯⋯⋯⋯⋯⋯ 69
信札之七 ⋯⋯⋯⋯⋯⋯⋯⋯⋯⋯⋯⋯⋯⋯⋯⋯⋯⋯⋯⋯⋯ 85
信札之八 ⋯⋯⋯⋯⋯⋯⋯⋯⋯⋯⋯⋯⋯⋯⋯⋯⋯⋯⋯⋯⋯ 103
信札之九 ⋯⋯⋯⋯⋯⋯⋯⋯⋯⋯⋯⋯⋯⋯⋯⋯⋯⋯⋯⋯⋯ 120
信札之十 ⋯⋯⋯⋯⋯⋯⋯⋯⋯⋯⋯⋯⋯⋯⋯⋯⋯⋯⋯⋯⋯ 137
信札之十一 ⋯⋯⋯⋯⋯⋯⋯⋯⋯⋯⋯⋯⋯⋯⋯⋯⋯⋯⋯⋯ 155
信札之十二 ⋯⋯⋯⋯⋯⋯⋯⋯⋯⋯⋯⋯⋯⋯⋯⋯⋯⋯⋯⋯ 172
信札之十三 ⋯⋯⋯⋯⋯⋯⋯⋯⋯⋯⋯⋯⋯⋯⋯⋯⋯⋯⋯⋯ 190
信札之十四 ⋯⋯⋯⋯⋯⋯⋯⋯⋯⋯⋯⋯⋯⋯⋯⋯⋯⋯⋯⋯ 207
信札之十五 ⋯⋯⋯⋯⋯⋯⋯⋯⋯⋯⋯⋯⋯⋯⋯⋯⋯⋯⋯⋯ 225
信札之十六 ⋯⋯⋯⋯⋯⋯⋯⋯⋯⋯⋯⋯⋯⋯⋯⋯⋯⋯⋯⋯ 243
信札之十七 ⋯⋯⋯⋯⋯⋯⋯⋯⋯⋯⋯⋯⋯⋯⋯⋯⋯⋯⋯⋯ 268

信札之十八 291
信札之十九（片段）.. 315

信札之一

巴黎，1656年1月23日

先生：

我们彻底搞错了。直到昨天我才不再受到蒙骗。在此之前，我总是觉得索邦[①]的各种争论是至关重要的，对于宗教的利益将有深远影响。其实，像巴黎全体神职人员大会那样经常召集的会议，声势浩大，又伴随着诸多不同寻常、难以预料的事件，只会导致人们产生很高的期望，无助于得出会议主题也是最不同寻常的结论。然而，当您从下面的叙述中获知此种辉煌场面的结局之后，您也会大吃一惊的。我现在对于会议主题已经了如指掌，也能够要言不烦，说上两句了。

一共审查了两个问题：一个是事实问题，另一个是正义问题。

事实问题是指：阿诺尔[②]先生在他的第二封书信中声称，他曾

[①] 索邦（Sorbonne），指建于13世纪的巴黎大学神学院，有时也泛指巴黎全体神职人员。本书多指前者。

[②] 即安东尼·阿诺尔（Antoine Arnauld, 1612-1694年），詹森派健将，1638年接替另外一位詹森派圣西朗任波尔—罗雅尔修院院长职务。

仔细阅读过詹森的著作，并没有发现前任教皇所谴责的命题；但是，虽然如此，不论这些命题出现在哪里，他都会予以谴责的。因此，如果詹森的著作里确有这些命题，他也会予以谴责的。我们要弄明白的是，他这样做算不算傲慢无礼。

这里有一个关键问题，就是在主教们已经宣布在詹森的著作中确有这些命题后，他竟然还敢怀疑在詹森的著作中没有这些命题，他这样做算不算傲慢无礼。

此事闹到索邦，71位神学家同意他的答辩，认为面对众多出版物所提出的问题，要他说出是否他认为那本著作中存在这些命题，他唯一的答复是：在那本书中他找不到那些命题，但是，如果书中果真有这些命题，他就会予以谴责。

其中有些人更进一步，他们申辩道，在对全书做了研究之后不仅根本找不到这些命题，相反，他们倒是发现了与这些命题截然不同的观点。他们强烈请求，如有哪位神学家找到了这些命题，敬请当面指出；还说这样做岂不是很容易吗，因此没理由拒绝，况且诉诸这一最可靠的手段，足以让包括阿诺尔在内的所有人都哑口无言。但是这个议题照例是不了了之。这一方人的情况大抵如此。

另外一方由80位在俗的神学家以及大约40位托钵僧组成。他们指责阿诺尔的提议，而不愿意考察他说的话是真是假——事实上，他们已经声明，他们与这一提议的真实性无关，只是认为这个提议是鲁莽的。

除此之外，还有15人不喜欢这一申斥，可以称之为中间派。

关于事实问题的结果就是这样，我得说，其实我也不在乎这个问题。它根本不能影响我对于阿诺尔傲慢无礼与否做出良知上的判断。我要是真的受好奇心驱使，想弄明白詹森著作中是否有那些命题，那么，他的著作既不难找，也非长篇大论，不会妨碍我从头至尾通读一遍，这将足以满足我的好奇心了，在这个问题上哪里需要去向索邦咨询呢？

然而，要不是担心自己也变得傲慢无礼，我真的认为我应当接受我大多数朋友的观点。他们虽然至今仍然相信会议公报，认为在詹森的著作中确有那些命题，但是，由于它不可思议地拒绝指出这些命题的出处，他们开始怀疑相反的事实——由于我还没有遇到一个人能够说他在著作中发现了那些命题，这种拒绝在我看来更是异乎寻常的。因此我担心这样的申斥有害而无益，在知道事情来龙去脉的人心中留下的印象与会议结论正好相反。事实是这个世界最近变得怀疑一切了，如果不是亲眼所见谁也不会相信。但是正如我前面所说，这个问题无足轻重，由于它与宗教无涉。

而正义的问题却关乎信仰，似乎更加重要，因此也是我要不遗余力加以考察的。然而，您将欣慰地发现，它也和前者一样是无关紧要的。

在这里，争论的焦点是阿诺尔在同一封信中所提出的一个主张，大致是"没有上帝的恩宠我们将一事无成，而在圣彼得跌倒的时候，这样的恩宠并不存在"。您和我都假设，这里的争论将集中在关于恩宠的一些伟大原则，诸如恩宠是否施与了每一个人？是否其本身就是有效的？但是我们都大错特错了。您要知道我已经在很短时间里变成了一个伟大的神学家；现在我就来证明它！

为了弄明白这一争论，我求助于我的一位邻居 M. N. ——纳瓦尔（Navarre）神学家。您知道，他是一个最狂热的反詹森派，而我的好奇心也使得我的情绪几乎和他一样狂热了，我问他，他们是否立即公开否认"恩宠是施与一切人的"，以此解决问题。他令人难堪地予以拒绝了，告诉我说那并不是问题的关键，他们那派人中间也有一些主张恩宠并非施与所有人的；那些审查者们已经在索邦的一次全体会议上提出，这个观点是有问题的；他本人也是这样认为的，他引用了圣奥古斯丁的名言来证明他的想法："我们知道恩宠不是施与任何人的。"

我请求原谅我误解了他的观点，要求他说，是否他们至少不会谴责詹森派的另外一个引起争论的观点："恩宠本身就是有效的，它强有力地决定了我们的意志朝向善的一面。"但是我的第二次询问还是同样不够幸运。"您简直对此一窍不通，"他说，"那不是异端邪说——而是正统观点；所有新托马斯派全都是这样主张的；我本人在索邦论文中还为这一观点做辩护呢。"

我再也不敢贸然提出我的怀疑了，但我还是不能理解其中的奥妙。为了理解其中的奥妙，我请求他告诉我阿诺尔先生命题的异端邪说究竟在哪里。"就在这里，"他说，"他不承认义人以我们所理解的方式，具备服从上帝诫命的权能。"

在获得这条信息后我便离开他家，我不无骄傲地发现了问题的症结所在，便央求 M. N. ——他的身体逐渐好转，已彻底康复——带我到他的内弟家去。他的内弟是个詹森派，一个彻头彻尾的詹森派，不过也是一个出了名的老好人。我想要得到一个较好的招待，就假装出一副非常赞同他的样子，说："索邦是不是可能把这样一个错误带进了教会，就是'所有的义人总是具有服从上帝诫命的权能'?"

"您说什么?"神学家说,"您说那是一个错误——您怎么可以把那个再合乎天主教的观点不过、那个只有路德宗和加尔文宗才会横加指摘的观点称作是错误呢?"

"天哪!"我说,这回轮到我大吃一惊了,"这么说您和他们的观点不同?"

"对,"他答道,"我们诅咒他们的观点是异端,是不虔诚的。"

面对这一回答,我立刻发现我的詹森派表演得有些过头了,正如我前面装成莫林那派①也有些夸张。但是我不能够肯定我对他的理解是否准确,就要求他坦言,他是否主张"义人总是有一种真实的力量来服从神圣的命令?"对此,这位好人变得兴奋起来(不过带着一种神圣的狂热),声明他是不会因为有所顾虑而隐藏他的观点的——事实上那便是他的信仰,他和他的同党会至死捍卫这一信仰并把它当作他们的导师圣托马斯和圣奥古斯丁的纯正教义。

他在说这些话的时候一脸的严肃,使我不能有丝毫的怀疑。带着这样的印象我又回到原先那位神学家那里,以一种心满意足的口吻对他说,索邦很快就会风平浪静了;在义人具备服从上帝诫命的权能这一点上,詹森派和他们的想法并无二致。我可以用我的话来发誓,并要他们用血来担保这一誓言。

"且慢!"他说,"一个人必须是神学家才能够看出这个问

---

① 莫林那(Luis de Molina,1535-1600年),西班牙天主教神学家,1553年入耶稣会,1588年出版《自由意志与上帝恩宠》,为耶稣会普遍接受。

题的要害。我们之间的差异是很微妙的,连我们自己也很难分辨——就我们的理解力而言,这可是个大问题。您既知道詹森派告诉您所有的义人总是具有服从上帝诫命的权能,这已经很可以了,这并不是我们争论的要点;可是您听清楚了,他们不会告诉您那种权能是直接的(proximate),这才是关键所在。"

这可是一个全新的闻所未闻的词。在此之前我好不容易才对这些问题略有理解,但是这个术语又把我搞糊涂了;我真的相信这个术语发明出来就是为了把事情给神秘化。我请求他加以解释,可是他秘而不宣,把我送回到了詹森派那里,要他们来回答是否他们同意那直接的权能。我费了好大劲儿才把这个短语记住(就我的理解力而言,这是做不到的事情),疾步如飞,生怕半路上一下子忘记了这个短语。刚把问候的话说完,便唐突地问道:"求求您告诉我,您是否同意直接的权能?"他微微一笑,冷冷答道:"您得先告诉我您是在哪一层意义上理解这个术语的,然后我才能告诉您我是怎么想的。"由于我的知识并不怎么渊博,一时间不知道该怎么回答;不过,我并没有忘掉此行的目的,随口说道:"嗯,我是在莫林那派的意义上理解这个术语的。""您说的是哪一种莫林那派呢?"他回答的口气依旧非常冷淡。我说就是整个莫林那派,莫林那派就像一个身体、一个精神那样。

"这个问题您懂得太少了,"他回答说,"他们在这个观点上并没有联合起来,有些已经到了针锋相对的地步。但是他们在有意诋毁阿诺尔上却是沆瀣一气,他们决心在'直接的'这个术语上达成一致,双方都可以随意使用,却各自有着不同的理解,于是,以相似的语言以及表面的一致,他们组成了大队人马,以求胜算,好让阿诺尔粉身碎骨。"

　　这一回答让我感到十分新奇；但是，我不能接受莫林那派是在恶意构陷的观点，我不相信他的一面之词，而且也不在意，我自己只是想弄明白他们究竟赋予了"直接的"这个神秘的字眼以哪些不同含义。"我本来是真心实意想让您把这个问题弄得一清二楚的，"他说，"但是您发现，在这个如此严重的对立和矛盾中，您几乎不会听信我的一面之词。您对我是将信将疑。为了弄清问题所在，您最好到一些莫林那派本人那里去亲自作一番了解；我可以给您他们的住址。有一个叫勒穆瓦纳先生（M. Le Moyne）的，还有一个叫尼古拉（Père Nicolaï）的神父，他们俩您一定要分头去拜访。"

　　"这两人我都不认识呀。"我说。

　　他答道："那么我再说一些名字，让我看看其中有没有您认得的；这些人都同意勒穆瓦纳先生的观点。"

　　真凑巧，我还认得其中一些人。

　　"那好，再看看那些被称作'新托马斯派'的多明我会士中您有谁认得，因为这些人和尼古拉神父观点一致。"

　　在他说的这些人中间还真有我认得的。为了教会的利益，也为了弄清问题，我便向他告辞，径直去往勒穆瓦纳先生的一位门徒那里。我请求他告诉我，做一件事情所需要的直接权能，这究竟是什么意思？

　　"告诉您，这点实在是太简单了，"他答道，"就是说完全具备了做这件事情的一切必要的条件，以致不再需要别的东西就可以直接付诸行动了。"

"因此，"我说，"比如说，具备了过河的直接权能就是指有了一条船、一个船夫、桨以及其他的一切，因而什么也不缺少了？"

"完全如此。"这位修士说。

"具备看见东西的直接权能，"我接着说，"就是必须要有一双好眼睛，还要有日光；因为一个人若是处在黑暗中就算他是千里眼，按照您的说法，也不具备看见东西的直接权能，因为他还缺少光线，没有光线，什么也看不见。"

"正是如此。"他说。

"结论就是，"我答道，"您说所有义人都具有遵从上帝诫命的直接权能，您是指他们通常具备了遵从诫命所必需的一切恩宠，因此他们不需要再从上帝那里得到别的什么了。"

"且慢，"他回答说，"他们通常具备了遵从上帝诫命的所必要的一切条件，或者说至少具备向上帝要求这一必要的条件。"

"我明白您的意思，"我说，"他们具备了祷告上帝帮助他们所必需的一切条件，而不必求上帝赐予他们新的恩宠使他们能够向上帝祷告。"

"您说对了。"他高兴地说。

"但是，难道他们不是必须有一个有效恩宠，这样他们才可以向上帝祈祷了吗？"

"不，"他说，"根据莫林那的观点并不是这样的。"

我飞快跑到多明我会那里，要求会见一些我知道是新托马斯派的会士，我请求他们告诉我什么是直接权能。我说："难道不是指一种权能，不假他求，我们单单凭着它就可以行动了？"

"不是的。"他们说。

"天哪！神父们啊，"我说，"如果那个权能中还缺少点什么，又怎么能够说它是直接的权能呢？莫非您是说，比如一个人在晚上，没有一丝光明也具备了看见事物的直接权能吗？"

"是的，在我们看来，他应该具备这样的直接权能，只要他不是一个瞎子。"

"我同意，"我说，"但是勒穆瓦纳有不同的见解。"

"那是当然，"他们答道，"可是我们就是这样理解的。"

"我不反对，"我说，"因为我从来不去争论一个名词，只要我已经知道这个名词的含义就可以了。但是我猜想，按照这一个观点，你们是说义人总是具备了祷告上帝的直接权能，你们认为他还需要另外的东西作为补充来进行祷告，没有这种东西他们根本不会祷告。"

"太妙了，"善良的神父们高兴地嚷道，并拥抱我，"正是如此，因为还必须要有一个另外的有效恩宠赐予一切人，它能够决定他们的意志去祷告；否认以此有效恩宠作为祷告的必要条件，便是异端。"

"太妙了！"我报之以欢呼，"但是照你们说，詹森派是符合天主教的，而勒穆瓦纳就是一个异端，因为詹森派主张，虽然义人有着祷告的权能，但是还是需要一个有效恩宠；这正是你们所同意的。而勒穆瓦纳呢，他主张义人没有有效恩宠也能够祷告；而这正是你们所谴责的。"

"呃，"他们说，"可是勒穆瓦纳先生称那种权能为'直接权能'。"

"怎么回事？神父们，"我大叫道，"这只是在玩弄字眼罢了，你们同意共同使用一个普通术语，而你们对这些术语的含义却有不同的理解。"

神父没有作答。正在这一关头，除了我的一个老友、一个勒穆瓦纳门徒之外，还有谁会闯进来呢！这时我想真是特别的幸运；但是我发现除此之外，此类聚会并不少见——事实上他们经常参与各自修会的活动。

"我认识一个人，"我说，一边向勒穆瓦纳先生的门徒致意，"他主张所有的义人总是具有祷告上帝的权能，可是尽管如此，如果没有一种制约他们的有效恩宠，而这种恩宠上帝不是赐予每一个人的，他们是根本不能祷告的。他是一个异端吗？"

"且慢，"神学家说，"您也许会让我措手不及，让我们小心从事。我们得一一辨明。如果他称那种权能是直接权能，那么他就是一个托马斯派，因此也是一个天主教徒；如果不是，那么他就是一个詹森派，因此是一个异端。"

"他既没有称之为直接的，也没有称之为不直接的。"我说。

"那么他就是一个异端，"答曰，"他是不是异端，我建议您去向这些好心的神父请教。"

我并没请求他们充当一回法官，因为他们已经点头表示同意了；但是我对他们说："他拒绝同意'直接的'这个词，因为他遇到的人都不愿意向他解释这个字的含义。"

这时有一个神父正要说出他对这个术语的定义，被勒穆瓦纳的弟子制止了，对他说："您是想重新挑起争论吗？我们不是已经答应不再解释'直接的'这个字眼，双方只是使用这个词而不说它究竟何所指的吗？"这位多明我派只好表示同意。

于是我获知了他们阴谋的全部秘密；起身告辞时我评论道："其实神父们，我非常担心这纯粹是一个圈套；不管你们的全体会议的结果将会怎样，我敢预言，就算申斥表决获得通过，但安宁却不再来。因为，尽管可以断定'直接的'这个词应当怎样发音，但是谁看不出来，这个字眼的含义没有加以解释，于是每一个人都会声称自己是胜利者呢？多明我派将会满足这个字眼应当从他们所理解的含义去理解，而勒穆瓦纳先生则坚持必须采纳他所理解的意思；因此，如何解释这个字眼比如何使用这个字眼更加容易引起争论。因为，毕竟采用这个词而不赋予其任何含义是不会有什么危险的，一个术语之所以有害处就在于其含义。但是索邦和神学所使用的术语模棱两可，胡乱对付是得不偿失的。总之，神父们，我请教你们，最后一次请教你们，为了当上一个好天主教徒，必须信奉什么呢？"

　　"您必须说，"他们异口同声，"所有义人都拥有直接权能，但把所有的含义都从这个术语中抽掉——不管是托马斯派的含义或是其他派别的含义。"

　　"那就是说，"我一边告诉他们，一边回答，"我必须念出那个字，只是为了避免成为一个名称的异端？请告诉我，这个字在《圣经》中有吗？""没有。"他们说。"那么是教父的、主教会议的，还是教皇的用字吗？""不是的。""这个字圣托马斯用过吗？""没有。""那么用这个字有什么必要呢，它既没有其他的权威可以保证，本身又没有意义？""您可真是一个顽固的家伙，"他们说，"但是您必须说这个字，否则就是异端，阿诺尔先生就是这样一个异端；因为我们是大多数，因为如果必要，我们还能够把方济各派也拉进战场，以获取我们的胜利。"

听到这样彻底的论证，我就离开他们，回来给您写信，把我的访谈转述给您听，从中您可以感受到，以下几点依然是没有争议也是没有受到谴责的。第一，恩宠不是人皆有之的。第二，所有义人总是拥有服从上帝诫命的权能。第三，但是，为了服从诫命，甚至为了能够祷告，他们还需要一种有效恩宠，它能够极大地决定人的意志。第四，这种有效的权能并不总是赐予所有义人，完全取决于上帝的仁慈。因此，真理终究是可靠的，除了"直接的"这个没有含义的字眼以外，一切都不会有任何危险。

那些不知道这个字眼存在的人真是幸福啊！那些生活在这个字眼诞生之前的人真是幸福啊！因为我看不出这个词有什么用处，除非法兰西学院的先生们禁止这个造成许多分裂的字眼在索邦之外使用。不这样做，谴责就似乎不可避免；但是我很容易看出，这个字只会给索邦的名誉带来损害，剥夺它在其他情况下不可或缺的权威。

同时，是否使用这个字完全是您的自由；因为我是那样地爱您，绝不会以那样的借口来迫害您。如果这样陈述没有令您不悦，我将继续告诉您发生的一切。您忠实的……

信札之二

巴黎，1656年1月29日

先生：

我刚刚封缄好我的上一封信，我们的老朋友M. N. 就前来拜访了。再也没有比他更能满足我的好奇心了；因为此人时常出入那些耶稣会士，包括他们头面人物的厅堂，所以，对当今争论的问题熟稔已极，对耶稣会士的秘闻也是一清二楚。一谈完正事，我便恳请他概述一下如今两派争论的关键是什么。

他极为爽快地答应了。他指出，两派之间的分歧主要有两个——一是上帝的直接权能，一是上帝的充分恩宠。有关前者，我在上一封信里面已经向您述说分明，现在谈谈后者。

简单地说，我发现，关于充分恩宠，两派有着不同理解；也许可以概括如下：耶稣会士认为，尽管上帝的恩宠是赐予众人的，但是通过自由意志方能实现，意志可随心所欲地令恩宠变得有效或者无效，而不需要上帝提供额外的帮助，也不需要上帝再做任何事情促使这一行动发生；由此，他们称这种恩宠是充分的，因为它本身就能够促成行动。而詹森派却不赞同那些尚未促成行动的恩宠实际上也是充分的；换言之，所有不能决定意志发生行动的恩宠对于行动而言就是不充足的；因为他们认为，没有有效的恩宠一个人就根本不能发生行动。

这就是耶稣会士和詹森派之间争执的要点；我的下一个目标是要弄清楚新托马斯主义的教义。"这是一个颇为古怪的派别，"他说，"他们赞同耶稣会士，主张充分恩宠是普施于众的观点；但是与此同时，他们又强调，单单凭这种恩宠，人还不能够行动，他要有所行动，还需要从上帝那里得到一个真正能够决定意志发生有效行动的恩宠，而这个恩宠并不是每个人都能获得的。""所以，按照这个教义，"我说，"这是一个不充分的充分恩宠。""完全正确，"他答道，"如果它能充分地促成某种行动，那么这行动就无须其他更多的条件；如果它不能充分地促成某种行动，嗯——它就是不充足的。"

"但是，"我问道，"还有他们和詹森派之间的区别到底在哪里呢？""他们的不同之处在于，"他说，"多明我会士性本善良，他们不反对说充分恩宠是普施于众的。""我明白您的意思，"我回答道，"但他们只是说说而已，并未深思这个观点；因为随后他们补充说，为了促成一项行动，我们还必须要有一个并非普遍施予众人的有效恩宠。因此，如果说他们在使用这个内容空洞的术语上与耶稣会士达成了一致，那么他们也有别于耶稣会士而与詹森派的观点基本相同。""完全正确。"他说。"那么，"我问道，"既然耶稣会士发现在这些人中有许多强有力的对手，他们主张那决定意志的有效恩宠的必要性，这就使他们持有的凡恩宠本身必是充分的观点难以成立了，那么耶稣会士怎么反而与他们一起联合起来呢？为什么不像对待詹森派那样，与之做斗争呢？"

"多明我会士的势力太大了，"他回答道，"而耶稣会士又非常讲究策略，不会与他们公开闹翻。虽然多明我会士是在另一种意义上理解这一术语的，但是能够说服他们承认充分恩宠这个术语，本会就已经很满足了；通过这一策略就可以使他们占据上风：只要他们觉得时机成熟，就可使多明我会士的观点变得站不住脚。这不是一件困难的事情；因为，既然承认恩宠是普施于众的，那么，就可以自然而然地得出结论：有效恩宠就不是行动的必要条件——换言之，普遍恩宠的充分性本身就排除了其他的必要条件。我们说恩宠的充分性，就是指它本身包含促成行动的一切必要条件；多明我会士要在这一表述上再附加上另外一层含义，显然是画蛇添足；他们的解释，凡是习惯于这一术语约定俗成的意义的人甚至连听都不要听。这样一来，对于多明我会士所采纳的表述方式，耶稣会士早已占据优势，而无须迫使他们做更多的让步；您如果熟悉在克雷芒八世和保罗五世两位教皇在位期间通过的教义，并知道耶稣会士在创立其充分恩宠学说时，多明我会士是如何竭力反对的，那么，您就不会对这种现象感到奇怪，就是只要耶稣会不受到挑战，他们就会竭力避免与多明我会士发生争论，并允许其坚持自己的观点；特别是当多明我会士在一切公开场合使用充分恩宠这一术语，以示赞同耶稣会士的这一教理时，就更是如此了。"

"对于多明我会士的示好之举，"他继续侃侃而谈，"耶稣会心满意足。便也不再坚持否认有效恩宠的必要性，否则就显得咄咄逼人了。人们怎可欺负朋友呢；耶稣会士得到的已经够多了。世人都满足于表面文字,很少会追究事物的本质;于是充分恩宠这一名称就被双方采用了,只是各自赋予其不同的含义。除了探幽析微的神学家外,人们做梦也不会怀疑,该字在多明我会士和在耶稣会士那里所指的意思各不相同;以后的情况还将证明后者不是最大的受骗者。"

我得承认他们真是一批机灵鬼,这些耶稣会士。在他的建议下,我径直去见多明我会士,在教堂门口恰好遇见了我的一个好朋友,也是一个坚定不移的詹森派(您该知道我在各派中间都有一些朋友),正要去另外一个修士,却不是我要找的那位那里。于是我颇费了一番口舌,说服他陪我一起去找那位新托马斯主义朋友。我的朋友对能够有机会再次相会,显得极为高兴。"嗨,近来可好,我亲爱的神父?"稍作寒暄,我便开始讨教,"看来一种有效的行动,单凭人皆有之的直接权能是不够的;除此之外,还必须有充分恩宠,借此方才能有所行动。这不正是你们学派的教理吗?""没错,"这位有名的修士答道,"就是在今天上午,我还在索邦对这一观点表示拥护。整整半小时我所说的都在论证这个观点;要不是那个沙钟,时下巴黎流行的一个恶意的箴言:'这人像个索邦的修士,竟以沉默表示赞同'就会被我颠倒过来了。""您说半小时和沙钟是什么意思?"我有些迷惑不解,"难道他们采取什么措施限制您演讲时间吗?""正是,"他承认,"他们前几天就是这样做的。""他们要求您讲满半个小时?""不,我们少讲也可以。""只是不可以多讲,"我插嘴说,"不过,对于爱说废话的傻瓜,这倒是个重要的规定!而对那些不想听废话的人,这可是个天赐的借口!让我们言归正传吧,神父。这个施与每个人的恩宠本身就是充分的，对吗？""对。"他说。"不过没有有效恩宠，它就是无效的？""绝对无效。"他回答道。"所有人都拥有充分恩宠，"我继续说，"但不是所有人都拥有有效的恩宠，对吗？""完全正确。"他说。"那就是说，"我答道，"所有人都拥有足够的恩宠，而所有人拥有的足够的恩宠又是不够的，这就是说，这个恩宠是充分的，但是它并不充分——换言之，它名义上是充分的，实际上却是不充分的！确确实实，神父啊，这是一条多么晦涩的教理！自您出家进修道院后，您就把您所离弃的世俗社会所赋予充分一词的含义都遗忘殆尽了吗？不会吧，您不会忘记这字可是包含有一切对于行动必不可少的东西啊？我想您肯定不会忘记所有关于它的记忆；为了解释一下这个词的含义，好让您有生动的理解，我们且假定每天只供应您两盎司面包和一杯白水，而您的小修院院长却对您说，这些足够您维持日常饮食了，他找了一个借口说还要提供您其他一些事实上不会给您的东西，这样您就拥有了足够您维持日常生活的饮食了，您会满意您的小修院院长的说法吗？因此，您怎么竟然说，所有人都拥有产生行动的充分恩宠，而同时您却同意，还有另外一种对于行动而言必不可少的恩宠，又不是所有人都拥有的？是不是因为这是一个无足轻重的信条，就听任人们随意相信还是不相信有效恩宠是必不可少的，任由他们自己去选择？说人若借着充分的恩宠，便可真正地行动，这是一个无关紧要的问题吗？""什么！"这个善良的人叫嚷道，"无关紧要！这是异端邪说——正宗的异端邪说。有效恩宠是行动的必要条件乃是一个信仰问题——否认这一点就是异端邪说。"

"现在我们属于哪派呢？"我大叫了起来，"我该站在哪一边？如果我否认充分恩宠，我就是詹森派。如果像耶稣会士一样承认它，否认有效恩宠的必要性，我就成为您所说的异端。如果我像你们一样承认它，主张有效恩宠之必要性，则像耶稣会士所说，违背常识，是一个笨蛋。于是，我免不了会成为一个笨蛋，一个异教徒，或者一个詹森主义者，我该怎么办？如果除了詹森派之外就再也没有人能够不与信仰或理性发生冲突，同时避免陷入荒谬和错误，那么，这将是一个何等悲哀的结果！"

我的詹森派朋友将我的这番高论视为一个好兆，差不多把我看作是一个皈依者了。可是，他并没有同我讲话；他只是对修士说："请问神父，"他问道，"你们在哪一点上与耶稣会士达成一致？""是这样，"修士回答道，"我们和耶稣会士都承认充分恩宠是普施于众的。""可是，"这位詹森派道，"在充分恩宠这一表述中包含两个东西——一个是发出的声音，那只是呼吸而已；一个是它所指称的东西。所以，你们赞同耶稣会士关于充分恩宠这一术语，却反对这一术语的含义，显然你们不同意他们关于这一术语的实质，只是在这个术语的发音上与他们达成一致罢了。这就是你们所说的行为要真诚而发自内心吗？"

"可是，"那个善良的人说，"既然我们这样说又没有欺骗谁，到底什么原因令您如此不满呢？在我们学派内部，我们坦率地告诉教友，我们对于充分恩宠的理解的方式与耶稣会士确实有所不同。"

"我的不满在于，"我的朋友答道，"你们没有公开说明，你们把充分的恩宠理解为一种不充分的恩宠。而是用改变日常神学术语含义的办法明确表示，当你们承认所有人都拥有一个充分恩宠时，你们认为人们在实际上并不拥有充分恩宠。社会各个阶层的人对充分一词的含义都有同样的理解；唯独新托马斯主义派有不同见解。所有头顶半边天的妇女，所有王室，所有军人，所有行政官员，所有律师、商人、艺术家、全部平民——总之，除了多明我会士之外一切人等都认为充分一词包含有一切所必需的东西。几乎无一人会想到还有这一例外。全世界只是知道多明我会士主张所有人都具有充分恩宠。尤其是在他们受利益驱使而与主张充分恩宠被普施于众的耶稣会士相勾结时，除了所有人都具有行动所必需的恩宠之外，我们从中还会引出别的什么结论来呢？从你们观点表述上的一致性，联想到你们两派的联合，不是确切证明你们在观点上也是一致的吗？"

"许多虔诚的信徒询问神学家：自从人类堕落之后，人性的真正本性究竟处在怎样的境地？圣奥古斯丁和他的门徒回答说，若无上帝的赐予，人类就不会拥有充分的恩宠。后来有了耶稣会士，他们说所有人都有效地拥有充分恩宠。于是有人就这个矛盾的观点来征求多明我会士的意见；他们是如何行事的呢？他们联合耶稣会士，通过这个联盟他们占据上风；他们不再与那些否认充分恩宠的人为伍；他们断言所有的人都拥有充分恩宠。闻听此言，除了认为他们赞同耶稣会士的观点之外，有谁会想到他们还有其他观点？然后他们又补充道，尽管如此，如果没有有效的恩宠，充分恩宠是绝对没有用处的，而有效的恩宠却不是所有人都拥有的！"

"我可否描述一下处于这些观点相互冲突的教会的情形呢？我认为他非常像一个到外乡旅行的人，途中他遭遇了一伙强盗，在冲突中他多处受伤，生命垂危。他差人请来了附近镇上的三位内科医生。第一位医生检查了他的伤口后声称它们都是致命的，断言除了上帝之外已经没有人能够恢复他丧失的体力了。接着进来第二位医生，决定讨好这个伤者——便对他说，您有充分的体力回到家乡去；还破口大骂与其意见相反的第一位医生，认为那样岂不是判了伤者的死刑。可怜的伤者不知所措地看着一旁的第三位大夫，向他伸出双手，似乎要他来判定孰是孰非。在检查了他的伤口并弄清了前两位医生的意见后，这位医生拥护第二位医生的看法，与其联手反对第一位医生的观点，并以数量优势大大地羞辱了他。从这样一个过程中，伤者自然会得出结论，认为最后这位的看法与第二位是一致的；而且当向第三位医生询问病情时，他极其肯定地说，伤者有足够的体力继续他的旅行。可是，这个受伤的人自己觉得身体非常虚弱，便要求他解释一下，他凭什么认为自己足以继续旅行。'因为，'这位提出忠告的人回答，'您还拥有您的双腿，双腿天生就是行走的器官呀。''可是，'伤者说，'我有挪动双腿所必需的体力吗？眼下我身体虚弱，双腿根本不听使唤。''您确实没有体力，'医生说，'您不能真的行走，除非上帝额外地赐予您一些支持、帮助和引导。''什么！'这个可怜的人喊起来，'您的意思不是说我有足够的体力，不要任何帮助就真的能走动啊？''那是当然啦。'医生应道。'那么，'病人说，'关于我的真实病情，您原来与您的同行有不同的意见啊。''我必须承认，事实的确如此。'这人答道。"

"您想病人会对此说些什么呢？啊，他准会抱怨第三个医生奇怪的举止和含糊的用语。批评他与第二个医生的意见貌合神离，而与第一个医生的意见看似不同，实质上却是相当一致；于是他试了一下体力,凭经验就发现自己的确非常虚弱,就把他们俩轰走了,召回第一个医生为他疗伤,按照这位医生的指点,他恳求上帝赐予他所需要的力量,最后如愿以偿,终于在上帝的帮助下平安回到了自己的家。"

那位有名气的修士被这个寓言弄得不知所措,无言以对。为了使他高兴一点,我就转而用温和的语调对他说:"不过,我亲爱的神父,到底有什么原因使您想到要将一种恩宠冠之以充分的一名,却又在信仰问题上坚信它是不充分的?""您问的这个问题其实很简单,"他说,"您是一个独立而自由的人;我是教会里的一名修士——您不能判断二者之间的区别吗?我们有赖于长上,他们又有赖于别的什么。他们有权决定我们的行为——您又何必像我们这样呢?"我们理解这个暗示,它使我回想起他的一位同会修士的事,就因为一次类似的轻率行为被流放到了阿布维耶(Abbeville)。

"可是,"我继续说道,"你们修会怎么会走到被迫承认这个恩宠的地步呢?""这是另外一个问题。"他回答。"所有我能够告诉您的可以归结为一句话,那就是,为了捍卫圣托马斯有关有效恩宠的教理,我会已经竭尽全力了。它不是一开始就热衷于反对莫林那的教义吗?它不是努力地证明耶稣基督的有效恩宠之必要性吗?难道您不知道教皇克雷芒八世[①]和保罗五世[②]在位期间发生的

[①] 教皇克雷芒八世(Pope Clement Ⅷ,1536-1605年),1592-1605年任教皇,曾经主持并参与神恩之助委员会,没有发布针对恩宠之争的通谕。

[②] 教皇保罗五世(Pope Paul V,1550-1621年),1605-1621年任教皇,期间与意大利各共和国之间围绕天主教士是否应接受这些共和国民事法律的管辖,发生许多政教争论。

事情吗？要不是由于前者一直到去世，而后者为某些意大利发生的事件所阻，都没有颁布不利于多明我会的通谕，我们在梵蒂冈的势力如何能够安然无恙呢？但是，自从路德和加尔文的异端传入后，耶稣会士利用人们没有能力区分这些人的谬误和圣托马斯派的真理，迅速而成功地传播他们的教义，不久便控制了公众的信仰；而我们呢，除非把有效的恩宠至少表面上规定它是充分的，否则就会使自己陷入困境，被当作加尔文派饱受谴责并遭遇詹森派那样的待遇。处在这样的境地，除了承认充分恩宠之名，行否定之实，还有什么更好的方法更能保全真理和我们的名誉呢？这就是事情的来龙去脉。"

这番如此忧郁的话令我真的开始怜悯起这个人来了；然而，我的伙伴却仍旧不依不饶。"别那么自以为是，"他对修士说，"还以为真能捍卫真理呢；就算教会找不到其他捍卫者，她也必会覆亡在你们羸弱的双臂里。因为准许教会之敌的用语进入教会，就是准许敌人本身进入教会。名、实不可两分。如果充分恩宠的名称一旦确立，您就是百般抗议，认为它是不充分的，也是白搭。您的抗议将无人理睬。在一个人人只会更多谈论无关紧要之事的世界里，您的解释将会受尽嘲笑。耶稣会士将大获全胜——他们的恩宠，充分的恩宠，而不是你们那个徒有其名的恩宠将最终确立；与你们的信仰相反的东西将成信条。"

"我们宁可全部殉教，"神父叫喊起来，"也不会同意确立耶稣会士意义上的充分恩宠。我们曾起誓要终身追随的圣托马斯与这个教理是截然相反的。"

对此，一贯比我严肃的朋友答道："看来，神父啊，你们修会接受了一种荣誉却又可悲地将它糟蹋了。它放弃了需要它呵护的恩宠，自创世之日起就从未有人放弃过它。那个战无不胜的恩宠是族长们期待已久的、先知们预言的、耶稣基督启发的、圣保罗传扬的、被他的追随者爱戴的最伟大的教父圣奥古斯丁释疑的、最后一位教父圣伯纳德证明的、经院哲学的天使圣托马斯支持的并通过他交到你们修会的、被你们的许多神父坚持并由教皇克雷芒和保罗领导下的修士们高贵地捍卫着的恩宠——也就是有效恩宠，作为神圣遗产而交付在你们手中的恩宠，甚至可以看到，这恩宠将在神圣而不朽的修会中薪火相传，直到永远——却被你们出于最卑鄙的利益而背离和抛弃了。该由其他人插手这一争论了。该是上帝兴起一些坚定的精通恩宠论的博士弟子的时候了，他们对人情世态浑然不知，只知唯上帝是从。事实上，上帝的恩宠未必把多明我派算作她的拥护者，她也不需要拥护者；因为，她能以自己的大能为自己创造拥护者。她需要的是纯洁无瑕的心灵；不，不，她本人就能净化那些心灵，使他们远离与福音真理不相容的世俗利益。在这方面可要慎重考虑啊，神父啊；请注意，上帝并没有挪走烛台而弃你们于黑暗之中，使你们的荣耀丧失殆尽，以此惩罚你们对于至关重要的教会事业表现出的冷漠态度。"

他本来还会继续用这样的口气一路说下去，因为他越说越激动，但是我打断了他，起身告辞，说道："说真的，我亲爱的神父，如果我在法国有什么影响力的话，我去拿着喇叭去宣传：'**大家听清楚了**，当多明我会士**声称**充分恩宠赐予每一个人的时候，他们的**意思是**并非所有的人都获得了这样一个事实上是充分的恩宠！'此后，只要你们愿意，可以经常这样解释，只是别再标新立异了。"我的拜访就此结束。

因此，您可以认为，在这里我们讨论了一种策略性的充分恩宠的概念，它与直接权能有些相似。同时我还可以告诉您，在我看来，对于直接权能以及这个充分恩宠，任何人都会疑窦顿生的，只要他不是个多明我派。

就在我快要写完这封信的时候，我刚好得知，已经通过了对詹森派的申斥公告。但是，由于我还不知道它的具体文字内容，它要到2月15日才会公开，所以，对于这一申斥的看法，我打算到下一封信再与您详谈。您忠实的……

"外省人"给他朋友前两封信的答复

1656年2月2日

先生：

您那两封信的读者不限于我本人。每个人都读了它们，每个人都心领神会，而且每个人对信上的话都深信不疑。它们不仅在神学家中获得极高的声望——不仅在男人世界大获赞同，就是女士们也能够读懂。

最近我收到的一封信来自法兰西学院的一位教授——他可是上流社会中的上流人物——他只看了您的第一封信札就修书给我："但愿由于已故枢机主教①而得以振兴的索邦能够承认他的法兰西学院的仲裁权。这封信札的作者应当心满意足了，因为作为一名法兰西院士，我愿竭尽我之所能正式谴责、驱逐、禁止——我几乎要说消灭——这个徒有其表、虚张声势，甚至对自己都一无所知的直接权能。不幸本学院权力有限，鞭长莫及。对此我深感抱

---

① 已故枢机主教指法兰西学院创始人黎世留（1585-1642年），主管索邦期间曾经大兴土木，重建索邦校舍（1626-1629年）和教堂（1635-1642年）。

歉；更为抱歉的是我人单势弱，不能为您略尽绵薄。"云云。

我节录的另外一封信乃是出自一位女士手笔，她究竟是谁，我是无论如何不会透露的。她是这样向转给她您第一封信的女友袒露心怀的："您无法想象我是多么感激您给我的那封信——它是如此坦率真诚，而且文笔优美。它叙述，但不是一个故事；它澄清了一切可能是最复杂、最难以理解的问题；它那善意的嘲笑让人耳目一新；它使那些对这个话题知之甚少者茅塞顿开，又为那些对此已有所知者答疑解难。这真是一篇令人赞叹的护教文，并且还是一篇精巧而率真的檄文，但愿他们也作如是观。总之，此信可谓艺术、灵性和判断力俱佳，我深感好奇，不知道是出自谁的手笔。"云云。

或许您也很希望知道如此漂亮的文笔是出自哪位女士之手；但是您还不知道她的芳名，就已经心生敬意了；一旦您知道她是何人时，您会愈发尊敬她的。

请记住我的话，并继续写您的信；那申斥公告要是真的通过了，我们就随时恭候。至于直接权能、充分恩宠之类唬人的术语，我们再不必惊慌。我们已经洞悉，耶稣会士、多明我派以及勒穆瓦纳先生，他们的主张是多么的大相径庭，他们新奇的术语是多么的不统一，我们不必再为之烦恼。您同样忠实的……

信札之三

巴黎，1656年2月9日

先生：

我刚收到您的来信；同时也还收到了一份手抄的申斥公告。我发现前者待我太好，而后者待阿诺尔先生尤恶。恐怕二者都有一些夸张，而且我们自知，我们都不是那么声名远扬。当然啦，我们要是比较出名一些，阿诺尔先生应当获得索邦的赞同，而我则会遭到法兰西学院申斥的。我们的兴趣大相径庭。他的兴趣在于向众人证明他的无辜；而我的兴趣则在于韬光养晦，唯恐辱没了我的名誉。因此，为了避免出面向那些赞扬过的名人致谢，我就把这个任务转交给您了，而我的任务就是向您通报关于申斥公告的消息。

先生，我向您保证这件事使我深为惊讶。我原先以为它会谴责世界上最令人震惊的异端，但是，当您获知，那预备承受严重后果的心理准备居然一下子全部烟消云散时，您也会和我一样感到奇怪的。

为了能够以一种轻松的方式来理解这一切，只求您回顾一下，我们是怎样给人留下了正在蓄谋已久地组成詹森派的奇特印象。想一想横加在詹森派头上的种种恶名：阴谋集团、争斗、谬误、裂教、愤怒等等；想一想他们是怎样在教士和新闻界中间横遭指责和中伤的；想一想如此粗暴和长久虐待的浊流近年来如何吞噬了他们，他们在大庭广众之下不仅被指责为异端和裂教，而且是背教者和异教徒——"否认化体的奥秘、背离耶稣基督和福音"。

在散布了这些惊人的指责之后，他们才决定检查一下他们的著作，以便对他们做出判决。为此选中了阿诺尔的第二封信，据说其中充满了最严重的错误。他们绞尽脑汁要发现他们希望的东西，终于拼凑了一条具有教理性质的命题加以申斥。

通过这样的程序，在如此特殊的情况下挑选出来的一条命题，还有什么能够比它更多地包含着凡是可以想象得到的一切最黑暗的异端本质呢？可是，这一命题与阿诺尔先生从教父作品摘引出来的文字所清楚、正式表达的思想是完全相符合的，我还没有遇到一个人能够找出二者之间有什么差别；既然教父的文字毫无疑问是天主教的，则阿诺尔先生的命题，如果是异端，就应当肯定与它们大相径庭的。

这就是人们希望索邦出面解决的难题。整个基督教世界都瞪大了眼睛，静候这些学识渊博的博士们能在他们的申斥公告中发现普通人察觉不出的差异。同时，阿诺尔先生也着手反击了，把他的命题和教父们的文字并列成为两行，令二者的一致就是在最难理解之处也能够一目了然。

比如，他表明圣奥古斯丁在一段经文中曾经说："耶稣基督指给我们看，那个叫圣彼得的义人以他的跌倒来警告我们切不可倨傲。"他引用了同一位教父的另外一段文字:"上帝为了指给我们看,没有恩宠就什么也不能够做,他就让彼得失去了恩宠。"他还引用了第三位教父,也就是圣克里索斯托姆的话,他说:"圣彼得的跌倒之所以会发生,不是因为耶稣基督冷酷无情,而是因为恩宠未能临到他;他的跌倒也不是由于他本人不当心而是上帝的沉默,这沉默乃是给整个教会的一个教训:没有上帝,我们就什么也不能够去做。"接着他便提出了自己受到指责的如下命题:"诸位教父都向我们指出,那个叫作圣彼得的义人没有得到那种无之我们什么也不能做的恩宠。"

企图在阿诺尔先生和诸位神父的表述中发现二者之间存在着就像真理和谬误、正信和异端之间的差异那样的差异乃是徒劳的。哪里找得到这样的差异呢?在"诸位神父都向我们指出,那个叫圣彼得的义人"中吗?圣奥古斯丁在许多场合说过同样的话。是因为他说"恩宠未能临到他"吗?这不正是奥古斯丁在同一地方说过,而圣克里索斯托姆在他之前也说过,差别只是在于他说"他的跌倒也不是由于他本人的冷酷和不当心,而是由于未能得到恩宠,由于上帝的沉默",只是用了更加强硬的语气表达出来而已吗?

这些思考使得每一个人都处在一种扣人心弦的焦虑之中,急于了解二者之间究竟包含哪些差异,在召开了无数次的会议之后,这一著名的、期待已久的申斥文终于出笼了。但是,天哪!真是令我们大失所望。究竟是莫林那派的神学家们不愿意俯尊屈就,在这一点上给我们以启发,还是因为别的什么原因,事实上他们也没有做什么别的,只是宣称:"这个陈述是鲁莽的、不虔诚的、渎神的、应当诅咒的以及异端的!"

"先生，您会相信，大多数人在发现自己的期待连连被骗后，不由得闹起情绪而冒犯审查大员们吗？从他们的行为中反而得出了有利于阿诺尔先生是清白无辜的奇怪结论。"什么？"他们说，"这就是所得出的全部结论吗，花了这么长的时间，由那么多的博士联手来对付一个人？难道在他的著作中就不能发现一点值得指摘的东西吗？而只是找到了三行字，字字句句又都是从希腊和拉丁教会最伟大的神父那里摘引出来的吗？如果有意败坏一个作者的名声，则不管他的作品怎样，难道不都可以找到这样一种似是而非的借口吗？还有什么比这更加能够证明这位杰出的遭到指责的人是正统的呢？"

"怎么会发生这样的事情，"他们还说，"这份申斥公告居然使用了如此之多的谴责之词，充满了这样的术语——'荼毒、罪恶、可怕、鲁莽、不虔诚、渎神、令人厌恶、绝罚、强烈谴责、异端'——这些最为可怕的称号都可以用在阿里乌派甚至是敌基督的头上了。而这一切都是为了和一个看不见的异端进行斗争，而且还说不清究竟是怎样一个异端？如果他们用这种猛烈抨击的方式反对各位教父的言辞，则正信和圣传何在？如果是反对阿诺尔先生的命题，那就让他们指出二者之间的差异；因为除了两者完全一致之外我们实在看不出还有别的什么。只要我们发现了命题中的邪恶之处，我们将与它势不两立；但是我们至今还没有看出来，或者说在这份声明中除了圣教父的观点而且是以他们自己的术语思考和表达的观点之外看不出别的什么，除了神圣的景仰之外我们怎么可能还有其他的感情来看待它呢？"

他们就是用这些方式来表达他们的感情的。但是他们都是些思想深邃的人。您我二人并不敢自命在思想上具有异常的穿透力，可以使自己极易看破全部事情的真相。怎么？我们会比我们的师傅还要聪明吗？不，我们还是以他们为榜样，不要涉足他们没有涉足的领域。我们这样做的时候肯定会感到困惑。为什么把这申斥公告本身解释为异端是最轻松不过的事情。我们知道，真理是极其微妙的，稍有偏离，就会陷于谬误；但是这一所谓的谬误也是极其脆弱的，哪怕稍有偏离，我们就会又回到真理那里去了。在这个应当谴责的命题与真理之间除了难以觉察的一小点之外什么也没有。它们之间的差异极其微妙，由于我完全还不能把握这种差异，甚而担心我在过分热心地与索邦的博士们保持一致的时候，使我自己置于教会神学家的对立面。基于这样的担忧，我断定最好还要找一个在第一个问题上保持中立的老谋深算的人咨询一下，从他那里也许我会获知事情真相。我便向那一派中最聪明的人请教，我要求他向我指出两者的差别，同时坦言相告我什么都看不出来。

他对于我的头脑简单似乎觉得有些逗趣，就笑着回答说："您相信它们之间有什么差别实在是太天真了！为什么要有差别呢，哪里会有差别呢？您以为，就算他们真能在阿诺尔先生和教父之间找出差别，他们敢于指出来，并且高兴地乘机在那些急于贬低那位绅士的公众面前抖搂出来吗？"

从他的寥寥数语中我能够轻易感觉到，那些在第一个问题上保持中立的人们，未必在第二个问题上也能够继续保持中立；但是，我很想听到他的理由，我便问道："那么为什么他们要攻击这个不幸的命题呢？"

"您怎么可能,"他回答说,"连这两件事情都视而不见呢?我还以为就是刚入道的人也是看得一清二楚的。其一,阿诺尔先生自始至终没有提出任何未曾得到教会传统大力支持的教义;其二,他的敌人决心不惜一切代价割断他与所赖以立足的教会之间的联系,由于前者的作品没有被后者的计谋抓住把柄,为了满足他们的复仇愿望,就必须挑出某个命题,也不管究竟是哪个命题,就加以谴责,也说不出为什么要加以谴责,哪里需要谴责的。您难道不知道他们是怎样对这些著作加以审查的,他们对这些著作愤恨不已,在不得不屈服的压力之下,他们不违背教父的原则就不能彻底颠覆全部作品?于是,在多次证明了他们的软弱无力后,他们认为申斥它而不是答复它比较合适,也不大会招来麻烦——找到修士的支持可是比找到理由容易得多。"

"如果情况果真如此,"我说,"那么他们的申斥公告可就一文不值了;因为还有谁会关注它呢?既然看出它是毫无理由的,并且人们的答复就会把它驳倒,毫无疑问情况将会如此?"

"如果您知道人们的秉性,"我的博士朋友答道,"您就不会这么说了。他们的申斥公告,本身就是应当予以申斥的,在一段时间内将发挥预计的全部效果;虽然由于证明的力量,随着时间的推移,它会日益变得无效,但是同样可以肯定,一开始它在大多数人的心里产生效果,好像它是世界上最公正的判决。更不必说,它将沿街高喊:'快来看对于阿诺尔先生的申斥公告啊——快来看对于詹森派的谴责啊!'而耶稣会士可以从中获利。有谁会去读它呢!就算读了,又有谁读懂呢!有几个人能够看出它是不经一驳的!又有几个人把这事放到心里面去,或者刨根问底!注意,这会给詹森派的敌人以莫大的好处。他们的胜利可以保持数月,尽管这胜利与往常一样是毫无意义的——这对他们可是至关重要的,因为他们此后就能够找到某种新的谋生手段。先生,他们就是这样苟延残喘的。他们就是靠这样的手段一直维持到今天的。有时他们靠着一份教义问答,其中利用一个孩子来反对他们的对手;接着通过一篇游行祈祷文,其中充分恩宠战胜了有效恩宠;再就通过一出喜剧,其中表现詹森让魔鬼夺去了灵魂;再就是通过一份年历;现在则是通过这种申斥公告。"

"其实,"我说,"我原先是要找莫林那派所作所为的茬;但是在您告诉我这些之后,我必须说我欣赏他们的深谋远虑和精明。我完全能够看出他们不能采取别的更加可靠、更加谨慎的方式。"

"正是,"他回答说,"他们最可靠的策略通常就是保持沉默,这导致某个学识渊博的神学家做出如下评论,'他们中间最聪明的莫过于诡计多端、少言寡语并且不立文字的人'。"

"正是根据这一原则,从索邦一开始召开会议时,他们就精明地规定,如果阿诺尔先生到索邦来,他只能解释他的信仰,而不能让他介入同任何人的争论。审查大员们由于冒险地稍稍偏离了这一谨慎的安排,就因为这一鲁莽之举而吃了不少苦头。他们自己遭到了他第二份辩护文的激烈反驳。"

"根据同样的原则,他们就诉诸半小时和沙钟这一绝无仅有、稀奇古怪的手段,免得那些爱惹麻烦的博士胡搅蛮缠,他们也许会反驳他们的全部论点,也许会著书立说,判定他们捏造罪名,也许会坚持要他们做出答复,使他们陷于前所未有的困境。"

"不是说他们如此盲目,而看不到这种侵犯自由的做法已使许多博士退出这些会议,对于他们的申斥公告毫无益处;也不会看不到,让阿诺尔先生做无罪的声明——在做出结论之前阿诺尔先生就已经这样做了——对于确保申斥公告为人所接受也不是一个良好开局。他们深知完全不带偏见的人,与七十位不在阿诺尔先生的辩护中有所得的神学家的判断同样是举足轻重的,就像是与其他一百位不因谴责他而有所失的神学家一样是举足轻重的。但是,从大局来看,他们认为通过一个申斥公告才是至关重要的,哪怕它是出于索邦中某个派别而不是全体神学家的行为;哪怕它是在没有或者几乎没有任何争论的自由并且通过许多小花招而做出的谴责;哪怕它不去解释有争议的内容;哪怕拒绝指出包含哪些异端,而且对此说得越少越好,免得穿帮。这种闭口不言在天真的人眼里真是奥妙无穷;而申斥公告也从中获得独一无二的有利地位,足以令大多数好战的、细心的神学家们扑一个空,从中找不到一点经不起推敲的论点。"

"放心好了,如果您也想使用这个遭到谴责的命题,完全不必害怕被定为异端。我向您担保,它只有出现在阿诺尔先生的第二封信中才是糟糕透顶。如果您不相信我的说法,就去问勒穆瓦纳先生,这位狂热的审查大员,就在今天上午与我熟悉的一位神学家的谈话中,在被问及争论中的差异之处到底在哪里以及是否一个人再也不被允许说教父们在他之前已经说过的话的时候,做了如下绝妙回答,'这一命题从其他任何人嘴里说出来都是正统思想——而只要是出自阿诺尔先生之口,索邦就要加以谴责!'您现在必须准备好去赞赏莫林那派的手段吧,它能够在教会里面产生如此巨大的颠倒黑白的作用——在教父那里属于天主教的,到了阿诺尔先生那里就变成了异端——在半贝拉基派[①]那里是异端的，到耶稣会的作品那里就变成了正统；圣奥古斯丁的古老教义变成了一种不可忍受的新奇之物或者新发明，而在我们眼皮底下每天编造出来的东西则被当成了教会的古老信仰。"言毕，他就离我而去了。

这一信息满足了我的目的。我从中得出结论，这一异端完全是一个新品种。阿诺尔先生的观点并非异端，而是他这个人就是一个异端。这是一种个人的异端。他不是因为说了一些什么或者写了一些什么而是因为他就是阿诺尔先生而成为一个异端。这就是他们针对他所说的一切。不管他做了什么，除非他不再是他，他就永远别想成为一个好的天主教徒。圣奥古斯丁的恩宠永远不会成为真正的恩宠，只要他继续捍卫这一恩宠。只要他在脑子里对这恩宠有所怀疑，它立刻就会变成真正的恩宠。这是一个有力打击，几乎是唯一能够证明真理、推翻莫林那派的计划；这就是他所拥有的全部观点的致命之所在。

我们就让他们自己去明确他们之间的差异罢。这些都是神学家的争论，而不是神学的争论。我们又不是博士，和他们的争吵毫无关系。请您去告诉我们的朋友关于申斥公告的新闻，并且爱我，您忠实的……

[①] 半贝拉基派（Semi-Pelagianism），公元4-5世纪期间基督教神学派别之一。贝拉基派受到谴责之后，一些神学家在奥古斯丁和贝拉基之间寻求一种折中的观点。不否认上帝的恩宠对于人的得救是必需的，但是人一开始信仰耶稣基督、改恶从善就是出于本人的意志，上帝再赐予其恩宠，方能得救。在帕斯卡尔所在的时代，托马斯派认为耶稣会的莫林那派也是一种半贝拉基派。

信札之四

巴黎，1656年2月25日

先生：

普天之下还有谁比得上耶稣会士呢。当今的多明我派、神学博士以及各色人等，我都领教过，但是没有刚才的那次访谈，我对人的认识还有欠缺。别人只是他们的翻版而已。一切事情最好追根寻源，因此我就随一位我信赖的詹森派朋友——也就是曾经和我一起去造访多明我派的那位——一起去拜访了一位最有才干的耶稣会士。我急于想了解他们和詹森派之间关于事实的恩宠的争论，我向这位值得尊敬的神父说，如果他能够在这个问题上给我以启发——我甚至连这一术语究竟意味着什么都不甚了了——对于他的解释，我将不胜感激。"十分愿意，"神父答道，"因为我非常喜欢爱好钻研的人。根据我们的定义，事实的恩宠就是上帝的圣灵感动，通过这圣灵感动，上帝使我们知道他的意志并且在我们的内心激发出实行这一意志的愿望来。"

"究竟在什么地方，"我问，"你们和詹森派在这一问题上存在分歧吗？"

"不同之处就在于，"他答道，"我们主张，上帝将事实的恩宠给予了每一个受到诱惑的人；因为我们主张，除非一个人拥有事实的恩宠而使其无论何时受到诱惑都能远离罪恶，那么他不论犯了何种罪恶都是不可以受到惩罚的。而詹森派却主张，哪怕没有事实的恩宠，那些罪过也应当归在那些人身上的，这帮傻瓜。"我总算明白了他的一点意思；但是为了从他那里得到更加充分的解释，便说："我亲爱的神父，事实的恩宠这一短语让我迷惑不解；我实在对它是一无所知，求您发善心能够不用这个术语，再把这事原原本本跟我说一遍，我将感激不尽。"

"很好，"神父答道，"是不是说，您想换掉那个已经下好的定义；这不会改变意义，我不反对。我们主张，有一条不可否认的原理，亦即人做一件事，除非上帝在他做这件事情之前就使之明白那件事情是邪恶的，并且让我们为圣灵所感动而不再做那件事情，否则我们就不能说他是有罪之人。现在您明白了我的意思了吗？"

我对于这种主张吃惊不小：没有一种突如其来的罪过，也没有一种因遗忘上帝而犯下的罪过是可以追究的，便向我的詹森派朋友看去，从他的表情中我一下子发现他的想法有所不同。但是他不说一个字，我便向修士说："我亲爱的神父，但愿您所说的一切都是对的，而且您能够给予充分的证明。"

"您是说证明吗？"他立刻兴奋起来，"我很快就会给您的，而且是最充分的证明。劳驾，稍候片刻。"

他一边说，一边一头扎进了书堆，我就乘机问我的朋友是否还有其他人也是用这样的方式说话的。"您真是这样孤陋寡闻吗？"他答道，"毫无疑问，神父、教皇、宗教会议、《圣经》以及其他神圣作品都没有使用过这个术语。但是，如果您想要决疑论者和现代学者，他就会给您推荐一大批和他立场相同的人。""啊！我才不会在乎这些人呢，如果他们与传统相违背的话。"我说。"没错。"他答道。

正说着，好心的神父回到房间，捧着一大摞书本，又随手取出一本给我过目。"读读这个，"他说，"这是《论罪大全》，波尼（Bauny）神父的著作，瞧，已是第5版了，可见是一本好书。"

"然而真遗憾，"那位詹森派对我耳语道，"这本书在罗马可是遭到了法国主教们的谴责。"

"请看第906页。"神父道。我奉命而为，并且朗读下列文字："为了从事在上帝的眼里是犯罪并且应受惩罚的行为，我们就必先知道我们所做的事情是不对的，或者至少应怀疑它是不对的——我们担心或是断定我们心中想着的事情，神非但不悦，而且禁止我们去做；尽管如此，我们还是做了这样的事，越了雷池，这才是犯罪。"

我说："这个开场白很好。"他说："而且表明嫉妒之心将把一些人引向哪里。对于波尼神父的这段话，哈里耶先生（Hallier）在他还没有成为我们的朋友之前曾用下面的话大肆取笑：Ecce qui tollit peccata mundi——'瞧这个人，他把人间的一切罪过都赦免了！'"

"那是当然，"我说，"根据波尼神父的说法，我们的确看到了对于救赎的一种全新描述。"

"对于这个问题您是否愿意看到一个更加可靠的见证呢？"他补充一句。"这是安纳特（Annat）神父的著作。一本反对阿诺德先生的新著。请翻到第34页,那里有一个折角,朗读我用笔划出来的句子——它们本来应该是用金粉写的。"于是,我便读到了这样一些话:"一个人不知道神,不知道自己有罪,也不理解(照他的解释就是一无所知)爱上帝的行为和悔罪的行为,他就没有得到实施这些行为的事实的恩宠;但同样可以断定的是,他没有实施这些行为也不能算作有罪。即使他受到了谴责,也不是对于他没有实施这些行为所受到的惩罚。"又过了几行,他补充道:"就算他实施了应当惩罚的行为也同样是无罪的。"

"瞧,"修士说,"他就是这样谈论未实施之罪和实施之罪的。什么都逃不过他的眼睛。对此您有什么要说的?"

"还有什么好说的呢?"我大声地叫了起来,"我简直是太高兴了!从这个教义中我发现了怎样令人兴奋的结论!我已经看到了全部的结论了;多么神秘的东西在我面前展示了出来。天哪,无须比较,我就可以看到因无知和遗忘上帝而称义的人,倒要比因恩宠和圣事而称义的人多得多。可是亲爱的神父,您莫非是拿子虚乌有的快乐来和我寻开心吧。您能肯定这里没有什么不充分的充分性吗?我可是特别害怕这种区别;我已经被它欺骗过一次了!您是当真的吗?"

"您这是什么意思?"修士叫了起来,并且发怒,"这又不是开玩笑。我向您保证,这根本不是什么哄您的话。"

"我哪里是开玩笑呢,"我说,"不过这正是我所担心的事,我真的希望确有其事。"

"那好,"他说,"为了让您更加确信,看看勒穆瓦纳先生的作品吧,他曾经在索邦的一次全体大会上宣讲过这一教理。其实他是从我们这里学去的；但是他有一种天赋，能够把我们的想法条分缕析，发挥得淋漓尽致。他的工作是多么的细致入微啊！他证明，要断定一种行为有罪，以下各条都要深入到灵魂中去。请朗读每一个字，再掂一掂它们的分量。"

于是我就读了下面的文字，原文是拉丁文，现在我给您翻译出来："（1）首先，上帝向灵魂广泛地播撒一定程度的爱，使得灵魂倾向于他所命令的事物；而一种反叛性的欲望则将它引往相反的方向。（2）上帝感动灵魂，使之认识到它的软弱。（3）上帝向灵魂启示，使之认识到有医生能够治愈它的软弱。（4）上帝感动灵魂，使之产生一种被医好的欲望。（5）上帝感动灵魂，使之产生医治欲望并且请求他的帮助。"

"除非所有这些都发生并且深入到灵魂之中，"那修士道，"人的任何行为都不能够恰如其分地被称为有罪，不能受到惩罚，正如勒穆瓦纳先生在这里以及接下去所证明的那样。您不是要其他权威来证明此事吗？全都在这里了。"

"可全都是一些现代权威。"我的詹森派朋友低语道。

"我也是这么想来着。"我向站在一旁的他说，然后面向修士，"我亲爱的神父啊，"我大声说道，"这对于我的一些熟人将会是一件多么福气的事情。我将向他们大力推荐您。也许您还从来没有遇见过这样一些人，他们的罪也许比不上您一辈子所犯的全部罪过。因为，首先，他们根本不想上帝；他们的罪孽胜过他们的理智；他们既不知道他们软弱之处，也不知道能够治愈他们的医生；他们从未想过'灵魂的健康'，也未想过'祈祷上帝赐予他们灵魂的健康'；因此，根据勒穆瓦纳先生的观点，他们都处于领洗的纯洁状态。他们'从未想过上帝之爱或者为他们的罪而悔过',所以,根据安纳特神父,他们根本没有因为缺少上帝之爱和悔过而犯罪。他们的生活充斥着各式各样的快乐,没有哪怕是一丁点悔过来打搅他们的生活。这些毫无节制的生活只会令我想象他们终将永劫不复。但是,您,神父啊,却告诉我们,同样这些毫无节制的生活却能确保他们得救。上帝保佑您,神父啊,为了您用这样的办法为人辩护!别人治疗灵魂的处方是痛苦的苦修,而您却证明那些严重失调的灵魂实际上是非常健康的。这是多么出色的策略,不论在今生还是来世都能够获得快乐!我以前一直认为人思考上帝越少,他的罪孽就越多;但是依我现在的看法,一个人只有能够成功地使自己根本不再思考上帝,将来一切就会变得纯洁无比。走开,这些善恶参半的罪人,他们心中还潜藏着一些追求美德的情感!他们每一个人都会受到谴责的,这些半是罪人,半是好人之人。请代我向你们这些彻头彻尾的罪人——冥顽不灵的、完完全全的、不折不扣的罪人致意吧。地狱没有他们容身之处;他们瞒过了魔鬼,纯粹是因为他们忠诚于它的职分!"

好心的神父对于这些推论与他的原则之间的联系知道得一清二楚,但是极其灵巧地避开了这些推论。他耐着性子,既出于善良本性也出于策略,只是回答说:"为了让您了解我们是怎样避免这些不便之处,您必须知道,虽然我们断定,您所提到的这些堕落之徒,如果他们不想到皈依上帝或是没有献身于上帝的愿望,就不能说他们是有罪的,但是我们仍然主张他们实际上是有这些想法和愿望的,而上帝是绝不允许一个人犯罪却不事先让他认识到他所图谋的这一罪恶的;也不会不给予他一种愿望,不是拒绝这一过犯就是在任何一种场合下都乞求上帝帮助他，使他有能力拒绝这一过犯；除了詹森派之外没有人会主张与此相反的观点。"

"真是奇怪！神父，"我反唇相讥，"这就是异端的詹森派吗，他们不承认一个人在犯罪的时候，他被良心上的悔恨搞得心烦意乱，尽管他'越了雷池'，就像波尼神父所说的那样？因为这样被诬蔑成为异端可真是一个天大的笑话。我能够轻易相信一个人可能因为没有善良的思想而受到谴责，但是我心里永远无法想象，一个人仅仅因为不相信所有人必定拥有善良的思想而遭受那样的命运！但是，神父，我的良心使我一定要让您领悟，要告诉您——世界上有成千上万的人，他们没有这样的愿望，他们毫不后悔他们的罪过，他们满心喜悦地去犯罪，他们为所犯的罪行大肆炫耀。还有谁比您更加明白这些事情呢？您不会说不出几个我所指的人吧，因为正是有些身居高位者确实和这些情况完全相符合。但是神父，请您注意您的基本原则将会导致怎样危险的推论。您难道想不到，它对于那些一门心思想找到某些东西来怀疑宗教的思想自由分子将会造成怎样的后果吗？您向他们保证，就像信条一样确实可靠，他们每犯一次罪，他们内心都会有一种罪恶的预感，都会有一种要拒绝犯罪的愿望时，这时您给了他们以怎样的一个借口啊？这难道不是明摆着的吗，由于他们根据自己的经验体会到您的教理在这点上是大谬不然的，而您却认为这是关乎信仰的，那么，他们难道不会把从这点推论出的结论推广到其他的地方？他们会论证说，既然您在这一点上不可信，您在所有的信仰上都是值得怀疑的；因此您就把他们逼到了死胡同里去了，他们将会得出结论，不是宗教是虚伪的，就是您对宗教知之甚少。"

这时我的詹森派朋友接过我的话头,对他说:"您本来做得还是蛮不错的,神父,如果您想保留您的教理,就不应该将事实的恩宠向我们解释得如此清楚明白。因为您怎么能够公然主张一个人若不事先知道自己的弱点、不知道医生、没有医治的愿望或者没有向上帝乞求的愿望,就不会犯罪,也不会在人们的评价中信誉扫地呢?难道人们会相信,用您的话说,那些沉溺于贪婪、不纯洁、渎神、决斗、复仇、抢劫和亵渎罪的人,实际上是恪守贞节、谦卑以及其他基督教的美德的人?难道可以想象那些大声夸耀其自然权能的哲学家是最了解其缺点和治疗的吗?一些人认为上帝没有赐予人以美德,甚至任何人都不会向上帝乞求美德是一条亘古不易的真理,难道您认为这些人会为他们自己乞求美德吗?谁会相信,那些否认神圣天命的伊壁鸠鲁派会觉得有任何倾向要祈祷上帝呢?那些人说'在我们的必然性中乞灵于上帝乃是大逆不道,似乎上帝真的能够费心顾念我等'?总之,怎么能够想象偶像崇拜者和无神论者,每当他们企图犯罪的时候,换言之,他们在一生中经常如此,居然内心就产生了祈祷真神的愿望,他们既然对于上帝向来漠不关心,怎么能够想象上帝把他们毫无概念的美德赐予这些人呢?"

"的确如此,"值得尊敬的神父以坚定不移的口吻说,"我们将断定:就算我们退一步,同意任何人即使没有犯罪的意识,没有与此相反的美德也会犯罪,我们也要坚决主张,全世界包括恶徒与不信教者在受到诱惑之际都有这些圣灵感动和愿望。你们不能证明给我看,至少根据《圣经》,说这不是事实真相吧。"

对这一说法我大为惊奇，立刻插嘴道："什么，神父，难道我们求助于《圣经》来证明这样一件如此明白的事情吗？这不是什么信仰问题，甚至也不是理性问题。这是一个事实问题：我们一眼就看出来的——我们明白它的——我们感受得到它。"

但是詹森派却接过修士的话头，说了如下一席话："神父，如果您无论好歹坚持援引《圣经》，那么，我这里就满足您的要求；既然经上说'上帝没有把审判启示给外邦人，只是任他们行自己的路'，您就必不能说上帝已经启蒙了那些《圣经》断言他们'留在黑暗里面，留在死亡里面的人'。这难道还不够证明您的原则有错误，还不足以发现圣保罗因为'在无知和狂热中'犯了罪而称自己为'罪人之首'吗？根据《福音书》，难道还不足以表明，那些把耶稣基督送上十字架的人根本不会请求上帝的宽恕，尽管他们不知道自己行为是邪恶，而且根据圣保罗的观点，如果他们知道就根本不会去犯这样的罪了吗？耶稣基督告知我们将会有逼迫教会的来，他们为了毁坏教会而无所不用其极，但是还'以为他们是在服侍上帝'，难道这还不够吗？耶稣基督不是在告诉我们，这种罪过，按照使徒的判断，是一切罪过中最大的，可能会由那些人去做，他们非但不知道这是在犯罪，反而认为他们不这样做是犯罪，难道这还不够吗？总之，耶稣基督本人教导我们说，有两类罪人，一类是'知道他主人的意愿'而犯罪的人，另一类是不知道而犯罪的人；他们都应当受到'批评'，只不过'批评'的方式实际上应当有所不同，这难道还不够吗？"

由于他要求《圣经》的证明给了他极大的压力，这位可尊敬的修士开始让步了；他同意恶徒犯罪可以是没有受到上帝的启示，便说："你们至少不会否认善良的人根本不会犯罪，除非上帝赐予他们"——"您这是在回避，"我说，打断了他的话头，"您现在是在回避，我好心的神父；您放弃了普遍的原则，您发现不能在恶徒方面坚持下去，就采取了妥协的办法，把您的普遍原则运用到虔诚的人身上。但是在这一点上，这样的运用在我看来是极其有限的，以至于根本不能运用到任何人身上，在这一点上几乎没有什么可以讨论的。"

然而我的朋友对于整个问题已经了然于胸，我不得不认为他在今天早上已经充分地研究了整个问题。他答道："这是你们的最后堡垒了，神父，你们这派还算愿意用理性推理的人所不得不退缩回去的堡垒；但是在这个堡垒里面也不一定能够高枕无忧。圣徒的例子丝毫不能有利于您的立场。谁会怀疑他们不是经常陷于突如其来的罪恶而不意识到这些罪恶呢？我们难道不是经常从圣徒本人那里获知，色欲经常为他们设下隐秘的陷阱；而且那是经常发生的事情，正如圣奥古斯丁在其《忏悔录》中所经常抱怨自己的那样，尽管他们为人处世慎而又慎，他们'耽于享乐还以为是耽于必然性'吗？"

"难道不是经常看见，比较狂热的真理之友们受到了热烈争论的蒙蔽而陷于私利，而他们的良心在当时却只是表明他们的行动纯粹是出于真理的利益，他们直到很久之后才发现他们犯了错误！"

"再者，正如我们从教会历史中得知，总有那么一些人，他们因为相信自己是善良的而不顾一切地卷入了一些很不好的事件中去，对于这些人我们将说一些什么呢？而在这些情况下，教父们不是照样谴责这些人也是犯了罪的吗？"

"如果情况不是这样，那么，那些圣徒们怎么能够犯一些秘密的错误？上帝能够洞察我们的过失是那样的重大，那样的不可胜数，这又怎么可能是真的呢？那些出类拔萃的圣徒虽然对于过失毫无察觉，但是仍然就像圣保罗对自己说的那样，总是处在'恐惧和战栗'之中，这又怎么可能是真的呢？"

"神父啊，这种关于恶和与之相反的美德亦即爱的知识，在您的想象中构成了罪恶的基本因素，从义人与恶徒的事例中都未能得到证明。就恶徒而言，他们作恶的热情足以证明他们对于美德毫无愿望；就义人而言，他们心中所拥有的爱则明白表明他们未必意识到他们每天的过犯，正如《圣经》所教导我们的那样。"

"事实上，义人经常由于无知而犯罪，要不然最伟大的圣徒就几乎不会犯罪了。我们怎么能够假定那样纯洁的灵魂，他们一旦发现了那些令上帝不悦的哪怕再微不足道的事情，就立刻极其小心和极大的热情避免过犯，可是他们仍然每天都在犯罪，这样的灵魂怎么可能在每一次过犯之际能够'在那关键时刻拥有关于他们的弱点、关于他们的治疗、关于他们的灵魂健康以及关于祈祷上帝、求得帮助的知识'并且尽管他们得到了这些启示，'但是越过雷池'并且犯了罪呢？"

"因此，神父，您必须得出这样的结论，不论是罪人还是圣徒在他们每次过犯之际，并不总是拥有那样的知识或是那样的启示。换言之，用你的话说，他们并不总是拥有事实的恩宠。您和您的现代作家们再也不要说那些不知道公义的人是不可能犯罪的；而是要和圣奥古斯丁和古代教父一样说，当我们不知道公义的时候，我们不可能不犯罪：Necesse est ut peccet, a quo ignoratur justitia。"

虽然他的两种观点都被驳倒,但是好心的神父仍然没有失去勇气,沉思片刻,"哈!"他高声叫了起来,"我将会立刻说服您。"他再次拿起波尼的著作,指着他先前曾经引用的地方,说道:"您看这里——看看他的立论基础!我肯定他并不缺少完美的证明。读一读他引用的亚里士多德吧,您将会看到,在读了这样一位毫无疑问的权威之后,您一定会不是把这位哲学之王的书统统烧掉,就是接受我们的观点。好吧,请听有利于波尼神父的原理:首先亚里士多德说,'一种行为如果不是出于自愿就不能说它是可以谴责的'。"

"我同意。"我的朋友说。

"这是你们头一回意见一致,"我说,"听我的忠告,不要再做进一步推论了。"

"那不就前功尽弃了,"他答道,"我们必须知道那些构成我们一种自愿行为必不可少的条件是什么。"

"我很担心,"我回话说,"在这一点上您够得上一个大傻瓜。"

"用不着您操心,"他说,"这可是一个确定无疑的基础——亚里士多德可是站在我们一边哩。请听波尼神父怎么说:'而一种行为要成为自愿的,它必须是由一个能够思考、知道并且理解这一行为中的善恶的人来完成'。Voluntarium est——或曰一件自愿的行为,正如我们通常提及的那位哲学家(就是那位亚里士多德呀,修士紧紧握着我的手说道)所言,'quod fit a principio cognoscente singula, in quibus est actio——乃是由一个知道彼一行为之全部特性的人所实施的行为。因此,当意志在没有思考、未进行成熟的反思的条件下去赞同或者反对、去做或者不做某件事,而理解力还没有来得及分辨这件事正确与否，这样的行为是非善非恶的；因为在有关事物的善恶的品质在经过大脑的裁判、判断和反思之前，所做的这一行为就不能说出于自愿'。现在您算满意了吗？"

我回答说："好像亚里士多德与波尼神父观点一致；但是这仍然不禁使我对于这一陈述感到莫名的惊诧。先生！一个人知道他在做什么并且仅仅因为他选择去做这一行为，难道这不就足以使得这一行为成为自愿的行为吗？除此之外，难道我们非要假设他'思考、知道并且理解这一行为中的善恶'吗？天哪，根据这样的假设，那么自然中就几乎没有什么自愿的行为了，因为几乎根本不会有人这样去思考问题。在投机中有多少渎神之举，在丑行中有多少过分之举，在狂欢中又有多少放荡之举，根据这一原理，它们都可以排除在自愿行为的名单之外了吗，它们由于并不伴随着'大脑对于行为的善恶的反思'，因此既算不上善也算不上恶了吗？可是神父啊，亚里士多德可能持有这样一种观点吗？我以前还一直认为他是一个有理性的人呢。"

"我这就让您心服口服。"詹森派说。他要求看一下亚里士多德的《伦理学》，打开了书中第三卷，也就是波尼神父引用过的地方，对修士说："我原谅您，亲爱的先生，竟然轻信波尼神父的话，以为亚里士多德真的持有这一观点；但是如果您亲自读了亚里士多德的书，就会改变您的想法的。的确，他曾经教导说'为了使一件行为成为自愿的，我们必须知道彼一行为的全部特性'——singula in quibus est actio。但是这除了指行为的细节之外，还会别有所指吗？他所引用的例证清楚地表明，他指的只是这个意思，因为它们仅指人们并不知道彼一行为的细节是什么，比如：'一个人希望展示一台机械,却飞出一支镖,伤及旁观者;再比如墨罗佩误杀了自己儿子而不是她的敌人。'诸如此类。"

"因此您可以看到使得行为不是出于自愿的无知属于哪一种类型的无知,也就是对于特定细节的无知,您是知道的,就是神父们所说的对于事实的无知。但是对于正义的无知而言——亦即对于一件行为中的善恶之别的无知——这是问题的唯一关键,我们且来看看是否亚里士多德也与波尼神父意见相同。这位哲人说过:'一切恶徒对于他们的所作所为以及什么应当拒绝不做的事情都是一无所知的,正是这种无知使他们为非作歹。相应地,一个人不能仅仅为了完成他的使命,而不知道做一件事情是否合适,就说他的行为是身不由己的。这种在善恶选择上的无知并不足以使得行为不是出于自愿;而只是使得这一行为成为邪恶的。同样还可以证明这个人对于什么是他的使命基本上也是一无所知的,这样的无知应当受到谴责。因此,身不由己的、可以原谅的行为仅仅与事实及其特定的细节有关。在这种情况下那个人才会得到原谅和宽恕,才可以认为他的行为与他的意愿相反。'"

"现在,神父,您还会认为亚里士多德和您的观点一致吗?谁能够不惊讶地发现一个异教哲学家在如此深刻感人的道德观方面、在良心的取向上,在如何认识行为是否出于自愿,相应地,行为是否应当被谴责为有罪的条件上,实在比你们的神学家还要开明得多呢?神父啊,您不要再从哲学之王那里寻求什么支持了,也不要再站在神学家之王[①]的对立面了吧,这位神学家之王在他的

---

① 系指奥古斯丁。

《忏悔录》第一卷第十五章明确提出了这样的观点：'那些因为无知而犯罪的人虽然于无意中犯了罪，但是他们犯罪是因为愿意犯罪。因而甚至这一无知之罪如果不是出于这个犯罪者的意志，就不会去触犯的，尽管这一意志仅仅引诱他去做了彼一行为，而不是去犯罪；然而这一行为本身是有罪的，因为它足以构成罪过，以至于他做了他不应该做的事情。'"

我认为这位耶稣会士看上去对于亚里士多德的文字比对于圣奥古斯丁的更加感到惶惑不安；但是正在他思考着怎样回答的时候，一位信使前来通知他拉美雷夏尔太太和马其奥内斯太太请他过去。于是他便匆匆向我们告辞，说："我会把这一切告诉我们的神父。他们会找到答案的，我敢向您保证；我们有一些很有见识的头脑。"

我们完全理解他；当我们单独相处的时候，我对我的朋友流露了我的惊讶，我惊讶于这一教义对于整个道德体系起到了颠覆性的作用。对此他答道，他对于我的惊讶感到惊讶。"难道您还没有发觉，"他说，"他们在道德方面比在其他方面都走得更加过头吗？"于是他对此做了一些不可思议的解释，并且答应以后再给我多解释一些。我希望这一方面的信息能够构成我下一封信的话题。您忠实的……

信札之五

巴黎，1656年3月20日

先生：

照我的承诺，现在我首次向您描写一下那些好心的耶稣会神父的道德观。"这些人以学识和灵性著称，全部是在神圣的智慧的指导之下达到的——这一智慧肯定比其他一切哲学都切实可靠。"也许您会觉得我在开玩笑，但是我完全是当真的；或者说，他们在大著《公元一世纪的想象》中谈论自己的时候就是这样说的。我只是转述他们的话，请看颂词的其余部分："他们是人或者不妨说是天使所组成的社团，这天使也就是以赛亚所预言的'去吧，迅疾的、万事俱备的天使'。"这预言难道不是明白无误，如同白昼吗？"他们有天使般的灵，他们是一群凤凰（近世有位作家已经证明此鸟数量繁多）；他们改变了基督教世界的面貌！"那是当然，既然他们说了，我们就一定要相信。在一定意义上您将发现，这封旨在讨论其基本原理的书信的余下篇幅会证明这一描述。

由于决心尽可能获得最佳信息，我不打算盲信我詹森派朋友的说法，而是和耶稣会士本人进行面对面交谈。不管怎样，我发现他所告诉我的，确实是赤裸裸的真理，我相信他是一个老实人。这一点您可以从如下关于这些会面的叙述中判断出来。

在与詹森派的谈话中，他告诉过我关于这些神父的一些闻所未闻的事情，要不是他从他们的作品中给我一一指出来，还真是难以置信。接着他又说，他们对此会辩解说，那只是别人的观点，拿这些观点来责备全体耶稣会士是有失公允的。其实我向他保证，我认识一些耶稣会士，他们生活严谨，不像他所引证的人士那样生活松散。这使得他向我解释了耶稣会的精神，这倒不是众所周知的；对此也许您并不反对做一些了解。

他一开始就说："您想象一下一些神父赞同福音的原则，而另外一些神父则反对它们，这对于耶稣会士其实是大为有利的。您会根据这样一种表象得出结论，好像那些不严肃的观点并不属于整个耶稣会。在这一点上我同意您，因为情况若是这样的话，它们就不会令耶稣会中那些持有与不道德观点相反的人感到痛苦。但是，正如他们中间肯定有人持有这些不道德的教理一样，您也必须得出结论，耶稣会的圣灵与基督教严谨性的圣灵必定有所不同，因为如果这样的话，他们就不会使耶稣会中那些持有与这种教会严谨观点相反的不道德观点的人感到痛苦了。"

"那么耶稣会作为一个整体它这样做有什么企图呢？"我问道，"也许他们根本没有什么固定的原则，每个人都想到什么就随口说什么。"

"不可能的，"我的朋友答道，"以这样一种随意的方式，而没有一个灵魂来统治或者规范其运作，像这样一个庞大的机构是不可能维持下去的。此外，他们有一个公开宣扬的规定，没有长上的许可,谁也不得发表片言只字。"

"可是,"我说,"这些长上们怎么可能同意颁布如此矛盾百出的基本原理呢?"

"这您就不知道了吧,"他答道,"您要知道,他们的目的倒不在于败坏社会风气——他们当然没有这样的意图。但是他们的目的也绝不是要移风易俗——这实在也是糟糕透顶的策略。简单说,他们有这样一种想法:他们自视甚高,以至于相信,把他们的影响力扩展到其他地方并且应当支配一切人的良心,这样做是有益的,而且在某种程度上对于宗教利益是必不可少的。福音的或者严格的原则既然适应于某一类人,如果这些原则有利于达到他们的目的,他们就拿来为我所用。但是,由于这些原则并不符合大多数人的想法,遇到这些人他们就不再坚持这些原则了,以便和全世界和睦相处。因此,为了和不同等级、不同国家的人打交道,他们必须要有形形色色的决疑论者来应付各种差异。"

"您不难看出,根据这样的原则,如果他们仅仅拥有一些道德观不甚严谨的决疑论者,那么他们就不能实现他们的主要目标,也就是争取得到所有人拥护;因为那些真正虔敬的人们喜欢较为严谨的原则。但是由于许多人都不是属于这一类型,所以他们并不需要太多严谨的导师来引导他们。他们用少数人来应对少数人,而各种各样的道德浮夸的人则是为众多喜欢道德浮夸的人预备的。"

"正是通过这种'先施人恩惠、与人方便,而后施以教导',正如皮塔乌(Petau)神父所言,可以说他们是将手伸向了一切人。例如,如果有人出现在他们的面前,决心归还他的非法所得,绝不要假定他们会劝说他不要这样做。绝无可能,相反,他们会欢呼并且首肯他这样一个神圣的决定。但是假如有另外一个人来，他希望得到宽恕，却不归还非法所得，如果他们不能提供给他各种逃避责任、钻法律空子的手段，岂不糟糕透顶。"

"通过这种策略，他们到处拉帮结派，捍卫自己，共同对敌；因为，若是有人指责他们在道德上非常不严谨，他们不做别的，只是拿出他们严肃的导师来，以及他们撰写的论述基督教道德法典之严谨性的著作，而天真的民众或者那些从来不知道透过现象看本质的人们对于这些指责之为谬误的证明就会感到心满意足。"

"因此，他们为各色人等都有所准备，他们能够满足这样的要求：如果他们正好处在一个普遍认为上帝被钉十字架是一条愚蠢的教义的世界，他们对于十字架的冒犯会暂表隐忍，而只是宣扬那位荣耀的而不是受苦的耶稣基督。他们在印度和中国所实行的就是这一谋略，在那些国家，他们允许基督徒崇拜偶像，并教会当地基督徒如下的计谋：让那些皈依基督者在他们的衣服下面藏上一张耶稣基督的画像，教导他们要把对于孔夫子偶像的公开赞美在精神上转到耶稣基督上面去。有位多明我会士叫格拉文那（Gravina）的就谴责他们，这在格拉文那呈给西班牙国王菲利普四世的西班牙文奏折中、在菲律宾岛屿上的方济各会士那里都得到充分证明，托马斯·胡尔塔多（Thomas Hurtado）在其《信仰的殉教者》第427页有摘引。这种做法甚至让传信部被迫公开禁止耶稣会士允许以任何借口实行偶像崇拜，或者向慕道友隐瞒十字架的奥秘，违者以绝罚论处；责成他们不得为任何没有受到这些教导的人领洗；命令他们在教堂里面悬挂基督受难的画像：所有这些在1646年7月9日由卡波尼（Capponi）枢机签署的传信部部令中——具明了的。"

"他们就是通过这样的方式向全世界宣传他们自己的,又有言之有理但查无实据的观点的帮助,而这种方式同时成为一切不道德的根源和基础。他们可是公开行事,就像您已经知道的那样。不同之处只是在于,他们把肉体的世俗的策略隐藏在圣袍和基督教的审慎下面;好像信仰,以及与信仰相关的圣传因不同时间和不同地点可以有所不同的;好像对于它的臣民欲擒之则必先纵之,乃是一条规则似的;好像灵魂要得到净化,涤除污染,就只有破坏上帝的律法,取消清明、纯洁的上帝的律法,让沉浸在罪恶中的灵魂去听从耶稣会的有益教训似的!"

"去拜访一些令人尊敬的神父吧,我请求您,我相信不久就会在他们浮夸的道德体系中发现他们关于恩宠的教义的解释。您将会看到,基督教的美德居然呈现出如此闻所未闻的面貌,作为基督教的美德的生命和灵魂之爱被完全剥夺了;您将看到许多罪行被掩饰起来,许多不合法的事物得到宽容,以至于您再也不会惊奇他们的主张,'所有人都有充分的恩宠'去过虔敬的生活,一种他们所理解的虔敬生活。由于他们的道德观完全是异教徒的,就非常适合于人的本能去奉守了。当我们主张有效恩宠的必要性的时候,我们就赋予其另外一种美德以及另外一种目标。其功能不是要用一个邪恶来治疗另外一个邪恶,并不仅仅要引导人们去遵守外在的宗教义务,其目的在于一种比法利赛人或者异教最伟大的圣贤所宣称的美德还要高级的美德。律法和理性就是达到这些目标的'充分的恩宠'。但是,要把灵魂从贪恋世俗的束缚中解救出来——把它从其联系紧密的事物中分离出来——摆脱其自身的影响——提升灵魂而使之彻底地、永恒地与上帝联系在一起，只有一只全能之手才能够做到。断言靠我们自己就能够达到这一目标实在是荒诞，就像宣称那些所谓的美德——这些神父将其与基督教的美德混为一谈——没有上帝的爱我们就无法实现一样的荒诞。"

我朋友的这一番话充满了不少情绪化的东西，因为他对这些可悲的乱七八糟的东西实在耿耿于怀。而我呢，倒是由于这些神父所独创的策略而欣赏起他们来了。于是听从他的忠告，我去拜谒一位好心的耶稣会决疑论者，他曾经是我的一位老熟人，现在我有意与他重叙旧情。既然我心中知道如何应对，就不难让他听从我的摆布。他不忘旧情，极其友善地接待了我，东拉西扯了一阵后，我打算从眼下的时令说起向他了解斋戒的情况，再神不知鬼不觉转到正题上来。因此，我告诉他我在斋戒方面遇到一个难题。他先是规劝我切不可由着自己的性子来，但是，随着我继续不断的唠叨，他开始抱以同情之心并且为我寻找各种免除斋戒的理由来了。事实上他为我找到的借口还不止一个，但是没有一个适合我，最后幸亏他想起来问我是不是如果不吃晚饭就难以入眠？"是啊，我好心的神父，"我说，"正是因为这一理由我不得不在中午吃顿点心、晚上吃顿晚饭。"

"我真是非常高兴，"他回答说，"能够找到一种把您从犯罪中解救出来的途径：您就安心吧——您不必拘泥守斋的义务。然而我不想让您只是听从我的一家之说：我们上图书馆去。"

我俩一起到了那里，他抓起一本书，狂喜道："这可是专门为您预备的一位权威。天地良心，真是一个权威！埃斯科巴

（Escobar）呗！"

"埃斯科巴是谁啊？"我问道。

"什么？您连埃斯科巴是谁都不知道！"修士叫了起来，"他可是我们耶稣会的一员，编辑了这本《道德神学》，书中收集了本会二十四位神父的大作，他在前言里把他的著作比喻为'用七印封严的《启示录》'，还说'耶稣将它封严了，当着代表了二十四长老的二十四个耶稣会士的面交给了四活物，苏亚雷斯（Suarez）、瓦斯科（Vasquez）、莫林那（Molina）和瓦伦西亚（Valencia）'。①"

事实上他把整段比喻都朗读给我听了，以示他对此赞赏不已，又令我心中顿生一种崇高感：这的确是一部杰作。最后他找到了关于斋戒的段落，"啊，在这儿！"他说，"第一论，例十三，第六十七条：'如果一个人不吃晚饭就无法入眠，他是否必须守斋？答：大可不必！'您难道还不满意吗？"

"不太满意，"我回答，"因为也许我可以早上吃点心，晚上吃晚饭，不还是得守斋吗？"

"那么，请听下回分解；他们为各种情况都预备了说法，'如果一个人改为早上吃点心，晚上吃晚饭，那又该怎样说呢？'"

"我就是这种情况啊。"

"答：他还是不必守斋，因为一个人不必改变用膳的习惯。"

"真是一个绝妙透顶的理由！"我叫了起来。

---

① 此处借用了《启示录》中的典故，大致是要烘托耶稣会的道德观乃为上帝所启示之真理，参见《启示录》第4章。

"但是请您告诉我，"修士接着说，"您酒量大吗？"

"不大，亲爱的神父，"我回答说，"我不胜酒力。"

"我问您这个问题，"他回答，"只是想告诉您，您要是早上喝上一杯两杯的，或者什么时候想喝一口就喝一口，这都不算违背守斋的规定，而是顺从天性的做法。此处还有这样的论断，第五十七条：'一个人是不是可以什么时候想喝酒就喝酒，甚至酗酒也不算违背守斋的规定呢？是，他可以这样做：并且可以喝上一打蓝的希波克拉斯酒。'我把希波克拉斯酒给忘了，"修士道，"我得在记事本上写上这点。"

"这位埃斯科巴准是个可爱的人。"我感叹道。

"那是当然，人见人爱，"神父兴高采烈道，"他有那么多使人高兴的问题！瞧瞧这里，第三十八条：'如果一个人怀疑自己尚未年满二十一岁，是不是一定要守斋？不必。但是假定我今天子夜后一小时将满二十一岁，第二天就是斋日，那么到第二天是否要守斋呢？也不必。因为在子夜过后的一个小时之内您爱吃多少就吃多少，那时候您还不算满二十一岁。既然您那时有权不守斋日的规定，您就一整天不必守斋了。'"

"哇，真是有趣之至！"我大叫起来。

"那是，"神父也高兴道，"我简直是手不释卷，日日夜夜都在阅读此书，其实已经到了废寝忘食的地步了。"

可敬的神父觉得我有兴趣，十分高兴，就继续援引该书的文字："现在我们来欣赏一下费留提乌斯（Filiutius）吧，他也是二十四位耶稣会士之一：'一个人由于各种原因——比如生活放荡——而精疲力竭，他是不是一定要守斋呢？大可不必。但是，如果他显然为免除斋戒而上下活动，弄得精疲力竭，他是否需要这样做呢？不，不必，就算他本来有这样的计划。'您瞧！您该相信了吧。"

"其实，好心的神父，我还是不敢相信，"我说，"天哪，一个人有力量守斋却不去守斋，这难道不是有罪吗？难道一个人一抓住机会就去犯罪是许可的吗？或者说，难道我们不应该有意避免犯罪吗？这未免太宽容一些了吧。"

"那不见得，"修士答道，"这是顺理成章的。"

"顺理成章的，怎么可能呢？"

"嗨，"修士高兴得叫了起来，"难道您认为，如果一个人为了避免犯罪而带来种种麻烦，他还会一如既往坚持下去吗？波尼神父认为他是坚持不下去的。他说，'如果人们放弃犯罪就会招致街谈巷议或者给他们个人带来麻烦，就不能不对于他们直接犯下的罪过予以宽恕'。"

"听到这话真是让人舒心，神父，"我感叹道，"既然我们不必拒绝犯罪，我们只能说我们是故意在追求犯罪。"

"这也是偶尔可以允许的呀，"他补充道，"著名的决疑论者巴希尔·庞斯（Basil Ponce）也曾经这样说过，波尼神父在他的《论惩罚》中同意他的观点，还做了如下的引用：'我们可以直接和故意寻求犯罪—— primo et per se ——当我们邻人的精神和世俗的利益在诱惑我们这样做的时候。'"

"真的，"我说，"这对于我好像完全是一场梦，我到了伟大的神学家居然用这样的方式谈论问题的！现在，神父，以您的良心告诉我，您也抱有这样的观点吗？"

"不，说真的，"他答道，"我可不抱有这样的观点。"

"那么您所说的话违背了您的良心。"我接着说。

"一点也不，"他答道，"我并不是按照我自己的良心，而是按照庞斯和波尼神父的良心来谈论那些问题的，而您可以完全放心追随他们去做，因为我向您保证他们都是一些才华出众的人。"

"什么，神父！是因为他们把这三段文字放在了他们的著作里面，就允许追求犯罪吗？我还以为我们应当把《圣经》和教会传统而不是你们这些决疑论者作为我们的准则。"

"好！"修士叫道，"我觉得您让我想起了那些詹森派。您以为波尼神父和巴希尔·庞斯就不可以提出或然性的观点吗？"

"或然性说服不了我，"我说，"我需要确定性。"

"我一眼就看出来了，"好心的神父答道，"您对我们的或然性观点简直一窍不通。如果懂得，您就会用另外一种口气说话了。哈！我亲爱的先生，在这一点上我一定要给您一些开导。如果您对此没有积极的认识，您就什么都理解不了。这可是我们全部道德哲学的基础——基本知识！"

我暗中高兴终于把他引到关键问题上来了，我向他表示满意并要求他解释一下所谓或然的观点究竟是什么意思。

"这个嘛，"他答道，"我们的作者回答得比我好得多。他们，尤其是我们的二十四长老是这样描述的：'凡是经过思考而有一定道理的观点，我们就称它为或然的观点。因而有时会出现这样一种情况，某个庄重的神学家有时也会提出一个或然的观点。'理由如下：'因为一个专事研究工作的人不可固执一个观点，除非有可靠而充分的理由把他引导到这个观点上面去。'"

"因此,"我便笑道,"似乎一个神学家可以随意扭曲或颠倒良知而总使良心处在一个安全地带。"

"您别取笑这种做法,先生,"修士答道,"也不要企图攻击这条教理。詹森派就曾企图这样做;他们本来可以不必陷入困境的——这条教理实在是坚不可摧。听听桑切斯(Sanchez)怎么说:'或许您怀疑某个心地善良、博学多才的博士是否可以提出一个或然的观点。我的回答是可以,安杰勒斯(Angelus)、希尔维斯特(Sylvester)、纳瓦尔、伊曼努尔·沙(Emanuel Sa)等等都同意这点。显然,一个或然的观点就是一个具有广泛基础的观点。而今一个学识渊博而又虔诚的权威总是深思熟虑的,因为(注意这个理由)如果这类人物的证词有巨大影响,足以使我们相信比如说在罗马发生了某某事件,那么为什么在道德问题上不能够产生同样巨大的影响呢?'"

"你们竟然拿世俗事物和良心进行这样的类比,"我打断了他的话,"真是奇怪透顶!"

"请稍微耐心一些嘛,"修士兴致勃勃地说,"桑切斯恰好在下面这句话中做了回答:'我也不能同意某些作者所做的规定,认为这样的一个神学家虽然在人权方面具有充分的权威,但是在神权方面却未必具有同样的权威。其实他在这两方面具有同等的权威性。'"

"嗯,神父,"我坦率地说,"我真是不赞赏这一规定。既然你们的神学家声称拥有根据理性考察一切事物的自由,有谁能够保证在一个人看来可靠的东西,在其他所有人看来都是可靠的呢?人们做出判断的差别实在是太大了。"

"其中的奥妙您是不懂的,"他打断我的话,"他们在许多观点上无疑是各不相同的,但是这又意味着什么呢?每个人都会提出他自己认为或然的和可靠的观点。我们完全知道他们远非一种心思;此外,他们几乎没有一个瞬间达成一致的。事实上,您一定会发现,几乎没有什么问题不是这个人说是那个人说不是的。不过,在所有这些情形中,每一个相反的观点都是一个或然的观点。因此迪亚纳(Diana)在讨论某个话题时曾说:'庞斯和桑切斯对此持有相反的观点,但是,由于他们都是有学问的人,他们各自提出的观点都是或然的。'"

"可是神父,"我说道,"一个人要在两个或然的观点之间做出选择一定很为难吧!""一点也不,"他兴高采烈地说,"他只要赞成最适合于他自己的观点就可以了。""天哪!那万一另外一个人观点的或然性更大一些呢?""无关紧要。""万一另外一个人更加可靠呢?""无关紧要,"修士又说了一遍,"本会的伊曼努尔·沙在他的《箴言录》中说得明白:'一个人可以根据一个或然的观点做他认为允许的事情,尽管相反的观点也许更加可靠。只要是这个观点是由一个庄重的博士提出来的。'"

"如果一个观点突然变得不或然,也不可靠,是否允许继续坚持这个观点,"我问,"而拒绝我们相信比较或然,也比较可靠的观点呢?"

"我还得说是,"修士答道,"听听罗马著名的耶稣会士费留提乌斯怎么说:'坚持一个不大或然的观点是许可的,即使它是不大可靠的观点。这是现代作者共同的判断。'这还不够清楚吗?"

"嗯,可敬的神父,"我说,"不论如何,您赐予了我们行动的自由！多亏了您这或然的观点，我们的良心自由有了见证人了！而你们的决疑论者在做出回答的时候也可以这样随心所欲吗？"

"是啊，"他说，"我们喜欢怎么回答就怎么回答，或者我应当说，根据那些要求我们给他们出主意的人的好恶来做出回答。在这里，雷门（Layman）神父、瓦斯科神父和桑切斯神父以及二十四位可尊敬的神父都这么说，用雷门神父的话说，就是：'一个神学家在有人向他咨询的时候不妨提出他的忠告，不管他的忠告是根据他的或然的观点，还是与他的观点相反，只要他的判断与向他咨询的人所喜欢的观点或是与他的观点相一致就行—— si forte haec favorabilior seu exoptatior sit。不仅如此，我还要进一步说，如果他根据某个有学识的人所持有的或然的观点对向他的咨询人做出判断，而他内心却认为这个观点是绝对错误的，他这样做不能说没有道理。'"

"啊，说真格的，"我说，"您的教义是最异乎寻常的！只要想一下，您可以随您的喜欢随意说是还是否！把这样的特权捧得再高也不过分。我现在能够看出你们的神学家的观点自相矛盾的好处了。其中的一种观点对您有好处，而与之相对立的观点也从来不会给您带来烦恼。如果您没有在这一方找到解释，就投靠另外一方，以保自己完全处在安全地带。"

"完全如此，"他回答道，"而且，相应地，我们可以说迪亚纳就是这样，他发现波尼也是支持他的观点的，而路果（Lugo）神父则反对他：Saepe premente deo, fert deus alter opem[①]。"

---

① 奥维德《附诗》XII："如果这个神灵欺人太甚，我们就找那个神灵拯救。"

"我懂您的意思了,"我继续说,"但是我想到了一个实际操作问题,那就是,假设一个人向一个你们的神学家咨询,获得了一个极端自由主义的观点,要是遇到一个观点不同的告解神父,岂不会有发生争执并且拒绝赦免他的罪过,除非他声明放弃那位决疑论者观点的危险吗?难道您没有为这些情况做一些准备吗,神父?"

"您怎么能够怀疑这点呢?"他回答道,"先生,我们当然会赦免那些甘冒致死之罪的危险而根据或然的观点行事的人的罪过,从而使他们保持顺从。'当一个按照或然的观点行事的人前来悔罪,'波尼神父说,'告解神父一定要赦免他的罪,尽管他的观点与前来忏悔的人有所不同。'"

"但是他又没有说不赦免他的罪就是死罪呀。"我说。

"您太性急了!"修士兴奋地说,"请听下文:他明确裁定,'拒绝赦免一个根据或然观点行事的忏悔者的罪过是有罪的,其本身就是死罪'。为了使他的观点更加切实可靠,他引用了我们最卓越的神父——苏亚雷斯、瓦斯科和桑切斯——的话。"

"我亲爱的先生,"我说,"这真是一个最精明的规定。我现在什么都不怕了。在这条规定之下再也没有告解神父敢于固执己见了。事实上,我还没有意识到您拥有了以罚人入地狱相威胁而颁布各种命令的权力呢。我还以为你们的能力仅仅在于涤除别人的罪过;我不知道它还有所延伸,能够引进新的罪过。在我看来,你们真是无所不能的。"

"这么说您可不对啊,"神父叫喊起来,"我们并没有招来罪恶;我们只是注意罪恶。记得我们谈话的时候我有两三次提起,您不是一个大学究。"

"随它去吧,神父,至少您回答了我的难题。但是我还有另外一个疑惑。当教会的教父们与你们的任何一位决疑论者观点不同时,你们将如何应对呢?"

"您对这个问题真的了解太少,"他答道,"教父们对于他们那个时代的道德观而言是无与伦比的,但是他们生活的时代和我们当今的时代相距遥远,我们的时代再也不能由他们而是由我们现代的决疑论者来规范。对此,我们的神父塞洛(Cellot)、雷吉纳德(Reginald)的追随者是这样说的:'就道德问题而言,现代决疑论者比古代教父更加可取,就算古代教父距离使徒生活的时代更加接近一些。'根据这一原则,迪亚纳这样断言:'一个领取圣俸的人如果非法挪用他的圣俸是否应该归还?古人说应当归还,但是今人却说不必;因此让我们坚持今人的观点吧,这将使我们免去了归还非法所得的义务。'"

"这些话真是叫人高兴,而且肯定会让许多人感到宽慰!"我说。

修士道:"我们把教父们送给那些研究绝对神学的人吧。至于我们,我们是良心的导师,我们几乎不读他们的书,我们只引用现代决疑论者。有一个叫迪亚纳的,他是一位最多产的作家;在其著作的前面都开列一份权威的名单,数量达到 296 名,其中年岁最大的一位不过八十岁。"

我说:"那么,似乎所有这些人都是在贵会诞生之后方才出生的吧?"

"差不多吧。"他答道。

"这就是说,亲爱的神父,由于你们的到来,圣奥古斯丁、圣克里索斯托、圣安布罗斯、圣哲罗姆等等,就道德观而言,都消失在当今舞台上。您能否好心地至少告诉我一些后起的现代决疑论者的名字吗?"

修士答道:"有一批最有才干、最著名的人,他们的名字是维拉罗波斯、科宁克、拉马斯、阿科基尔、迪尔克泽、德拉克鲁斯、维拉克鲁斯、乌格林、塔波林、费尔南德斯、马丁内斯、苏亚雷斯、亨里格斯、瓦斯科、洛佩兹、古梅尔、桑切斯、德维奇斯、德格拉西斯、德格拉撒利斯、德派提吉亚尼斯、德格拉法伊斯、斯基兰提、比索则里、巴尔科拉、德波巴提拉、西曼查、佩雷斯·德拉拉、阿尔德雷塔、洛卡、德斯卡拉西亚、瓜朗塔、斯科夫拉、佩德雷萨、卡布雷萨、比斯贝、迪亚士、德克拉瓦西约、维拉古特、亚当·阿曼登、伊利巴那、宾斯费尔德、乌尔梵基、阿伏尔贝格、伏斯特里、斯特维斯多夫。"

"我亲爱的神父啊,"我喊了起来,惊奇万分,"这些人都是基督徒吗?"

"什么!基督徒!"决疑论者答道,"我不是告诉过您,他们都是少有的作家,就是靠着他们,我们才能够统治基督教世界的吗?"

我被这一告白深深地打动了,只得在修士面前按捺着我的情绪,问他是否这些作者都是耶稣会士?

"不是的,"他说,"但是这并没有什么关系;他们说了各种精彩的话。诚然,这些话是从我们的著作中抽绎或者抄袭去的,但是我们并不对他们过于讲究,因为,尤其是因为他们惯于引用我们的著作并且屡有好评。比如迪亚纳,他虽不属于我会,但是他谈论起瓦斯科时，称之为'天才的凤凰'；而且他不止一次声称：'一个瓦斯科顶得上世上所有的男人加在一起'——Instar omnium。相应地，我们的神父也经常利用这位好心的迪亚纳。如果您理解我们或然性的教理，您将会看到，这样绝不是小帮小忙。事实上，我们非常在乎除了耶稣会士之外的人士也提出他们的或然观点，免得外人把所有的或然观点都归在我们头上。因为您会看到，当任何一个作者，不管何方人氏，只要提出了一个或然的观点，根据或然性教理，我们只要愿意就有权采纳它。不过，如果这个作者不属于我们修会，我们对于这个观点的健全与否并不负责。"

"我完全理解，"我说，"不难看出，除了古代教父之外，凡是对你们有用的人，你们就欢迎，你们是这方面的大师，只需按部就班便可。但是我还是预见到有三四个严重的难题和巨大障碍于你们的前程有碍。"

"是哪些难题呢？"修士叫了起来，似乎有些慌乱。

我答道："它们是《圣经》、教皇和宗教会议，它们是不可否定的而且与福音完全一致。"

"就这些吗？"他高兴地说，"我得说您让我虚惊了一场。您想难道我们不会对此有所顾虑吗，难道我们不会没有防备吗？说我们与《圣经》、教皇和宗教会议相抵触，这真是一个绝妙的主意。我一定要让您相信您是错误的，因为真遗憾，您必须消除这样一种印象，好像我们对于这些权威不够尊重似的。毫无疑问，您是由我们神父的观点而产生这种想法的，他们的观点看上去大相径庭，其实并非如此。但是，为了阐明他们之间的和谐一致将需要比现在更多的空余时间，既然我不想让您对我们保持一种坏印象，如果您同意我们明天再会,那时候我会澄清一切的。"

　　我们的谈话就此结束,我的这封长信也该告一段落了。我肯定您会感到满意的,而且期待着下一封来信。您忠实的……

信札之六

巴黎，1656 年 4 月 10 日

先生：

在上封信的结尾，我曾提到过我的好朋友，那位耶稣会士，他已同意告诉我，决疑论者是如何调解他们的观点与教皇、宗教会议及《圣经》的决定之间的矛盾。不久前我们见面时，他兑现了他的承诺，下面我给您讲述一下当时的情况。

"方法之一，"修士继续说，"我们借助于对某些话语的解释来调和一些明显相悖的观点。例如，教皇格利高里十四世（Pope Gregory XIV）规定，刺客不享有在教堂里的避难权，应将他们逐出教堂；但是我们的二十四位长老却断言'通谕中所说的惩罚不应该落在那些杀死叛徒的人的头上'。这在您看来是一个悖论；然而，我们通过以下对刺客一词的解释就可以解决这一悖论：'刺客们不享有教堂避难权吗？是的，按照教皇格利高里十四世的通谕，确实如此。可是刺客一词，按照我们的理解，是指为获得金钱而从事谋杀的人；因此，若不收取任何酬劳，只为朋友义气而杀人，就不属于刺客的范畴。'"

"再如,《福音书》中说,'要把多余的钱捐出去'。而决疑论者却变着法儿要免除有钱人施舍的义务。这似乎又是一个悖论,但是,要化解这个悖论实在太容易了,只需重新解释多余一词,就可以使得人们不必再为福音中的这一要求而感到烦恼。学识渊博的瓦斯科在《论施舍》第四章将这一技巧发挥得淋漓尽致:'世人想要为改变自己或其亲属生活条件而积攒下来的钱不算多余的钱;因此,对于世人来说就根本不会有什么余钱可言,就是国王也不例外。'一贯以本会神父为根据的迪亚纳,引用了瓦斯科的这些话并得出一个结论:'有钱人是否有义务把多余的钱捐出去,这个问题即使肯定的一方是正确的,但在现实中施舍很少或根本不必是一个义务。'"

"从瓦斯科的教理中会引出什么样的结论,我很清楚,"我说,"但是,一个人在追求灵魂得救的过程中,根据瓦斯科的教义,只要他能够搜罗各种人生目标以至于没有余钱,他就是不捐钱照样心安理得;而根据福音,一个人根本就不应该有什么人生目标,人生下来就是为了行善积德。对于这两个截然不同的意见,您又如何回答呢?"

"哎呀,"他反驳道,"这个回答就是,根据《福音书》,这两种看法都没有错,一个是根据福音字面和表面的意思而得出的结论,另一个是根据瓦斯科对于福音的理解而得出的结论。这下您该看到解释的功效了吧。不过,当这些话语意思非常明确,"他继续说道,"而不容人们对它做进一步的解释时,我们就可以按照对我们自己有利的情况做出判断。举一个简单例子便可说明。如果一个修士脱掉了法衣,教皇会予以谴责并处以绝罚,但是我们的决疑论者却提出这样一个问题,'在什么样的情形下,一位修士可以违背宗教习俗而不遭到绝罚?'他们列举了各种各样的情形,而以下面这一情形最具代表性:'如果他脱掉法衣,目的是为了做一些不光彩的事情,比如扒窃或出没各类放荡场所,心想等干完这些事情之后再穿上去好了。'显然教皇的通谕也没有提到这类事情。"

他的话令人难以置信,我恳请神父给我看看原文。他没有拒绝,在标题为《耶稣会学派的行为准则》——Praxis ex Societatis Jesu Schola——的一章里,我读到的正是这些话:Si habitum dimittat ut furetur occulte, vel fornicetur。他同样也给我看了迪亚纳的原文,用了如下字眼:Ut eat incognitus ad lupanar。"那么,神父啊,"我问道,"为什么在这些情况下他们就能免于绝罚呢?"

"这不是明摆着吗?"他反问道,"您想一想看,让一个穿着法衣的修士在这些地方被人逮了个正着,这将是一个多么大的丑闻啊!您难道从来没有听说,"他继续说,"他们是如何回答第一个通谕《反对挑唆》,以及我们的二十四个长老在《耶稣会学派的行为准则》的另外一章里,又是如何解释庇护五世《反对司铎》的通谕吗?"

"对此,我实在是孤陋寡闻啊。"我说。

"这说明埃斯科巴的书您读得很少。"修士毫不客气地说。

"我昨天才得到一本他写的书,神父,"我说,"要得到它可不是件容易的事。我不知道这本书写得怎样,但最近人人都在找它。"

"我提到的段落,"修士说,"见于论文一,例八,第一百〇二条。您回家有空不妨读一读。"

（当晚我就迫不及待地这样做了，可是它写得太糟糕了，以至于我不敢全文照录。）

随后，好心的神父接着说道："您现在明白我们是怎样利用一切有利场合了吧。不过，有的时候，难以应付的情况也时有发生，不允许我们做这样的调和。事实上，甚至让您几乎怀疑它们陷入了绝对矛盾。比如，有三个教皇都裁定，那些宣誓大斋节守斋的修士就算当上了主教也不得违背誓言。然而，迪亚纳坚持说，尽管有这样的裁定，他们仍可免受誓言的束缚。"

"那么，他是怎样协调这一矛盾的呢？"

"通过细致的现代方法，通过巧妙地运用或然律，"修士回答说，"您也许记得我几天前对您讲的，按照我们的神学家看来，大多数观点的正方和反方都具有一定的或然性，至少可以说，人们不论按照哪一方去做都可以心安理得。这不是说赞成者和对手都是对的——那是不可能的——而是说他们都是或然的，因而理所当然也是可靠的。根据这个原则，我们杰出的朋友迪亚纳评论道：'对于三位教皇的裁定——我的观点与其相左——我的回答是，他们这样说是因为站在正方一边——其实在我看来，正方也是或然的，当然这并不意味着反方的观点就不具备或然性了。'而且，在同一篇论文中，在谈到另外一个话题时，他与教皇再一次产生分歧，他说：'我接受教皇作为教廷的领袖对此发表的看法，但是他的裁定不会超越他的观点的或然性范围。'现在您觉察到了吧，迪亚纳的言论无损于教皇，任何有损教皇的言论罗马是绝不宽容的，难怪迪亚纳能在罗马享有盛名。因为他不说教皇的裁定不是或然的，但把他们的观点限制在或然性范围之内，他仅仅是说相反的观点也是或然的。"

"佩服！佩服！"我惊叹不已。

"不错，"修士颇有同感，"这比在罗马遭到批评的波尼神父的回答要巧妙得多。因为，当他的观点遭到哈里耶先生激烈攻击时，他冒冒失失地写道：'罗马的批评和我们法国有什么关系？'现在您可以看到，通过对话语的解释，通过对有利情况的观察，或者通过支持赞成者和对手各具或然性这个观点，总之，通过其中任何一种途径，我们总是设法调和那些看上去令您大吃一惊的矛盾而始终不触及《圣经》、宗教会议或教皇的规定。"

"神父大人，"我说，"世人有你们来做导师，可真是福气啊！而这些或然律也真是我们的福祉啊！你们想尽办法证明任何一个神学家，即使他非常稳重，提出的观点可能也是或然的，包括相反的观点。人们可以在这两种观点中任选一种而完全不必受到良心谴责，哪怕他们并不认为那个观点是正确的，哪个告解神父敢不根据决疑论者的信仰赦免他们就会下地狱，这其中的奥秘我从来没有搞懂。但现在我懂了，任何一个决疑论者可单凭一己判断来制定新的道德规则，并按他的幻想废除一切原有的处世之道。"

"您所说的，"神父插话道，"需做小小的修正。请注意，当我解释我们的方法时，您会看到一种新观点从诞生到成熟的形成过程。起初，这位道貌岸然的神学家发明了这个观点，他将它向世人展示，并像种子那样四处播撒，使之能够生根发芽。在这种情形下，它还非常稚嫩，逐渐成熟需要一段时间。曾经给我们介绍上述许许多多观点的迪亚纳据此宣称：'我提出这个观点，但是，由于它还是一个新观点,我会给它时间,好让它成熟——relinquo tempori maturandam。'这样,用不了几年它会不知不觉地日益强大,过了相当长的一段时间以后,它得到教会的默许。根据波尼神父的基本理论,'如果某个决疑论者提出一个观点而没有受到教会非难,这就表明她赞成这个观点'。事实上,根据这一原则,他的第六篇论文,第312页,证实了自己的一条原则。"

"可不是嘛,神父!"我大声喊了起来,"哇,按照这个原则,教会应该同意她所宽容的各种伤害,以及每本书里她未曾申斥的各种谬误!"

"我对波尼神父的观点不敢苟同,"他回答说,"我只不过引用他的话,而您却开始与我论理。我们争论的不是事实,先生。如我所言,时间可令一个观点趋于成熟,时过境迁,它就会完全变成或然的和可靠的了。因此,博学多才的卡拉穆尔(Karamuel)用他的神学原理为迪亚纳服务,宣称这位伟大的迪亚纳提出了许多或然观点,起初却不是或然的——quae antea non erant,由此可以推论,从前人们这样做是犯罪,但现在却不是犯罪——jam non peccant, licet ante peccaverint。"

"言之有理,神父,"我评论说,"与你们的神学家为邻看来很值啊。两个人干了同样的事情,那个不知道他们教义的人有罪,而另一个知道他们教义的人却是无罪的。这样一来他们的教义同时具有教育和审判的性质!根据圣保罗[1],上帝的律法造就了逾矩

---

[1]《新约·罗马书》7:7:"非因律法,我就不知何为罪。非律法说'不可起贪心',我就不知何为贪心。"——译者注

之人，但是你们的律法使我们一切人都是清白的。求您了，我亲爱的先生，让我知道全部底细吧。不告诉我你们决疑论者赖以建立的所有基本原则，我就不走了。"

"啊！"神父大声说道，"我们的主要目标毫无疑问，就是要确立一套与过分严格的《福音书》一样的基本原则；而且显而易见，根据规定了我们行为方式的《准则》，即使我们在一定程度上宽容他人道德上的懈怠，那只是为了取悦于人，而非我们的目的。先生，其实我们是事出无奈啊。如今人们已经深陷于堕落之中，不可能让他们来找我们，倒是我们必须去迁就他们，否则，他们会将我们完全抛开。更糟糕的是，他们会成为被上帝遗弃的人。正是为了留住这样一类的人，我们的决疑论者兼顾到了最容易沉溺其中的各种各样的恶行，以此确立了这些基本原则，这些基本原则极其温和——当然不能说它们有悖于真理——以至于谁要是不喜欢它们就肯定是一个不近人情的人。为了宗教的利益，本会有一个宏伟的计划，就是绝不干涉任何人，让他们各行其是，免得把人逼进死胡同。"

"因此，他们为各种各样的人制定了相应的基本准则，包括受俸司铎、司铎、修士；绅士、奴仆；有钱人、商人；债务人或穷人；虔诚的妇女、不虔诚的妇女；已婚者和同居者。总之，没有人能够逃脱他们预料之中。"

"换言之，"我说，"他们为神职人员、贵族和平民都制定了基本准则。啊，我实在是憋不住要领教一番。"

"那我们先从圣俸司铎入手吧，"神父继续说道，"您是知道的，如今圣职买卖正在势头上，而且，如果参考圣托马斯和古人的有关作品，的确在教会里时有一些买卖圣职的人。这说明我们的神父有必要运用他们的精明为之寻找辩解。从埃斯科巴称之为'四活物'之一的瓦伦提亚（Valentia）的下列话语，我们可以看到他们是如何成功地做到这一点的。他在一大段推荐各种权宜之计的说教结尾处，第三卷，第2039页，他提出了一个办法我认为是最好的：'如果一个人捐了一笔钱给教会以换取圣职'——即他拿钱捐了一个教会职位——'并且这笔钱就是这一职位的要价，那么，这显然就是买卖圣职。但是，如果这个人捐了一笔钱，其动机促使有圣职授予权者产生一种愿望，而拨给他一笔薪俸，这样就不算是买卖圣职了，即使授权者就是冲着这笔钱而来的。'本会的坦纳（Tanner）在第三卷，第1519页证实了这一点，尽管他'明知圣托马斯反对这种做法，因为他公开地教导说，如果为了得到一笔教会的财产就出让一份圣职，即使目的在于得到这笔教会财产，这也属于圣职买卖'。我们就是采取这一方式来制止为数众多的圣职交易的。有谁会恶贯满盈到这样的地步，他在买卖圣职的时候，连如此简单的预防措施都一概拒绝，就是他的主观意图定位于拿出一笔钱为了促使那个授予圣职者产生把这笔钱和圣俸分开的愿望，而不是直接出钱换取这个圣职？千真万确，没有人会让自己恶劣到如此地步的。"

"我同意您的观点，"我回答说，"从事这类交易的充分恩宠我认为倒是人皆有之的。"

"那是毫无疑义的啦，"修士接口道，"在受俸圣职这件事上，我们就是用这样一个办法来缓解矛盾的。现在再来谈谈司铎——我们也有一些基本原则，对他们非常有利。我们的二十四位长老举了下面这个例子：'一个司铎已经收了钱做弥撒，他是不是可以在同一场弥撒上再收一笔钱呢？可以呀，费留提乌斯说，可以向那个付钱给他的平信徒索取归这个教士本人进行的那部分圣事费用，如果他索取的数额不是整场弥撒的费用，而只是其中的一部分，比如说三分之一吧。'"

"神父啊，"我说，"这肯定是正方和反方都具有或然性的情况之一吧。当然，有费留提乌斯和埃斯科巴这样的权威在，您所说的便不是没有或然性的。不过，就或然律而言，且不说他们的或然性如何，反方观点显然也是有其或然性的，理由如下：尽管教会允许生活贫寒的司铎靠弥撒赚钱——因为在祭台边侍奉的就得靠祭台养活乃是天经地义——但教会的意图绝不是要用圣事卖钱，更何况他们不该使自己不能享受他们本该首先享受的利益。对此我要补充一点，圣保罗教导说，司铎应先奉献自己给上帝，再奉献给民众。相应地，虽然可与其他司铎一起分享祭品，但是便不可随意把他们应得的一份给了别人，去换取那弥撒三分之一费用，或者换句话说，换取那三五个小钱。"

"您这样想是不费什么劲的，"修士答道，"这确实有一种看得见的或然性。困难在于要发现与明显正常的观点相反的观点中的或然性。这除了我们的大人物之外谁也不能完成此功绩。波尼神父在这一领域里可谓光芒四射的人物。我们真正高兴地看到，这位博学的决疑论者以其富有特色的原创性和细致入微的精神，考察了同一个问题的正反两方面，证明这两者都是正确的！"因此，就司铎这个问题而言，他在一处说："不可制定法律强迫堂口的神父天天做弥撒。因为这样的一条法律毫无疑问（haud dubie）有时会使他们有在身犯致死之罪时也去做弥撒的危险。但是在同一篇论文的另外一处，他又说：'神父既收了每天做弥撒的钱，就该每天做弥撒，不能自己找借口说他们不总是在状态上，不能行宗教仪式，因为他们的权利正是随时苦修。他们忽视了这点，应该怪他们自己而不是请他们做弥撒的人。'为了排除他们良心上的各种顾虑，他是这样来回答问题的：'一个司铎，犯了一件最坏的致命之罪，他可不可以在同一天忏悔之后再做弥撒呢？'维拉罗波斯（Villalobos）说不可，因为他这样就不洁净了；但是桑切斯说：'他可以这样做而且是无罪的。我认为他的观点是可靠的，而且可以在实践中奉行——et tuta et sequenda in praxi。'"

"可以在实践中奉行！"我叫了起来，"任何一个司铎违反了这些教规，照波尼神父的话，仍然是准许在同一天站到祭台上面去的啰？他难道不受古代教会律法的约束不成？这教会律法不准那些犯有重罪的司铎永远或者相当一段时间之内主持圣事——而不是像你们这些决疑论者这样，竟然同意他在堕落的同一天里就去主持圣事。"

"您的记性真是太差了，"修士说，"我刚才不是告诉过您吗？根据我们的塞罗和雷吉纳尔德两位神父，'在道德问题上我们遵从现代决疑论者，而不是古代教父'。"

"我当然记得，"我说，"但是我们这里情况有所不同：我们这里还有教会的律法呢。"

"的确如此，"他答道，"但是这证明了您对我们神父的另外一条重要的基本原则一无所知。教会的律法一旦成为陈规旧俗——cum jam desuetudine abierunt——就失去其权威性了。我们知道，现在关于教会的诠释比古人要好得多。如果我们把司铎一律排斥在祭台以外，您就会明白，天下就不会有那么多的弥撒了。既然大量的弥撒给上帝带来荣耀，给世人带去善心而财源滚滚，司铎便是多多益善的，'别说天底下的活人，就是死人和野兽——bruta animalia——全都变成了司铎也还是供不应求'。"

对于这种出格的想象，我惊讶得连一句话也说不出来，忍不住制止了他的高论。

"不过，关于司铎我们说得够多了，我觉得越来越乏味了，那么来谈谈修士吧。最大的困难在于他们要服从长上，且看我们的神父对于这个问题是怎样辩解的吧。本会的卡斯特罗·帕朗（Castro Palao）神父说：'毫无疑问，一个有自己或然的观点的修士不必服从他的长上，即使后者观点的或然性比他的还大。因为修士可以随意采纳自己认为合适的观点——quae sibi gratior fuerit——桑切斯就是这么说的。而且，尽管他长上的命令是正确的，那也不足以迫使他服从他，因为他的命令不可能在所有方面都完全正确——non undequaque juste praecepit——而仅仅是或然的。因此，您可以或然地服从他，也可以或然地不服从——probabiliter obligatus, et probabiliter deobligatus。'"

"当然，神父，"我说，"这种怀疑的或然性的宝贵成果怎么评价都不过分。"

"事实上，还是可以派大用场的，"他答道，"但是我们必须长话短说。我就给您举下面这个例子吧，看看我们著名的莫林那是怎么为那些因为违反会规而被驱逐出修院的修士进行辩护的。埃斯科巴是这样运用他的话的：'莫林那主张，一个被驱逐出修院的修士不必为了重回修院而改过自新，他再也不必受到服从长上的誓言的约束。'"

"啊，神父，"我叫了起来，"这对于司铎来说简直太舒服了。我想，您的决疑论者对于他们真是宠爱有加，毫不奇怪，他们这是在为自己规定条文嘛。我担心处在其他情况下的民众就得不到如此随意的待遇了。人不为己，天诛地灭嘛。"

"您是误会我们了，"修士回答，"人们待他们自己都不会有我们待他们更好的。我们以公平之心善待一切众生，先生。为了证明这点，您让我来告诉您一个我们为仆役定的一条基本原则吧。谈到这一阶层，我们已经考虑到了他们在伺候荒淫的主子时肯定会遭遇的种种难处，如果他们是有良心的人的话。因为，如果他们拒绝做一切被主子雇用去做的坏事，就会失去饭碗；如果唯主子是从，他们就违背良心。为了将其从这种困境中解救出来，我们的二十四位神父已经辨别出了那些不会违背良心的服务项目，诸如'传递口信、捎带礼物、开关门窗、协助主人摸到窗口边、主人爬梯子时为他扶正梯子'，他们说，'所有这一切都是许可的、无关紧要的。的确，像扶正梯子之类的事情如果加以拒绝通常倒是要受到惩罚的，因为这样的话容易造成他家的主人从窗口爬进去时伤着身体'。您肯定是可以想得出这些观点是何等的公平了吧？"

我说："从二十四位耶稣会士编辑的作品中我还能够期待什么呢？"

"但是，"修士补充道，"波尼神父走得比这还要远；他还教导那些贴身跟班怎样确定自己的意图，不是同谋犯罪而是牟取犯罪之所得，就可以放手为他们的主人干这些事情而不必有违自己的良心。在《论罪大全》第一版，第710页，他是这样阐述这个问题的：'要让告解神父明白，'他说，'如果那些贴身跟班与主人同谋犯罪，便不得赦免他们所干的龌龊的坏事；但是，如果他们干坏事只是考虑增加工钱，则相反的结论也是站得住脚的。'而且我认为，这也不是一件难以办到的事情。因为他们何必与主人共同干坏事，只是付出辛劳却不能从中捞点什么？同样这位波尼神父还提出了一个重要的基本原则，颇有利于那些对于自己的工钱不满的人：'仆人不满所得到的工钱，他可不可以通过各种手段伸手从他们主人的财产中取得一部分，从而使他们认为自己工钱能够与他们的辛劳相当？在某些情况下他们可以这样做，比如在他们穷困潦倒、急需工作，因而不得不接受主人开出的工钱时，以及别处的仆人拿的工钱比他多的时候。'"

"哈，神父，"我叫了起来，"肯定这是约翰·达尔巴（John d'Alba）的话。"

"什么约翰·达尔巴？"神父问道，"您是什么意思？"

"奇怪，神父！"我答道，"您不记得1647年本城发生的事情吗？那时候您不是还活得好好的吗？"

"那时候我在远离巴黎的本会一所学院里讲授有关良心问题的课程。"他答道。

"我明白了，您确实不知道那个故事，神父，那我一定要跟您说说。我前些天遇到一个有身份的人，听他讲起过。他告诉我们，有个叫约翰·达尔巴的，他是贵会在圣雅各路上的克雷芒学院的几位神父的仆人，因不满意到手的工钱，就偷了一些东西想给自已做一些补偿。你们的神父发现了这一偷盗行为，便以盗窃罪控告他，把他投入监狱。我如果没有记错，这一案件被送上法庭的时间，是在1647年4月16日。因为对他的诉状相当缜密，事实上已经容不得法官再相信别的什么。这个可怜的家伙，在被讯问时供认他确实拿了一些银盘子，但是否认那是偷窃。在辩护中他正是援引了波尼神父的这一教理，他当着法官的面阐述了这一教理，还有你们的一位神父写的小册子，这位仆人研究了其中的良心问题，这位神父教给他的也是同样的教理。尽管司法界最有声望的德蒙特鲁耶先生（M. de Montrouge）提出了他的看法，说'他们不知道如何根据这些神父的作品——这些作品包含了一条如此非法的、险恶的以及违反一切法律、自然、上帝、人类的意图破坏家庭，赞同各种劫掠家财之犯罪行为的教理——来免除对他的起诉。他认为，这位笃信这一教理的门徒应由执刑官在学院的门口抽他一顿鞭子，与此同时这个官吏还应当将神父们的那些论盗窃的著作焚烧掉，发布告示，禁止他们将来传授这样的教理，否则以死论处'。"

"这位法官的判决受到衷心的拥护，引起了巨大的好奇心，可是发生了某些事件，使得这一判决被推迟了。但是与此同时，在押的犯人却失踪了，谁也不知道这是怎样发生的，而且再也听不到这件事情的消息。就这样约翰·达尔巴蒸发了，银盘子和所有的一切都蒸发了。这便是他所告诉我们的，此外他还补充到，德蒙特鲁耶先生的判决写进了法庭记录，任何人都可以去查阅。我们被这个故事大大地逗乐了。"

"您在唠叨一些什么呀？"修士叫了起来，"这一切说明什么呢？我正在解释决疑论者的各种基本原则，而且正要讨论那些关系到绅士的原则，您倒用一些不着边际的故事打断我。"

"只是顺便提起而已，神父，"我道，"除此之外，我急需告诉您的是在证明您的或然性的教理的时候，有一个重要的细节疏忽掉了。"

"哎呀，天哪！"修士高叫起来，"还有什么人类的缺陷能够逃过这么多足智多谋的人的注意呢？"

我接着说："就上帝和良心而言，您当然已经设法使你们的门徒处于安全地带。因为，根据您的说法，只要他们遵从你们的伟大神学家的教诲，他们在那个地方是异常安全的。你们在告解神父那里也给他们做了担保，以致死之罪相威胁，强迫教士赦免一切由着自己的或然观点行事的人。但是你们却忽略了在法官那里也给他们以担保。因此在奉行你们的或然性时，他们就有和鞭笞与断头台打交道的危险。这真是一种严重的疏忽。"

"您说得对，"修士说道，"我很高兴您提到这点。但是我们这样做是有道理的，我们不具备像对于告解神父那样对于执法官的权力，告解神父必须向我们咨询良心问题，在这个范围以内，我们是至高无上的法官。"

"我明白了，"我答道，"但是，一方面，如果您就是告解神父的法官，那么，在另一方面，难道您不也就是法官的告解神父吗？您的权力广泛得很哪。以禁止法官参与圣事相威胁，强迫他们豁免凡是按照自己或然的观点行事的罪犯，否则那些你们认为理论上无辜的人却要在实践中遭鞭笞、上断头台了。要是没有像这样的东西，你们怎么能够指望赢得门徒呢？"

"这个问题值得考虑，"他说，"这个问题不可等闲视之。我要向我们的省主教大人反映。但是请您暂时记住我的这个建议：再也不要打断我们证明对于绅士大有好处的基本原则的阐述，除非您不再讲什么故事，否则我就不会提供您任何消息。"

以上就是您目前从我这里所能够得到的全部。要使您了解我在一次谈话中所了解的全部内容，将会超出一封信的篇幅。您忠实的……

信札之七

巴黎，1656年4月25日

先生：

好心的神父对于约翰·达尔巴的故事十分不满，好不容易使他恢复了平静，我向他保证以后再也不会打断他的话，他才肯重开对话，谈论起他的决疑论者关于绅士的准则来了，所言大致如下。

他说："您是知道的，支配绅士阶层之热情的是'名誉问题'，它经常驱使他们付诸一些与基督教之虔敬行为大不相同的暴力行为。事实上，要不是我们的神父在宗教的严格性上略微网开一面，以适应人类的弱点，他们几乎会排除在我们的告解圣事之外了。既渴望履行对于上帝的义务而与福音保持一致，又渴望向他们的邻人显示仁慈之心而与世人保持协调一致，耶稣会士需要运用全部的智慧想出一些权宜之计以微妙地调节各种关系，使得这些绅士采取普通的方法来维护他们的名誉，又不致损害他们的良心，以此协调虔敬和名誉这两件明显对立的事物。但是，先生，这样的计谋，其效果与实施难度是成正比的。我以为，您不会看不到这件事情的重要性和艰巨性吧。"

"这当然令我吃惊。"我不冷不热地说。

"这当然令您吃惊!"修士大声道,"我完全相信,除您之外,许多人都会对此感到吃惊的。天哪,您不知道吗,一方面,《圣经》要求我们'不要自己申冤,宁可让步,听凭主怒'[①];而另一方面,人间的律法却禁止我们忍受当众侮辱,不能让侵犯者感到心满意足,要让他付出生命的代价?我肯定,您显然从来还没有见识过两种如此截然相反的道德准则。难怪当有人告诉您说,我们的神父已经将这两者协调起来时,您除了表示惊奇之外还能说什么呢?"

"我还没有把我的意思充分表达清楚,神父。在我还没有看出你们的神父能够轻而易举地做到别人不可能做到的事情之前,我当然会认为这件事情完全是不切实际的。这就使我猜测,他们肯定发现某种方法来对付这样的困境——我还不知道这种方法究竟是什么,但是已经对它佩服得五体投地了,请您开示吧。"

"既然您是这样看问题的,"修士答道,"我就不好拒绝您了。须知,我们这一妙不可言的原则就是我们美妙的意图定位法——它在我们的体系中的重要性,我不揣冒昧地说,可以和我们的或然论相媲美。其实,此前从我对您提及的基本原则中您对这原理已经略知一二了。比如,我已经向您表明,仆人如何能够心安理得地去干一些讨厌的坏事,难道您没有注意到,他们只要把自己的意图由助纣为虐转变为从事一件收益颇丰的事情上来不就可以

---

① 《新约·罗马书》12:19。

了吗？这就是我们所说的意图定位（directing intention）法。您还看到，您要不是改变心态，就会把那些出钱捐圣职的人看成彻头彻尾的买卖圣职之徒。但是在这里，我要把这重要方法的全部荣耀一一展示给您看，它甚至适用于谋杀罪——它能够找出一千种理由来为这一罪行辩护。为此，根据这样惊人的结论，您可以形成一个观念，就是所有的后果它都考虑到了。"

我说："我可以预见，根据这样一种方法，样样事情都是许可的，它可真是无往而不胜啊。"

"您总是从一个极端走到另外一个极端，"修士答道，"请您抛开这一恶习吧。为了向您证明我们并不允许样样事情都可干，我要告诉您我们不能忍受为犯罪而犯罪这样的事情发生。不管是谁，只要他仅仅带着邪恶的目的去干邪恶的事情，我们便立刻和他断绝往来，这种行为是魔鬼引起的。不论年龄、性别还是地位，无一例外。但是，如果一个人并不具有这样一种邪恶的倾向，我们就要采用意图定位的方法，使他的计划中包含某些可以允许的目标，作为他的行动目的。我们不是尽最大努力劝阻他干某种被禁止的事情，而是当我们不能阻止这样的行为发生时，我们至少可以净化他的动机，通过目的之善来纠正其行为之恶。我们的神父就是通过这样的方法，想方设法地允许人们为捍卫其尊严而诉诸暴力。他们无非就是改变他们的意图，使之从有罪的对复仇的渴望，定位到对于荣誉的渴望，而这一渴望在我们看来是正当的。这个秘密，先生，古人先贤哪里懂得。这个世界因为我们的神学家的发现而获益匪浅哪。我想，现在您理解了这一点吧。"

"非常理解，"我答道，"对人，你们确保了他行动的外在物质效果；对神，你们赋予了意图以一种内在的合乎灵性的动机。通过这种公平的分割，你们在神的律法和人的律法之间建立了一种联盟。但是我亲爱的神父，坦率地说，我难以相信您的前提，我怀疑，你们的作家说的将会是另外一种情形。"

"您对我太不公平了，"修士道，"我现在提出来的，都是准备好能够做出证明的，大量的文字以其充分性、权威性和合理性足以让您叹为观止。例如，为了让您看清我们的神父是怎样调整人的意图，把福音的原则和人间的原则结合起来的，请参考以下雷吉纳德的话：'个人不得由自己实行复仇；因为圣保罗对罗马人说过："不要以恶报恶"(《罗马书》12:17)；《传道书》(28:1)也说："如果您向别人复仇，主就会向您复仇，他的罪就不会得到宽恕。"除此之外，关于宽免别人的冒犯的经文还有《马太福音》第六章和第八章。'"

"嗯，神父，在这之后，他要是说出一些话与《圣经》相矛盾，无论如何都不是因为他缺乏灵性方面的知识。请告诉我，他是怎么得出结论的？"

"您且听着，"他说，"全在这儿呢，一个军人应当立刻要求与伤害了他的人进行决斗——其动机事实上不是以恶报恶，而是保持荣誉——'Non ut malum pro malo reddat, sed ut conservet honorem'。瞧，由于《圣经》谴责以恶报恶，他们是如何小心翼翼地避免以恶报恶的动机吗？对这种动机他们是绝对不会容忍的。例如，莱修斯（Lessius）说：'如果一个人脸上挨了一个耳光，他绝不可产生复仇的动机；但是他可以产生一种避免恶行的动机，根据这一观点，他可以毫不迟疑地回击进犯者，哪怕受到了武力的威逼——

etiam cum gladio！'我们的神父不允许任何人都怀有报复敌人的计划，甚至不允许任何人因为心中的仇恨而诅咒敌人去死。埃斯科巴说：'如果您的敌人有意伤害您，您不可怀恨在心，诅咒敌人死掉，不过您可以指望自己不受伤害。'我们可以拥有这样一种合法的指望，这样一种合法的动机，正如伟大的胡尔塔多·德·门多萨（Hurtado de Mendoza）说，'我们可以祈祷上帝让那些有意逼迫我们的人速死，如果没有其他办法逃避逼迫的话'。"

"如您所愿，阁下，"我说，"看来教会忘记了在她的祈祷文里面把这一心愿也安插进去呢。"

"他们确实还没有来得及把一切心愿都放到祈祷文里面去，好叫人们合法地去祈求上帝，"修士答道，"此外，就目前情形看，这也是不可能的，因为这个观点是在《日课经》之后才出现的。您可不是一个出色的编年史家，朋友。还是不要扯得太远了，我请您注意下面这段文字，迪亚纳从埃斯科巴所称二十四神父之一的加斯帕·胡尔塔多（Gaspar Hurtado）那里引用的文字：'一个领圣俸的司铎可以希望常年靠他的圣俸交房钱的租户早点死掉，儿子也可以希望常年靠他养活的父亲早点死掉，而且当事情真的发生时，他就喜形于色，这算不得死罪。只要是为了从这件事情上获得的金钱利益，而不是为了个人的恩怨就行。'"

"天哪，"我喊了起来，"真是妙语连珠；不难看出这一教义可以运用的范围很广。但是这一解决办法虽然对于绅士而言十分重要，但是在某些情况下仍然会带来许多问题。"

"请说，让我们看看到底是哪些情况。"修士道。

"请用您的意图定位法来给我证明一下决斗是许可的。"

神父道:"我们伟大的胡尔塔多·德·门多萨会立刻满足您的要求。'一个绅士受到挑战,要与人进行决斗,'他援引迪亚纳的文字,'即使他以不信教闻名,即使他公开而且无耻地沉迷于种种恶习而导致人们认为,如果他拒绝决斗,其动机不是出于敬畏上帝而是出于怯懦;还导致他们议论,说他是只母鸡而不是个男子汉,gallina et non vir。就是在这种情况下,为了保全自己的名誉也可以到那个指定的地点进行决斗——他公开的意图不是进行决斗,而是在进行自卫,如果那个挑战者也不期而遇并不公平地向他发起进攻。在这种情况下,他的行为就其本身而言完全是中立的。因为一个人进入一块地方,到处逛逛,遇到一个人,并且在受到他攻击之时进行自卫,这在道德上何罪之有呢?这个绅士无论如何不能算是有罪。因为事实上这根本不能称为接受一个挑战,他的意图已经被定位到了另外一些情形,接受挑战则是包含有一种确切的挑衅的意图,我们认为一个绅士绝不可以有这样的意图。'"

"您并没有对我信守诺言,先生,"我说,"准确地说,这不是许可决斗;相反,决疑论者深信决斗是应当禁止的,所以在许可有关的行动时,他小心翼翼地避免称之为决斗。"

"啊,"修士叫道,"真高兴看到您总算听进去我的话啦。我想这么回答您,凡是决斗者所需要的一切,我所援引的那位作者全都能够满足。但是,既然您一定想得到一个确切的答案,我让我们的神父雷曼来回答您。他许可决斗的话有许多,如果一个人接受挑战,他一定要把他的意图定位在想保护他的荣誉或者财产。'如果一个士兵或者侍臣处在这样的境地:除非他接受挑战,否则就必然会丧失他的荣誉或者财富,那么我看不出有什么事情能够阻止他进行自卫。'著名的埃斯科巴援引彼得·胡尔塔多（Peter Hurtado）的话，表达了同样的意思。埃斯科巴说：'就是为了捍卫自己的财产，一个人有必要的话也可以进行决斗。因为每一个人都有权利捍卫自己的财产，哪怕叫敌人付出生命的代价！'"

听到这些话，我震惊不已，心想国王为了表现其宗教的虔诚，竭尽全力在全国禁止并取消决斗的恶习，而耶稣会士为了表现其宗教虔诚却在运用其所有的创造性在教会里宽容并许可这一恶习。可是好心的神父正说到关键之处，想打断他的话未免于心不忍，于是他继续他的说教。

"总之，"他说，"桑切斯（现在，您要注意这个著名的名字！），桑切斯，先生，更进一步；因为他证明只要把意图摆正了，一个人不仅可以接受挑战，而且可以提出挑战。我们的埃斯科巴也附和这一观点。"

"神父，您若给我足够证明，"我说，"我就放弃这个观点，但是我不会相信他居然会写下这样的话，除非我看到他付印的文字。"

"那您就自己去读吧，"他答道，"我还真的在桑切斯的《道德神学》中读到如下的文字：'一个人在有人显然想通过诉讼和法律的圈套，不公正地剥夺他的生命、荣誉或者大笔财产，在其他办法不能保卫这些东西的时候，他可以要求决斗，这种想法是完全合理的。'纳瓦尔公正地认为，在这类情况下，不论是接受挑战还是提出挑战都是合乎律法的——Licet acceptare et offerre duellum。这位作者还补充说，什么都不能阻止一个人暗中杀死他的敌人。事实上，在上述情况下，如果可能暗中干掉我们的敌人，那么我们就建议不要进行决斗。因为，通过这一手段，我们可以避免拿自己的性命投入战斗，避免与我们的敌人一起犯下合谋决斗所犯之罪！"

"多么至诚的暗杀！"我说，"可是，如果一个人可以采取阴谋手段去杀死敌人，尽管是虔敬的，可还是暗杀啊。"

"我说过他可以采取阴谋手段杀人吗？"修士嚷道，"但愿上帝不允许发生这样的事情！我说他可以把他暗中干掉，而您却得出结论他可以谋杀，仿佛这是同一回事似的！先生，请留意埃斯科巴的定义然后再开尊口谈这个问题吧：'当一个人被杀但自己未曾预料到这一命运，我们说这人是被谋杀了。'因此，那个干掉他的敌人的人，就算是这一打击是蓄谋已久的，甚至是背后捅刀子都不能说他是谋杀——licet per insidias, aut a tergo percutiat。还有：'有人就算杀了一个已经言归于好并不再伤其性命的敌人，也绝对不能说他谋杀，除非两人之间真的有着亲密的友谊——arctior amicitia。'您看您连这术语的含义都还没有搞明白，却冒充神学家高谈阔论。"

"我同意这些观点对于我是极其新奇的，"我答道，"而且可以从那个定义中得出结论，犯了谋杀罪的人就算有也为数不多。因为人们除了敌人之外很少心血来潮想到要谋杀其他什么人。可是，无论如何，根据桑切斯的观点，似乎一个人可以随意杀死（我不说是谋杀，而是说蓄谋杀人或者从背后捅刀子）一个比如通过法律起诉我们的诽谤者？"

"当然可以，"修士答道，"不过要总是以正确的方法来定位他的意图：您总是忘记要点之所在。莫林那也支持这一教义。此外，我们学问渊博的雷吉纳德主张，我们可以除掉那些被法庭传唤的于我们不利的假证人。为了让一切都达到圆满，照坦纳尔和伊曼努尔·沙看来，就是把假证人连同法官本人一起杀掉也是合法的，如果两者相互勾结的话。坦纳尔的原话是这样的：'索托斯（Sotus）和莱修斯认为，假证人和法官串通一气而置人于死地，则将他们杀死乃是不合法的，但是伊曼努尔·沙和其他创始人却以充分的理由指责这一观点，至少就良心而言。'而他进而证明杀死假证人和法官是十分合法的。"

"嗯，神父，"我说，"我认为我现在完全理解你们关于意图定位法的原则了，但是我还想知道这一方法会造成怎样的后果。在所有的例子中，你们的方法都赋予了一个人生杀予夺的权力。为了避免出错，让我们再次回顾一下，因为在这里任何闪烁其词都会造成极其危险的后果。杀人是一件需要掌握时机，需要有一个充分的、或然的观点支持的事情。您已经向我保证，通过恰到好处地改变意图，照你们的神父们说，为了保护我们的荣誉，甚至我们的财产而接受一场决斗，有时挑起一场决斗，谋杀一个假公诉人及其证人，甚至包括收受贿赂、做出有利于他们的判决的法官，这些都是合法的；您还告诉我一个人挨了打，不必赤手空拳去报复，而可以拔剑回击。但是您还没有告诉我，神父，他这样可以做到什么程度呢？"

"在这里，他是不会犯任何错误的，"神父答道，"因为他可以不惜一切手段杀掉那个人。这一点得到了博学的亨里格斯和本会其他神父的证明，埃斯科巴引用他们的话如下：'有人给我们耳朵上来了一拳，尽管他跑开了，但是只要不是出于憎恨或者复仇心，只要没有滥杀无辜的危险，我们追上去把那个人杀掉是完全合法的。理由就是追杀那个偷走我们荣誉的与追杀那些带着我们的财产逃跑的人一样是合法的。因为，尽管不能说您的荣誉掌握在敌人手中与您的财物和动产掌握在小偷手中是一码事，但是两者同样需要物归原主——通过证明自己的高尚和权威而获得人们的尊重。事实上，难道不是可以肯定，一个人因为耳朵上遭到一击会一直感到丢脸，直到他以敌人的鲜血来洗清所遭受的侮辱为止吗？'"

听到这等高论我真是万分惊讶，心潮起伏，但是我还想听到其余的，就随他说去。

"不仅如此，"他继续说，"杀死一个有意殴打您的人也是允许的，如果没有什么别的办法逃避他的侮辱的话。这一观点在我们的神父中间也十分普遍。比如，阿琐珥（Azor），我们的二十四长老之一提出了一个问题：'一个体面人杀死了那威胁要打他的脸或者用手杖揍他的人，这样做是否合法？'答：'有些人说不合法，据说我们邻人的生命比我们的荣誉更加宝贵，只是为了避免挨揍就杀死对方的做法未免太残忍。可是另外有人认为这样做是允许的，而我则理所当然地认为，如果没有别的办法避开侮辱，这样做就是有道理的；否则，清白之人的面子就会被经常暴露在无礼之徒的恶意面前。'我们伟大的费留提乌斯抱有这样的观点；赫罗（Hereau）神父在其《杀人论》、胡尔塔多·德·门多萨在其《争鸣集》、贝甘（Becan）在其《大全》中都抱有同样观点；我们的神父伏拉乌（Flahaut）和勒古特（Lecourt）的作品中也抱有这样的观点，巴黎大学在其第三次请愿书中曾经大段予以引用，目的是为了让他们名誉扫地（不过他们还是功亏一篑）；埃斯科巴也持有同样观点。总之,这个观点太普遍了,以至于莱修斯认为它早已是定论,没有一个决疑论者会表示异议。他列举了许多支持者,而无一反对者,尤其是彼得·纳瓦尔,他一般是不谈论侮辱这个话题的(其他人也无非谈论什么耳朵上挨了一下之类),声称'决疑论者普遍同意,如果别无他法避免受辱——ex sententia omnium, licet contumeliosum occidere, si aliter ea injuriai arceri nequit——则杀死恶意中伤者是合法的'。您还希望有别的权威吗?"

我说我真是非常感激他,这些大名我是如雷贯耳。只是我还想看看这一可诅咒的教理究竟会走到多远,便说:"可是,神父,因为一些比较琐细的事情而杀人就不可以吗?比如因为有人说谎就把他杀掉不可以吗?"

"也可以呀,"修士答道,"按照巴尔德尔(Baldelle)所说,他引用了埃斯科巴的话:'有个人冲您说:您是个骗子,那就把他杀掉,这样做是合法的,如果别无他法让他闭嘴的话。'此法也适用于恶意中伤者。本会神父莱修斯与赫罗也同意下述观点:'您如果想在体面人面前搬弄是非,诋毁我的人品,而我又没有别的办法制止您这么做,只好把您弄死,我是否可以这样做呢?根据当代作者,即使我身上果真犯有您要揭露的罪孽,只要这些罪孽不为人知而您又没有确切的证据,我就可以这么做。而我则如此证明其中的理由:如果一个人要让我丢脸,给我的耳朵上来一下子,我就可以用手臂的力量来制止他;当您用舌头对我造成同样的伤害,我同样以类似的方法自卫也是合法的。此外我们还可以合法地排除当众侮辱以及恶言诽谤。荣誉实际上比生命还要重要。既然为了捍卫生命而杀人是合法的,那么,为了捍卫荣誉而杀人也是合法的。'您瞧，这都是有正式论证的。这是证明，先生，不是——讨论。总而言之，这位伟大的莱修斯在同一个地方证明，甚至为了一个简单的动作或者轻蔑的表示就杀人也是合法的。"他说："一个人的荣誉或许会以各种方式受到攻击或被盗——不论以什么样的方式加以捍卫都是合理的。比如，一个人用手杖攻击我们或者给我们脸上来一拳，或者用语言或手势——sive per signa——侵犯我们的时候也是一样。"

"嗯，神父，"我说，"必须承认，您运用各种可能的手段保全您的名誉；但是令我感到震惊的是，如果一个人因为仅仅说了一些诋毁人的话，或者做出了一个无礼的动作，就会有人变着法地要置他于死地，那么人类生命就实在太危险了。"

"的确如此，"他答道，"由于我们的神父考虑极为周到，他们认为在遇到这些微不足道的情形时应当禁止把这一教理付诸实施。他们说，至少'它不应转化为实践——practice vix probari potest'。而且正如您将会看到的，他们也有充分的理由。"

"是啊，我知道那些理由是什么，"我打断他的话，"当然是上帝的律法禁止杀人。"

"其实他们没有采用这一根据，"神父说，"而且就良心而言，并且从事物的抽象角度来看，他们主张这样做是可以允许的。"

"可是他们为什么禁止这种做法呢？"

"我这就告诉您，先生。这是因为，如果我们杀光了身边所有的恶意诽谤者，我们就会使本国人口下降。雷吉纳德说：'虽然我们可以因为诽谤而杀死一个人的观点在理论上并不是没有根据的，但是在实践上我们应该反其道而行之，因为我们在捍卫自己的行动中,我们应当总是避免伤及全体国民,而且显而易见,以这样一种方法杀人会出现许许多多的谋杀事件。'莱修斯说:'我们应当提高警惕,免得这一原则的实施会造成对国家的伤害。如果出现这样的情况,这种做法就是不允许的——tunc enim non est permittendus。'"

"什么,难道禁止这样做仅仅是出于策略问题,而不是宗教问题!恐怕很少有人会在意这一禁令,尤其在他们狂怒之际。很有可能他们认为自己的所作所为剔除了一些卑鄙小人于国家无害呢。"

神父答道:"我们的费留提乌斯还相应提出了一个绝非无足轻重的论点来加强这一论证呢,亦即,'采用此法杀人,人们也许会受到法院审判,并受到惩罚'。"

"瞧啊,神父,我前面不是告诉过您,除非你们让法官站在你们这边,否则你们就根本不能做出任何有益的事情。"

神父答道:"法官断案不是深入良心而仅凭外在的行为,而我们则主要看动机。因此我们的原则与他们略有不同,这也是常有的事。"

"无论如何,神父,从你们的观点中至少可以推论出一点——只要小心谨慎地不伤及全体国民,就可以杀死一个诽谤之人;只要我们自己毫发无损,良心上就没有什么过不去的。但是,先生,你们在荣誉方面费尽了心机,难道在财产方面就无所作为吗?我知道其重要性略差一些,但我指的不是这个。我在想一个人也许应当定位其意图,以便为了保全自己的财产而杀人。"

修士答道:"是的,我已经暗示过您大致的意思,才使您产生了这种想法。我们所有的决疑论者都同意这一观点,他们甚至把杀人的许可加以推广:'在毫不担心那些偷盗我们财物的小偷会进一步对我们施加暴力的情况下也可以杀掉他们,比如在小偷逃走之际。'本会的阿琐珥证明了这点。"

"但是,先生,失窃物品值多少钱,才能够保证我们的这一极端行为无罪呢?"

"根据雷吉纳德和坦纳尔的说法,'这物品必须经一个有见识的人的估价非常值钱'。雷曼和费留提乌斯也都这么认为。"

"但是,神父,对于我的目的而言这种说法无济于事。我到哪里去找到'一个有见识的人'(那可是可遇而不可求的人)来进行估价呢?为什么他们不立刻定下一个准确的数目呢?"

"什么啊!"这位修士反驳道,"您以为计算一个人、一个基督徒的生命与金钱之间的比较价值就这么容易吗?正是在这里我要您体会到我们的决疑论者是不可或缺的。您能指给我看,您的古代教父中有谁能够说得清因为多少钱我们才可以去杀人。他们除了说'Non occides——不可杀人'之外还会说什么呢?"

"那么有谁能定下这笔钱的数目呢?"我问。

"我们伟大的无与伦比的莫林那呀,"他答道——"本会的荣耀——他以无人可及的智慧推算出一个人生命价值六七个杜克特(ducat)不等。他向我们保证,'到了这个数字就可以杀死一个毛贼,即使他要逃跑';他还补充道:'有人杀死了一个偷盗价值1个克朗甚至1克朗也不到——unius aurei, vel minoris adhuc valoris——的人,他是不会贸然谴责其为有罪的。'这使得埃斯科巴定出了一条通例:'根据莫林那的说法,一个人可能为了偷盗1

克朗物品而按照规定被杀掉。'"

"神父啊,"我大声叫了起来,"莫林那是从哪里获得所有这一切的智慧,而无须《圣经》、宗教会议以及教父的帮助,就使他能够决定如此重要的问题的?在有关杀人的问题,还有恩宠问题上,他显然获得了一种特有的启示,和圣奥古斯丁大相径庭。现在我想对于道德问题我已经精通了,我分明看到,除了司铎之外,任何人不必有顾虑,可以对于那些危及他们的财产和名誉的人大开杀戒。"

"您说什么?"修士道,"这么说,您是不是假设,把那些最应受到尊重的人们暴露给恶徒的无礼行为是一件合理的事情吗?我们的神父对于这种混乱状况早有预计,坦纳尔就说过:'司铎,甚至修士为了保卫他们的生命、他们的团体,也可以杀人,当然财产除外。'莫林那、埃斯科巴、贝甘、雷吉纳德、雷曼、莱修斯还有别人,异口同声地表示赞同。此外,根据我们久负盛名的拉米(Lamy)的观点,司铎及修士可以合法地杀人,从而制止人们以用心险恶、散播谣言来伤害他们。然而一定要重视定位好自己的动机。他的原话如下:'司铎或者修士可以杀死一个威胁要公开其团体或其本人的罪恶行径的诽谤者,如果没有别的办法阻止他,例如,若不及时把他处死,他就会到处散播其谣言。在此情形下,正如这个修士可以杀死威胁其生命的人一样,他也可以杀死那个会褫夺其声名和财产的人,在这一点上与在俗之人没有什么两样。'"

"我以前怎么不知道呢,"我说,"事实上,我一向习惯于相信的正好与此相反,所以对于这类事情根本没有去深思过,因为我听说教会非常厌恶血腥，甚至不允许教会法官去审判刑罪。"

"别在乎这个，"他答道，"我们的神父拉米完全证明我所提出的教义，但是谦卑的品性如此异乎寻常地充满了这位伟人的胸怀，以至于他把判断留给学问渊博的读者。卡拉穆尔（Caramuel），我们著名的斗士在其《基本神学》第543页中引用了他的话，认为这一观点是确定无疑的，他主张，相反的观点是绝无可能的，并得出了如下令人信服的结论，他称之为结论之王——conclusionum conclusio——'司铎不仅可以杀死一个诽谤者，而且在一定情况下，这甚至是他的义务——etiam aliquando debet occidere'。他根据这一原则考察了许多问题，比如以下这个问题：'耶稣会士可不可以杀死詹森派呢？'"

"多么奇怪的一个神学问题啊，神父，"我大叫起来，"根据拉米的教理，詹森派可就死定了。"

"您错啦，"修士道，"根据同样的教理，卡拉穆尔得出的结论正好相反。"

"怎么会呢，神父？"

他答道："因为这不是说詹森派的力量还不至于伤及我们的名誉。他说：'詹森派称耶稣会士是贝拉基派[①]，可不可以为了这个就把他们杀掉？不必，因为詹森派不足以遮盖本会的光芒，就像猫头鹰挡不住太阳一样；相反，与他们的用心针锋相对的是，他们只会增添它的光芒——occidi non possunt, quia nocere non

---

[①] 贝拉基（Pelagius，约360-440年），生于不列颠，401-410年旅居罗马，宣传其教义。他否认原罪，认为行善还是为恶皆由人的自由意志决定，奥古斯丁曾经撰文驳斥，并多次受到正统教会的贬斥。

potuerunt.'"

"哈，神父！难道詹森派的生命系于他们是否伤害了你们这一偶然性上面吗？如果是，我要提醒他们正处在危险的境地，因为，万一有谁认准了存在着哪怕一丁点他们对你们图谋不轨的可能性的话，天哪，他们就会被你们立刻杀掉的！您只需做出一个合适的推理，并且重新定位您的动机，就是立刻杀死你们同会的人也照样心安理得。在这个教理的指引下，那些绝不忍受别人伤害他们的人，他们狂热的灵魂是多么的快乐！可是那些冒犯了他们的可怜虫又是多么的可悲！其实，神父啊，就是和那些毫无宗教信仰的人打交道，也比和在这种思想体系下教导出来的人打交道更好一些。因为，毕竟伤害者怀有的意图并不会使被伤害者产生不快。那可怜虫看不到您所说的那秘密的定位，他只是感受到所遭受的打击而已。而我绝对能够断定，眼看自己被一个发怒的恶棍残酷地杀死，或被一个宗教徒出于良心的缘故用短剑杀死，任何一个人都会感到同样的卑鄙可耻。坦白地说，我对于这一切都感到吃惊不已，拉米和卡拉穆尔神父讨论的这些问题一点也不令我高兴。"

"怎么会呢？"修士大叫道，"您是个詹森派吗？"

"不过我还有另外一个理由，"我答道，"您大概知道我现在有一个习惯，就是一封又一封给我在乡间的一位朋友写信，告诉他我了解到的关于你们神学家的一切基本原则。瞧，尽管我只不过转述和忠实地引用他们本人的话，可是我还是非常担心，生怕这些信札不经意间落到某个天才手中，异想天开地认为我对你们造成了伤害，并且根据你们的前提得出于我极为不利的结论。"

"没事！"修士大叫道，"这方面您不必担心，我有话要告诉您。要知道凡是我们的神父所发表的言论，既然得到我们长上的批准，阅读是没有过错的，就是出版了也不会造成危险。"

所以我就写信，把这位可敬的神父有关于荣誉的信念转告给您。但是现在我只好停笔——因为缺少信纸，而不是缺少文字；因为我已经保留了他们的许多话没有复述，而且都是妙语连珠，需要大量的信纸才能够容下。您忠实的……

信札之八

巴黎，1656年5月28日

先生：

您想不到有人在好奇地打听我们是谁吧？不过他们确实好像要把我们搞个水落石出似的，只是他们的猜测不怎么样。有些人以为我是索邦的神学家，也有些人以为我写的这些信札出自三五个和我一样既不是司铎也不是教友的人，所有这些不着边际的推测令我相信，我非常成功地达到了我的目的，那就是除了对您和那位可敬的修士之外，对一切外人掩盖我自己的身份——这位修士继续耐着性子接受我一次又一次的造访，而我则设法耐着性子与他攀谈，真是勉为其难。可是我还得尽量克制自己，因为他一旦发现，对于他讲的话我是多么地震惊，他就会不再这样说了，而我也无法实现对您的承诺了。您想象得到，这对于我的感情是一种多么粗暴的践踏啊。我向您保证，要我心平气和地眼看着基督教的伦理体系为这种魔鬼般的原则所破坏却不敢说半句反驳的话，绝非易事。但是，既然想到要满足您的需要，我就决心只是在谈话快要结束的时候发一次脾气来满足一下自己吧，那时他的信息也吐露得差不多了。同时，我将尽可能克制我的感受，因为我发现我越是沉默不语，他就越是滔滔不绝。我上一次见他时，他告诉了我太多的内幕，我都觉得有些难以一一复述了。

在论及赔偿的问题时，您将会发现，他们同样持有一些最为灵活的观点。因为，不管这位好心的修士如何为他们的普遍原则百般辩解，这些我即将向您陈述的原则实际上竟然许可腐败的法官、高利贷者、破产者、盗贼、妓女和术士都可以随意地解除归还其不义之财的义务。这位修士就是这样继续他的谈话的：

"在我们的交谈开始时，我答应向您解释一下我们的作家是怎样为不同地位、不同阶层的人确立基本原则的。您已经看到了那些涉及圣俸领取人、司铎、修士、仆人、绅士的基本原则。我们现在就考察一下其余的人，先从法官开始吧。

"现在我要告诉您一条我们的神父为了这些人的利益而确立的最重要、最有用的基本原则。发明这一基本原则的乃是博学的卡斯特罗·帕朗，我们的二十四长老之一。他的原话如下：'一个法官可不可以根据一个或然的观点做出判决，而不考虑另外一个或然性更大的观点呢？可以，甚至这个判决可以同他自己的判断相反——imo contra propriam opinionem。'"

"啊，神父，"我叫了起来，"这真是个极好的开场白！法官肯定会对您感激不尽的。我甚至都吃惊，他们为什么，正如我们有时看到的，那么敌视你们的或然性原理，其实这或然性对于他们是多么有好处啊。因为根据这一点，你们赋予了他们以掌握人类命运的权力，就如你们赋予自己以掌握人类良心的权力一样。"

"您要牢牢记住，我们绝没有自己特殊的利益，"他回答说，

"我们的目的只有一个，就是让他们干得心安理得；为了这同样益人的目的，我们伟大的莫林那在如何处理法官收受礼物方面可谓殚精竭虑。为了打消他们在某些情况下收礼所造成的任何良心不安，他费尽气力在一份清单中开具了在哪些情况之下收受贿赂可以不受良心的谴责，至少法律没有做出禁止收受贿赂的规定。他说：'法官在聚会场合中收礼，这时有人送礼是出于友谊，或者为了感谢他从前的秉公执法，或者鼓励他以后的公平断案，或者迫使他们特别照顾的某个案件，或者使他们答应立刻处理某个案件。'学识渊博的埃斯科巴也公布了自己大抵相似观点：'如果有一些人，他们势力大致相当，谁也不能让自己的案件及早得到审理，法官接受了其中一人的某些东西，作为先给他办案子的条件，这样做是否有罪？根据雷曼的说法，当然无罪。因为，谁送了礼给他，就把他愿意给谁就给谁的优先审判权给这个人，这也是公平原则，况且不会伤害到他人。除此之外，既然对于所有人的权益他都承担着相同的义务，他比较倾向于那个给了献金的人，而这人便获得一种优先权——这一优先权似乎能够具有金钱上的价值——Quae obligatio videtur pretio aestimabilis。'"

"如您所愿，阁下，"我说，"既然有了这样的许可，我便吃惊，本王国的命官们何以如此不明事理。比如，首相实际上在议院里颁布了一道命令，制止法院人员以判案优先权而收取钱物——这表明他并不认为法官可以这么做，可是人人都欢呼这一大大有益于所有人的改革措施的。"

可敬的修士看见我的智慧火花，惊奇不已，答道："您真这么想吗？我还从未听说过呢。您要记住，我们的观点只是一种或然性而已；相反的观点也是或然的。"

"跟您说实话吧，神父，"我说，"人们认为，首相为人处世一贯得体，他这样做遏制了人们视若无睹的社会腐败的浊流。"

"我也是这么想来着，"他答道，"但是让我们放过这点，不要再谈什么法官了。"

"完全正确，先生，"我说，"对于你们这一切的操劳，感谢你们的人不会超过一半。"

"我指的不是这个，"神父说，"我是说还有许多其他不同阶层的人士，我们必须逐个略加研究。先说一说商人吧。您知道，对于这些人，我们最难办的莫过于不让他们放高利贷——我们的神父也曾不遗余力地想达到这一目标。因为他们沉迷于此恶道，就连我们的埃斯科巴都声称'说高利贷无罪乃为异端'；波尼神父在其《论罪大全》中花了好几页讨论了对放高利贷者的刑罚。他称他们'生前即臭名远扬，死后无葬身之地'。"

"天哪！"我叫道，"真不知道他会那么残酷。"

"在某些情况下，他确实会变得极其残酷，"修士说，"可是这位博学的决疑论者发现，有些人放高利贷是由于喜欢不劳而获，便在同一处写道：'我要铁肩担道义，要捍卫社会使之免遭高利贷的荼毒，以及由高利贷而滋生的一切罪孽，不过也愿意提供一种办法，使得有钱人能够通过诚实的合法手段确保其获得大笔收益，即使不比高利贷所获的收益更大。'"

"毫无疑问，神父，从今以后就再不会有高利贷者了。"

"为此，"他继续说，"我们的决疑论者提出了'一种方法，它普遍适用于各色人等——绅士、首席长官、政务委员'等等；操作起来也非常简单，只要一个人在出借钱款之前必须说上一些特定用语就可以了；此后他就只管坐收利息而不必害怕变成高利贷者，而按照其他的计划去做，他就一定是个高利贷者。"

"这些奇妙的话究竟是什么？请您赐教，神父。"

"我可以给您他的原话，"神父说，"因为，瞧，在《论罪大全》里他是用法文写的：'这样每一个人都能够理解。'正如他在前言里如是说：'若有人借贷，那贷款的必须以按照如下方式作答：我没钱借您，只是有一点小钱可以拿来投资，以获得诚实与合法的收益。如果您迫切需要所提到的那笔数目，通过您的勤劳从中获利，那么也许我能够贷给您这笔钱。不过我在想，也许在收益上我们难以达成一致，我出了本金，如果您肯给我相当的收益而不至于承担收益的风险，我们恐怕能够很快谈妥，您也能够立刻拿到现钱。'这难道不是一种又来钱又不犯罪的方便法门吗？波尼神父总结道：'以我的观点看，这真是一个出色的计划，许多放高利贷、敲诈勒索以及进行不正当的讨价还价的人正在挑起上帝公义的愤怒，这个计划拯救了他们，使他们能够获得充足的、诚实的、合法的收益，这难道不是很有道理吗？'"

"啊，先生！"我高叫道，"这些话多有奇效啊！毫无疑问它们具有某种我还不知道的潜在的美德，能够驱逐高利贷这个魔鬼，因为，依我的拙见判断，我总是认为那种邪恶就在于收回的钱比借贷的钱还多。"

"其实您对此了解太少，"他答道，"根据我们神父的观点，高利贷无非就是有一个取得高息的意图。相应地，埃斯科巴向我们证明怎样通过改变意图就能轻而易举地避免放高利贷。他说，'根据公义原则,如果我们到期就强行索要,那将是赤裸裸的放高利贷,但是从知恩图报的角度索要利息就不是高利贷。再者,赤裸裸地从借款人那里取息是不合法的,但是通过借债人的仁慈心这一中介——media benevolentia——取息就不是高利贷'。这些都是极为微妙的方法,但是在我的内心看来,其中最佳的方法(因为我们会有许多的选择)乃是摩哈特拉(Mohatra)交易法。"

"摩哈特拉交易法,神父?"

"我看得出来,您对这个概念不是很熟悉,"他答道,"只是名字古怪而已。埃斯科巴将为您作解释:'摩哈特拉交易法就是穷人以赊账的方式高价向货主买进货物,同时再把这些货物卖给同一位货主,以便得到一笔较买进的货物的价格更低的现钱。'这就是我们所说的摩哈特拉交易法——您可以想象得到,就是一种贸易方式,通过这种方法,一个人只要付出更多就得到一定数额的现金。"

"可是先生,我真的在想,这样一个术语除了埃斯科巴之外谁也不会使用,它可以在别的书籍上面找得到吗?"

"您肯定是个两耳不闻窗外事的人,"神父叫了起来,"天哪,就在今年,巴黎出版了一本有关神学道德的新书,其中就提到了摩哈特拉这个用语,而且是那么的才华横溢。这本书叫作《论点述要》(Epilogus Summarum),它把所有的神学论点都做了一个摘要——由苏亚雷斯、桑切斯、莱修斯、法贡迪(Fagundez)、胡尔塔多和其他出类拔萃的决疑论者的著作摘编而成,与书名相称。您会在该书第54页读到,'有人急需20皮斯托尔(pistole),就从商人那里买进30皮斯托尔的货,约定在一年内付清货款,然后在同一交易地点将这批货再回卖给那商人而得到20皮斯托尔的现金，这就是摩哈特拉交易'。可见摩哈特拉并不是一个您所说的闻所未闻的用语。"

"可是，神父，这样的交易方式是否合法呢？"

他答道："埃斯科巴在同一处告诉我们，法律禁止这种交易并予以严惩。"

"所以这种方法一点用处也没有，我想。"

"谁说的，埃斯科巴在同一段文字里提出了一些权宜措施，使得这一做法变得合法了：'在处置其货物时，只要事先不讨价还价——不论是公开还是私下——只要售出不超出最高售价，购进不低于最低售价，就算是卖出者和买进者做这笔交易的主要意图在于赢利也是合法的。'然而莱修斯主张，'即使商人卖出货物意在重新以最低价购入，也不一定要吐出从中所获的利润，除非急需钱用的那人确实生活窘迫，作为一种善行就可放弃；否则，即使多有不便——si commode non potest——也不必放弃这笔利润'。这是他们所能走到的最远的地步。"

"其实，先生，"我说，"我也在想，再任其放纵下去可就有点过分了。"

"啊，我们的神父当然懂得什么时候应当适可而止啦！"修士叫道，"那么，我们就不谈摩哈特拉交易的好处。我本可以再告诉您其他几种办法，但是这些已经足够了。现在我来谈一谈那些穷困潦倒者吧。我们的决疑论者已经找到根据他们的生活环境来解救他们的办法了。因为，如果他们没有足够的财产来维持体面的日常生活，而且同时还要还债，那么他就可以向债权人宣告破产而保留一小部分财产。这是由莱修斯提出的,埃斯科巴同意这种说法:'一个人濒临破产,是否可以心安理得地尽可能保留其必要的个人财产,以不失体面地维持他的家人——ne indecore vivat？我的回答是,同意莱修斯的看法,他可以这样做,即使他是通过不义的臭名昭著的犯罪手段——ex injustitia et notorio delicto——获得的。只是在这种情况下,他没有自由可以像在其他情况下那样保留一大笔原本可以保留下来的钱。'"

"神父,宁愿让财产留在通过抢劫得来的人手中,以维持他奢靡的享乐生活,也不让其落入应当合法拥有那笔财产的债权人之手,这真是一种奇特的善举！"

"皆大欢喜是不可能的,"神父答道,"我们做了专门的研究以解救这些不幸的人们。这种对穷人的偏心导致我们伟大的神父瓦斯科——且引用卡斯特罗·帕朗的话——说:'如果看见小偷想打劫一个穷人,就给他指点出某个富人让小偷去打劫,而达到他的目的,这样做是合法的。'如果您看不到瓦斯科和帕朗的书,可在您手上埃斯科巴的书中读到同样内容;正如您所知道的,他的著作差不多就是我们二十四位著名神父的著作的一个汇编。您会发现在其名为《本会的实践》关于'施舍我们邻人'的讨论中找到这些文字。"

"这真是一种独特的施舍,"我说,"为了使这个人免于遭受损失,就把损失转嫁到另外一个人头上！但是我想,为了使这一善举臻于完美,那位好心的建议者一定出于良心的考虑而赔偿一笔钱给那个因他而遭受损失的有钱人吧？"

"绝对不会,先生,"修士答道,"因为他并没有亲自动手去抢劫那个眼前人呀，只不过是建议别人去这么做罢了。但是，且倾听波尼神父的论断，他讨论的这个事例恐怕更加让您吃惊，您也许会想这种情况更加需要赔偿吧。原话如下：'有人求一个士兵去打他的某个曾经伤害过他的邻居，或者放火烧他的谷仓。问题是，就士兵行为的性质而言，那个雇用他犯下这些暴行的人是否一定要掏腰包赔偿由此造成的一切损失呢？我的观点是不必。因为，既没有干过什么伤天害理的事情，哪里需要赔偿呢。请求人帮一个忙算什么伤天害理呢？至于他的这个请求的内容，他自然可以承认也可以不承认，随他愿意。至于他愿意倾向于哪一种做法，那只是一个选择问题，什么也不能强迫他赔钱，除非出于其善良、有教益和随和的性格。因此，要是这名士兵不愿赔偿他所做的坏事，也不能强迫那个提出要求伤害无辜的人来赔偿。'"

这个判断几乎打断整个谈话，因为焚烧谷仓者的善良和教养之类的奇谈怪论，以及要宽免那主要的、真正的纵火犯——而国家的执法官员绝不会免除他的绞刑——民事赔偿责任的荒诞诡辩，让我禁不住要大笑起来。但是，我克制住自己，免得这位一本正经的可敬修士不高兴。于是，他便不动声色地继续说下去。

"根据大量的证据，现在您应该相信您的反对意见太无聊了吧，但是我们现在不要跑题。还是回到我们神父是如何解救那些陷入穷困之人的吧，莱修斯主张'偷窃，不仅在极端必要的情况下，而且在很有必要的情况下也是合法的'。"

"这是让人吃惊的事情，神父，"我说，"在这个世界上，很少有人认为他们的情况不是已经到了很有必要的地步方才行窃的，因此，对于这些人，你们切不可把可以心安理得地去偷窃的权力赋予他们。而且，你们本该把准许偷窃的许可证严格限制在那些的确生活贫困者，却为无数小偷小摸者敞开大门，就算您拿很有必要来为他们辩护，国家执法官仍然会惩罚这种行为，而您也应该用更高的原则来阻止他们的偷窃——你们的天职不仅应该监督人与人之间的公平，而且应该监督人与人之间的友善，这是你们的恩宠，你们准许偷盗就毁掉了这一恩宠。因为，现在你们竟然准许偷盗，岂不是对行善的破坏吗？岂不是破坏了我们对于邻人应有的职责吗，岂不是剥夺了他人的财产中饱私囊吗？至少我以前所受的教育让我这么认为的。"

"并不总是如此，"修士答道，"我们伟大的莫林那教导我们说：'施舍的原则并非剥夺我们自己的利益，以便让我们的邻人免受由此造成的相应损失。'他是通过如下证明得出这个结论的：'一个人不必出于良心而将别人为了欺骗债权人而放在他手中的货物交出去。'莱修斯以同样的理由持有同样的主张。我可以这样说，先生，您对于穷苦人太缺乏同情心了。本会神父的善心是无与伦比的：他们把大量的公义施舍给了穷人，也把大量的公义施舍给了富人。我还得再补充一句，他们对于罪人和圣徒也是一视同仁的。因为，他们对于罪恶虽无特殊偏爱，但是，他们对于教导说通过犯罪获得的财产是合法的，的确是毫无顾忌的。莱修斯说到一种普遍情形，'谁也不必根据自然法或者实在法（换言之任何法律），退还因为犯罪行为，诸如通奸所获得的财物，即使那样的行为有违公正'。因为，正如埃斯科巴对这位作者的评论所言，'虽然一个女子因通奸得到的财产当然是通过非法途径获得的，但是，一旦获得了这些财物，对于它的所有权就是合法的——Quamvis mulier illicite acquirat, licite tamen retinet acquisita'。正是根据这一原则,我们最伟大的作家正式宣告,法官在一项诉讼案中向处在不利地位的一方收受贿赂,导致最后不公正的判决、一个士兵受雇杀人以及通过臭名昭著的犯罪所获得的金钱,可以合法地保留。埃斯科巴收集了我们的一些神父的一些观点,得出一个普遍原则:'通过臭名昭著的行为,诸如谋杀、执法不公和行淫等等获得的财产可以合法地拥有,谁也不需要归还。'还有,'他们可以任意处置从杀人、行淫等等行为中所得到的一切,因为他们的所有权是合法的,他们从不公正行为的结果中获得了一种公正性'。"

"我亲爱的神父,"我喊道,"这种谋取钱财的做法我是闻所未闻,而且我怀疑法律是否也认为这样是正当的,是否法律也认为暗杀、执法不公和通奸能够赋予财产有效的所有权。"

"我不知道您的法律课本在这一点上是怎么说的,"修士答道,"我只知道我们的课本,它们都代表名副其实的良心原则,证明我所说的一切。的确,它们只有一个例外,所得财物非得归还不可,那就是,如果这些财物是从那些没有权利处置其财产的人那里得到的,比如未成年人和修士。伟大的莫林那也说,'一个女子除非是从无权处置财产的人,比如从修士或者未成年人——nisi mulier accepisset ab eo qui alienare non potest, ut a religioso et fillio familias——那里得到金钱,否则就不必归还。'埃斯科巴也这么说。"

"如您所愿,阁下,"我说,"我明白了,修士们比其他人更加喜欢这样的做法。"

"绝非如此,"他答道,"他们主要针对的不是所有未成年人吗,而修士难道可以一辈子都被看成是未成年人吗？把他们算作例外实在是一个不公平的事情。但是对于其他人，无论如何没有必要把以犯罪手段从他们那里搞到的钱再还给他们。因为，正如莱修斯多方证明的那样，'一件邪恶的行为可以通过推算那指示实施这一行为的人所得到的利益，以及实施这一行为的人所遭遇的种种不便而用金钱来确定其价格。根据这一估算，后者不必归还他因这一行为所得到的金钱，不论它是杀人夺命、执法不公还是荒淫下流'（这些正是这位修士在讨论这个问题时已经列举到的例证），'除非他们的钱是从那些没有权利处置自己财产的人那里得来的。也许您会反驳说，行一件坏事，得一笔钱，乃为有罪，因而取之、藏之皆为不可。然则我的回答是，事情既然做了，则无论取之还是却之皆无罪可言'。伟大的费留提乌斯做了更加详尽细致的讨论，他说：'一个人做这些事情，要视个人不同情况取酬，有些人可以取得不比别人更多一些。'他用非常强有力的论据证明了这一点。"

他接着指出，在他的作家里面，还提到了类似的一些事情，实属猥亵，我要是复述出来定会觉得害臊。事实上，修士本人也是个大善人，要不是他对于神父们怀有深深的敬意，并且将凡是从这些神父中产生的一切东西都奉若神明的话，他自己恐怕也早被这些事情吓坏了。与此同时，我一句话也说不出来，与其想让他对这话题添油加醋地大谈一番，倒不如说纯粹惊讶于发现这些神职人员的著作中竟充斥着如此骇人听闻的、恶贯满盈而又愚蠢之至的观点。于是他继续着他的说教，内容如下：

"根据这些前提，我们杰出的莫林那回答了如下一个问题（在这个问题之后,我认为您了解得也差不多了):'如果一个人收了一笔钱去干坏事,他必须把钱财还给别人吗?在这里我们必须分别对待,'这位伟大的人物说,'如果他还没有去做这件事,他必须归还;如果他做了,就绝无归还的必要!'这就是我们涉及偿还的原则。今天给您介绍了不少,现在我要看看您取得了多少进步。来,回答我一个问题:'一个法官从某一诉讼方拿了一笔钱,从而做出了有利于那一方的判决,他需要把钱还给他吗?'"

"神父,您刚才还教导过我,他不必还钱。"

"我告诉过您的不是这个,"神父答道,"我难道是这么泛泛而谈的吗?我告诉过您的是,他不必还钱,只要他在判决中使得不利的一方胜诉了。可是如果一个人正义在他一边,您会要他出钱买下自己的胜诉吗,买下他的合法权利吗?您简直太没有良心了。注意,法官必须秉公执法,因此秉公执法是不可以出卖的,但是不能说他必须贪赃枉法,因此可以合法地为了得到钱而贪赃枉法。相应地,我们所有的作家一致同意这样的教导,'虽然一个法官必须归还他收受钱财而秉公执法,除非这是出于他的慷慨本性,但是他为某个人的利益做出了不公正判决,绝对不必归还从他那里得到的钱财'。"

这个荒谬的结论惊得我目瞪口呆,正在思考其种种有害倾向,修士又向我提出了另外一个问题。"再回答我一个问题,"他说,"这回可得小心一点啊。'如果一个人以算命为生,他要不要把算命得来的钱归还给人?'"

"随您所愿,阁下。"我说。

"啊!什么——就随我一人之所愿吗?天哪,您真是一个读书人！看您说的样子，好像真理要靠我们的意志和愿望才存在似的。看来在目前情况下，您是再也不会自己去把真理寻找出来的，所以我要把您送到桑切斯那里去，给您找到一个解决问题的办法——还非得桑切斯不行。首先，他区分了两种不同情况，'一是那个算命先生用星相学和自然手段行巫术，一是用妖法行巫术'。他说其中一种情况要归还财物，另外一种情况则不要归还。猜一猜，哪一种情况下要归还钱财呢？"

"这答案不难找到。"我说。

"我知道您想说什么了，"他回答道，"您以为那个借助魔鬼力量的算命先生要归还钱财。但是您真是什么都不懂啊；答案恰恰相反。桑切斯说：'如果那个巫师不是靠着魔鬼费尽心机，历尽艰难地发现了他靠着别的手段所不能够发现的东西，那么他就要归还钱财——si nullam operam apposuit ut arte diaboli id sciret，但是如果他确实费尽心机，历尽艰难，那就不必偿还了。'"

"何以见得呢，神父？"

"您还没有看出来吗？"他答道，"正是因为只有在魔鬼的帮助下才能够真的预测未来，而星相则完全是骗人的把戏。"

"可是先生，万一魔鬼正好没有说真话（而且他也未必就比星相更加可信），我想，也许那位巫师必须出于同样的理由而赔偿吧？"

"不全是如此，"修士答道，"要看情况区别对待，在这里他是这么说的。如果那位巫师对于妖法一无所知——si sit artis diabolicae ignarus——他就必须归还；但是如果他是个行家里手，竭尽全力去寻求真理，那么他的义务便自动终止了，因为这位巫师的辛苦应该用一笔钱来折算。"

"这看上去好像有几分道理,"我说,"因为这是一个很好的计划,可以让巫师一门心思去熟练掌握这门手艺,好获得一份诚实的生计,就像您说的,去服务大众。"

"我想您是在开玩笑,"神父说,"这是极端错误的。如果您到一个陌生的地方,用这样的口气说话,有人会责怪您并且指责您化神圣为荒谬。"

"神父,对于这样一种指责,我自己也可以证明它是有道理的,因为我能够断定,不论是谁,他要是苦于找不出我说话的真正含义,都会发现我的目的正好与之相反。而且也许,先生,我愿意借此谈话结束之机来阐明这一点。"

"哈哈,"修士叫了起来,"现在您的头脑里面已经没有要取笑人的意思了吧。"

"我承认,"我说,"谁怀疑我打算取笑神圣事物,令我很痛苦,谁持有这样一种怀疑是很不公平的。"

"我不是说真的,"修士答道,"但是我们说正经的吧。"

"我倒是愿意这样做,如果您也愿意的话,一切取决于您,神父。但是我必须说,看到您的朋友把他们全部的注意力集中在人类各种各样的生活环境,连巫师之所得也关心其是否合法来了。"

"一个人不能为许多人写作,"修士说,"也不能详述每一个个案的种种细节,或者在不同的书籍里面重复同一件事情。只要听了下面这件轶事,您也会相信这一点的,这个故事是我们最伟大的神父之一讲的,您也许一猜就着,他就是我们现任的教省主教——尊敬的塞洛神父:'我们认识一个人,'他说,'怀揣一大笔钱,听了他的告解神父的命令,到处找人还钱,他顺路走进一家书店,询问是否有什么新书——num quid novi？——店主给他看了一本新出版的讨论道德神学的书,他随意地翻着书,也没有动什么心思,看到一页书讲到正是他本人的情况,读到他绝无还给人钱财的义务。他终于卸下了良心的包袱,提着个分量毫不减少的钱袋回家了,心情比他出门时舒畅得多了——abjecta scrupuli sarcina, retento auri pondere, levior domum repetiit.'"

"告诉我,在听了这个故事以后,了解我们的基本原则不是也很有用吗？您还会笑话他们吗？或者说,您难道不预备和塞洛神父一起就那一事件的福乐进行虔诚的反思吗？他论述道,'那样的事件就上帝而言乃是上帝天命的结果;就守护天使而言,是完美的守护的结果;就那些遇到这些事件的个人而言,则是他们前定的结果。从永恒性看,上帝决定人们的救赎的黄金之链应当系于某个作家,而不是一百个其他说着同样一件事的人,因为他们根本不能遇到这些人。要是那个人没有著书立说,则这个人就无从得救。因此,所有对于我们为数众多的作家而挑刺的人,我们将以耶稣基督的同情心祈求他们不要嫉妒那些上帝永恒的选择和耶稣基督的鲜血已经为他们买好了这些书籍的人！'这位博学的人就是用这些雄辩成功地证明了他所提出的一个命题,就是：'许许多多人写作关于道德神学,这是一件多么有益的事情啊——Quam utile sit de theologia morali multos scribere！'"

"神父啊,"我说,"我对于这段话的看法,我想稍后再告诉您;同时,我想说的只是,既然你们的基本原则是那样地有益,既然它们是那样地重要而必须加以出版,您就应该继续给我进一步做有关的教导。因为我能够向您保证，收到我邮寄出去的信件的那个人会把它们出示给不计其数的人。倒不是要把这些原则运用在我们自己身上，事实上，我们认为令这些原则为全世界所周知是一件极其有益的事情。"

"很好，"修士答道，"您瞧，我也没有秘而不宣呀。我已经预备好在下一次谈话中继续提供给您的内容，我们要谈谈我们的神父允许哪些享受和放纵行为可以使救赎变得唾手可得，虔修变得轻松愉快。到现在为止，您已经了解了人类的特殊环境是怎样的，除此之外，您还应该了解什么是普遍适用于所有阶层的，这样您的学业也就修满了。"言毕，修士便离我而去。您忠实的……

又及：我总是忘掉告诉您，埃斯科巴的书有好多种版本。要是您想买一本的话，我建议您买里昂本，标题页上画着一只羔羊躺在一本封着七印的书本上；或者1651年的布鲁塞尔本。这两种版本比1644年和1646年版的里昂本更精美，开本更大。

信札之九

巴黎，1656年7月3日

先生：

对于您我将不必再客套什么，就像上一回我遇到那位可敬的修士时他所做的那样。他一看到我来，就迎上前来，眼睛却盯着手里拿着的一本书，唐突地问我："要是有人为您打开了天堂之门，您难道不会感激涕零吗？您难道不愿意拿出一百万金币换一把钥匙，有了这把钥匙，时候一到就可以进入天堂吗？您不必花那么多钱的，我这里就有一把——一百个金币，便宜多了。"

一开始我一头雾水，不知道这位好心的神父是在朗读书本还是在跟我说话，但是很快疑团就解开了，他接着说道：

"先生，这些话是一本好书的开场白，此书出自本会巴利（Barry）神父之手，而我的开场白还没有说呢。"

"那是本什么样子的书呢？"我问。

"且看书名，"他答道，"《天堂向费拉吉奥（Philagio）敞开，一百种崇拜圣母的简易祈祷式》。"

"天哪，神父！每种祈祷式都足以成为通往天堂的通行证吗？"

"没错，"修士答道，"且听下文：'献给圣母的祈祷式，您在本书中读到的乃是无数的天界之钥，只要您照此祈祷，它们将为您开启天堂之门。'并且相应地，他在结尾处说，'只要您照其中的一种去祈祷他就心满意足了'。"

"请您告诉我最简单的那种吧。"

"所有的祈祷式都是最简单的，"他答道，"比如，'一见到马利亚像，就称颂圣童贞女，颂童贞之乐的小念珠祈祷辞，热切地念马利亚的名，托天使表达我们的敬意，希望在全世界为她建造教堂和修院，每天早晚都向她祝福，每天称颂万福马利亚，赞美马利亚的圣心'——他说，这最后一种祈祷式特别具有一种好处，就是令我们得到马利亚圣心的保佑。"

"但是，神父，"我说，"我想这就是要把自己的心同样奉献给她吧。"

他答道："在一个人还完全贪恋世俗时，并不绝对要这样做。请听巴利神父怎么说：'将心比心无疑是非常合适的，但是您的心太贪恋世俗而为被创造之物所束缚，所以我不贸然劝告您，在目前情况下把您称之为心的那个可怜的小奴隶奉献出来。'因此只要能够按照他所嘱咐的称颂万福马利亚，他就满足了。"

"的确是一件易行的善举，"我说，"我还想从今往后就再也没有人会遭到诅咒了吧。"

"天哪，"修士说，"我看您是根本不知道某些人心是多么冥顽不灵啊。有些人就是不愿意承诺每天念颂哪怕是这些简单得就像说早上好、晚上好之类的祈祷文，只是因为这样地做需要花上一些记忆力。于是，巴利神父就发明了还要简单的权宜之计，诸如在手臂上日夜戴一串念珠,就像手镯一样;随身携带一本《玫瑰经》或者马利亚像。'告诉我,'巴利神父说,'是否我没有提供给您简单易行的祈祷式以获得马利亚慷慨的恩宠呢?'"

"的确非常简单易行,神父。"我说。

"就是嘛,"他说,"完全可能做到,而且我认为,只要这样做定能带来满意的效果。因为,谁要是终其一生都不肯花一点时间拿起串念珠戴上手臂,往口袋里揣上一本《玫瑰经》以确保他得到拯救,那么他真是无可救药了;而且大致可以断定,不论一个人以怎样的方式生活,只要他尝试这样做了,就没有不能得救的。不过我得补充一句,就是我们还是劝告人们不要忽视虔敬的生活方式。我给您举第34页上的一个例子,说是有一个妇女尽管天天赞颂圣童贞女像,但是一辈子都在犯致死的罪孽,不过由于她的这一仅有的德行,她还是得救了。"

"怎么会呢?"我叫了起来。

他答道:"我们的救主让她复活,就可以树立一个榜样。所以,凡是照此祈祷的都不毁灭。"

"我亲爱的先生,"我说,"献给圣童贞女的祈祷是得救的一个强有力的手段,如果就像圣徒一样乃是出于信仰和兄弟之爱,当然是功德无量,这一点我也知道;但是要人们相信,只要流于这些形式而不改变邪恶的生活,就能在死去的时候归信上帝并相信上帝会让他们复活,这似乎有让罪人沉浸在虚妄的平安和愚蠢的自信之中继续在恶道上走下去,而不是通过上帝的恩宠起作用而真正归信上帝,从而把他们从罪恶中解救出来。"

修士道:"只要进得了天堂,走哪一条路又有什么关系呢?著名的比奈（Binet）神父，我们前任的教省主教在其大著《论前定的特点》中论述了类似的主题。他说，'不管三七二十一，我们只需要在乎是否我们至少能够抵达天堂就行'。"

"同意，"我说，"但是有一个大问题，这样做我们是否就一定进得了天堂？"

"圣童贞女会负责解决这个问题的，"他答道，"巴利神父在该书得出这样的结论：'如果敌人在他死去的一刻，居然对您提出同样的问题，在您小小的思想之国里引发了混乱，您只需对他说，马利亚会负责替您解决的，您必须自己向她提出请求。'"

"但是神父，这可能会让您感到迷惑，如果一个人把这个问题再向前推进一步，比如，谁能保证圣童贞女在此情形之下会负责解决呢？"

"巴利神父会替她负责的，"他答道，"至于从这些祈祷方式中获得怎样的利益和好处，"他说，"这个问题就由我来负责，我将替圣母做担保。"

"但是，神父，谁为巴利神父负责呢？"

"什么？"修士叫道，"为巴利神父负责？他不是本会的成员吗？难道还用得着告诉您，本会为其所有成员的著作负责吗？您要明白这点，这对您极其必要，也极其重要。本会有一个惯例，所有出版商没有得到我们的神学家和长上的许可不得出版本会神父的任何作品。这一规定于1583年5月10日得到亨利三世恩准、亨利四世于1603年12月20日、路易十八于1612年2月14日分别予以认可；本耶稣会对于会内的兄弟所出版的一切著作都予以负责。这是本会的一大特点。正因如此，从我们这里流传出来的每一本书无不散发着本会的精神。先生，这可是一条非常及时的消息啊。"

"我好心的神父，"我说，"感谢之至，我唯一感到遗憾的是没有更早明白这一点，我要多读一些你们许多作家写的书。"

"我也本该早一些告诉您的，"他答道，"可惜没有找到机会，可是我希望以后您将从这条信息中获益匪浅，现在还是谈我们的事吧。我所说的确保得救的方法，在我看来是很简单、很可靠的，而且数量充足；但是我们的神学家热望，人们不可停留在这一初始阶段，而只是做他得救所必需的事情，此外就什么都不干了。他们要不断地受到上帝更大荣耀的鼓舞下，把人类提升到一个更加虔敬的高度；由于世人受到了某些引诱，形成了一些奇怪的观念，脱离虔敬的生活，我们认为，把这种门槛边的障碍移开是极其重要的。在这一方面，勒穆瓦纳神父因其大作《简易祈祷式》——该书正是为了这一目的而作——获得了极高的声誉。在这部著作中他对祈祷式的描绘非常令人着迷。这个问题在他之前还没有人们明白过。他在卷首是这么说的：'美德从未得到正确认识，迄今为止所有关于她的画像都不是逼真的。人们无须吃惊，几乎无人测度过她的崇高。她被人嘲笑为一个坏脾气的老妇人，唯一喜欢的就是独自隐居；她与困境和悲哀相连。总之，她与运动和差异——事实上这是快乐之花，是生命之乐趣——不共戴天。'"

"但是，神父，我肯定听说至少有一些伟大的圣徒都是过着简朴的生活。"

"那是毫无疑问的，"他答道，"但是，用这位神学家的话说，'一些有身份的圣徒以及有教养的虔诚信徒总是有的'。您要注意，他们与众不同的生活方式来自他们与众不同的体液。我的作家说：'我绝不否认会遇到一些虔诚的教友，他们性格软弱、忧郁，喜欢沉默、幽居，血管里面流动的是黏液而不是鲜血，面色如土；但是其他许多人有着无忧无虑的性格，拥有甜美而温和的体液、欢快而精良的血液，人生的快乐就是从那里滋生出来的。'"

"您瞧，"他继续说道，"喜欢沉默和隐居在所有虔诚信徒中并不常见，而且正如我所说的，这与其说是他们的虔诚，倒不如说是他们的体液所造成的后果。您所提到的那些简朴的生活，事实上正是野蛮人和未开化之人的特点，因此，您会发现，勒穆瓦纳神父将它们列为闷闷不乐的白痴的奇特而野蛮的生活方式。以下就是他在《道德组画》第七篇中对这种生活方式进行的描绘：'对于艺术和自然之美，他有眼无珠。如果他沉迷于任何给他带来快乐的事情，就会认为自己背上了悲哀的重负。每逢佳节，他就隐居起来和死人做伴。他喜欢洞穴胜过宫殿，宁要树桩不要王冠。面对当众的羞辱和伤害，他无动于衷，好像长着雕像的耳朵、雕像的眼睛。体面和荣耀就是偶像，他从不与之沾边，更不烧香膜拜。在他看来，美貌的女子如同鬼怪。帝王威严、官宦之相——那些令人着迷的僭主，他们拥有许多心甘情愿为其劳作、永无止息的奴隶——对他毫无影响，就像太阳对猫头鹰一样。'等等。"

"尊敬的先生，"我说，"要是您不告诉我这个叙述乃出自勒穆瓦纳神父之手，我肯定会猜想这是某个世俗之徒的大作，如此描绘的目的显然是想把我们的圣徒颠倒成为怪物。因为，假如这不是一个彻底拒绝福音要我们放弃的耽于情感之人的画像，我得承认我实在是不明事理的人。"

"您现在知道您的无知达到了怎样的程度了吧,"他答道,"因为这些是懦弱、无教养者的特性,正如勒穆瓦纳神父在本书结尾处所言,'毫无那些常人应当具有的合于道德、发乎自然的情感'。正如他在公告中所言,他就是用这样的方式教导'基督教的美德和哲学';实际上,不可否认,这种对待祈祷的办法,比我们从前所使用的旧法更加合乎世俗的口味。"

"这两者之间是不可比的,"我如是回答,"我现在希望您要当心您说的话才是。"

"您会一点一点看到的,"修士答道,"迄今为止我还没有谈到普遍的虔敬,不过,为了更为详尽地证明我们的神父已经怎样摆脱了其中的艰辛和困苦,对于那些野心家而言,要是他们知道能够狂热地追求世俗的崇高,同时也能够保持他们真正的虔诚,这难道不是一件最令他们感到宽慰的事情吗?"

"什么,神父!即使他们的野心毫无节制也没有关系吗?"

"是的,"他答道,"因为这只是可以补赎的轻罪,除非他们追求这种崇高是为了更有效地冒渎上帝、危害国家。轻罪并不妨碍他成为一个虔敬的信徒,因为圣徒再伟大也不能豁免这些轻罪。埃斯科巴说:'野心就是毫无节制地贪图地位和权势,此乃轻罪一桩;但是,当这些尊贵者暗含祸国殃民或者更有可能冒渎上帝时,这种偶然的情况就是致死之罪了。'"

"这真是颇具特色的教理,神父啊。"

"还有比这更有特色的呢,"修士继续说,"关于吝啬鬼,这位权威说:'有钱人拒绝把多余的物品施舍给最穷困的穷人,这算不得致死之罪——Scio in gravi pauperum necessitate divites non dando superflua, non peccare mortaliter。'"

"天哪，"我说，"如果情况竟是这样，我就再也不能自称精通犯罪的学问了。"

"还有让您更长见识的呢，"修士答道，"我想您已经习惯于认为，一个人自视甚高，认为自己干的活就是了不起，这是最有危险性的罪吗？现在，如果我能够证明给您看，这样一种自视甚高，尽管毫无根据，非但不是罪过，而且是上帝的赠礼，您不会感到吃惊吧？"

"不会吧，神父？"

"的确如此，"修士道，"这是我们好心的神父在他的法文书里证明了的，该书名为《宗教真理概要》：'一切诚实的劳动都应该得到报偿，或者得到奖赏或者得到自我满足，这是出于交换公正（commutative justice）的需要。当一个智力超群的人出版了一部优秀作品，他公正地得到大众的赞扬作为报偿。但是当一个四肢孱弱的人努力工作，完成了一件毫无价值的东西，未能赢得公众的赞誉时，为了不让他的辛苦无所回报，上帝就会让他自己感到心满意足，这总比野蛮的不公平的嫉妒为好。正是这样，上帝，无限公平的上帝甚至让青蛙都为自己的呱呱声而自鸣得意。'"

"这些结论对于庸人、野心家和贪婪之辈真是再好不过了！"我喊了起来，"还有嫉妒呢，神父，要给它寻找理由恐怕比较困难吧？"

"这个问题比较微妙一些，"他答道，"我们需要引用波尼神父在《论罪大全》一书中所做的一个区分。——'嫉妒我们邻人灵性之善乃是致死之罪，而嫉妒他的世俗之善则是轻罪。'"

"为什么呢，神父？"

"您听着，"他说，"因为包含在世俗事物中的善对于天堂而言是微不足道的，是没有什么意义的，在上帝和圣徒眼中是不会予以考虑的。"

"可是神父，既然世俗之善如此微不足道，不值得考虑，您怎么允许人们为了捍卫这种世俗之善而去杀人呢？"

"您把问题全搞错了，"修士答道，"我告诉您的世俗之善在上帝眼里是无足轻重的，但在人类的眼里可就不是这样了。"

"这样的想法我倒是从来没有想到，"我答道，"而现在，可以希望，由于做了这样的区别，全世界就铲除了一切致死之罪。"

"不要那么自信嘛，"神父道，"还是有致死之罪的——比如说，懒惰。"

"不仅如此，亲爱的神父！"我兴奋地叫了起来，"从今往后，我们可以告别一切'生命的享乐了'！"

"且慢，"修士道，"当您听了埃斯科巴关于罪的定义之后，或许您就会改变口气了，他说：'懒惰就在于哀伤灵性的事物之为有灵性，仿佛悲悼圣事是恩宠的源泉似的；这是一种致死之罪。'"

"啊，我亲爱的先生！"我叫了起来，"我从未想到有人在脑子里对于懒惰居然有这样的想法。"

"因此，"他答道，"埃斯科巴后来论述道：'我必须承认能够堕入懒惰之罪的人是绝无仅有的。'您现在明白，给事物下一个合适的定义有多么重要了吧？"

"那是当然，神父，这也使我想起你们给暗杀、埋伏和奢侈所下的定义了。但是为什么不把你们的这种方法运用于所有事物呢，按照你们的方式给所有的邪恶都下一个定义,从而不再在犯罪中自满自足呢?"

"达到这一目标不一定要更改全部定义。这一点,我们谈谈吃宴席这件事您就明白了,美食乃为人生至乐,对此,埃斯科巴在其根据本会意见所著的《实践》一书中也是予以首肯的:'人若仅仅为了享乐而毫无必要地大吃大喝,这样做可不可以呢?当然可以,根据我们的桑切斯,只要不损害其健康就行,因为天生的饕餮之徒应当允许他享受恰当的机能。'"

"好啊,神父,这在你们的道德体系中肯定是最完美无缺的文字,最登峰造极的基本原则了!从中可以得出多么令人惬意的推论啊!那么,暴饮暴食就连一桩轻罪都不算了吧?"

"对于我刚才提到的那种情形而言就不算,"他答道,"但是根据同一位作者,'要是一个人毫无必要地暴饮暴食,以致到了呕吐的程度',就是一桩轻罪了。这个问题就谈到这里。现在我要谈谈为了避免在人们谈话和欺骗中犯罪,我们又发明了哪些方便法门。其中最复杂的就是一个人如何不说谎话,尤其是在迫切需要引诱人们相信虚假的东西时。在这种情况下,我们闪烁其词的教理就可以帮上大忙了,从这一教理出发,桑切斯说,'用一些含糊其辞的术语,引导人们从另外一种意义上去理解它们,而这种意义和我们自己所理解的有所不同'。"

"我已经领教过了。"我说。

"我们经常公开宣扬这一基本原则,"他继续说,"现在看来是尽人皆知了。但是您知不知道,在找不到含糊其辞的话时该怎么办呢?"

"不知道，神父。"

"我想也是，"这位耶稣会士说，"这就涉及一个新问题了，先生，我是指，涉及所谓内心保留法的教理。正如桑切斯在同一本书中说，'一个人可以发誓说他从来没有做过某件事（尽管他实际上干过这件事），心中所指是他某天或者在他出生之前没有干过这件事，或者所指的是另外一件事，而他所说的话绝不会透露他是指哪一件事。在有必要这样做或者这样做对健康、名誉或特权有利的时候，在许多情况是非常方便的，又能够保持自己的清白'。"

"那是当然，神父！这不算是说谎，也不算是作伪证吧？"

"不算，"神父道，"桑切斯和费留提乌斯都证明这不算说谎、作伪证，因为后者说：'正是意图决定了行为的特点。'他还提出了一种更加可靠的方法来避免弄虚作假：大声说'我没做过这件事'之后接着小声说'今天'；或者大声说'我发誓'后，小声插入一句'我说'，再接着大声说，'我没有做过这件事。'您看，这也是在说真话呀。"

"我同意，"我说，"不过，真话低吟、假话高唱也可能被人识破；此外，我还担心许多人不能沉着自如地运用这些方法。"

"我们的神学家，"修士答道，"在同样的文字里面，已经考虑到了那些不能熟练运用这些内心保留法的人的利益，为了避免说谎，没有别的要求，只要说，'我没干过'实际上干过的事情就行了，只要'他们的普遍意图就是赋予他的语言与常人相同的意义'。老实告诉我，现在要是您不知道这些，会不会经常感到陷于困境呢？"

"有时确实如此。"我说。

"您是不是也承认，"他继续说道，"可以经常方便地取消自己所做的约定而不至于受到良心的责备呢？"

"这是世界上再方便不过的事情了！"我答道。

"且听，埃斯科巴提出的普遍原则：'一个人在做出承诺的时候，只要绝无意图把它当作约束自己的东西，那么他的承诺也就束缚不了他。除非诅咒发誓，肯定确有某种承诺，一般来说，愿意把承诺当作自己的约束，这种情况绝无仅有；因此，当一个人只是说"我会做这件事"的时候，他是指只要他不改变主意他会去做；因为他说这样的话，并不想剥夺自己的自由。'他还提出了其他一些相关原则，您自己参考去吧；总之，他告诉我们，'所有这一切都是从莫林那以及其他作者的作品中摘录出来的，因此是无可置疑的'。"

"我亲爱的神父，"我说，"我还不知道，意图定位法竟然还具有使诺言变为空话的力量。"

"您想必体会得到，"他答道，"这为人一生的生意经提供了怎样的便利啊。但是最让我们伤脑筋的是如何规范两性之间的事情；我们的神父在贞操问题上一贯比较谨慎。但是他们还是讨论了一些性质非常奇特、非常放纵的问题，尤其涉及婚姻和订婚之类。"

这一段谈话中，我了解了您可以想象到的许多最不同寻常的问题。他谈到了许多问题，足够我写好几封信的。但是，由于您让我在各类人中间传阅，而我又不愿把自己当作传播这些读物的工具，使之成为人们消遣的内容，哪怕是引用原文也恕我不能为之。

在所有他指给我看的所有书籍，以及那些用法文写的书籍中，我能够冒昧点到为止的只有一件事，就是可在波尼神父《论罪大全》第165页中找到的一段文字，它涉及所谓亲昵行为，他解释——只要他意图定位好了——为"调情"；您在第148页中还可以找到一条惊人的道德原则，关系到女儿在没有得到亲人同意的情况下是否有权处置她们身体，是用以下的话来表达的："尽管父亲会找出种种抱怨的理由，但是只要得到女儿本人同意，这并不一定说她，或者那个她向其献出贞操的人对他犯了罪，也不是说违反了与他有关的公平原则。因为女儿对于她的名誉和身体拥有所有权，可以随意处置，只要不是自杀和致残就行。"仅此一点，便可判断其余了。这倒让我想起一位异教诗人，他似乎是一个决疑论者，却比我们这些神学家更为善良许多；因为他说："女儿的身体不完全属于她自己，而是她父亲或者她母亲的一部分，不经过他们的同意是不能随意处置的，即使婚后也不例外。"如果在这片大地上竟没有一个法官立下一条法律和波尼神父的这一基本原理相反，那么我一定是大错特错了。

　　在这一部分对话中，所有我敢于透露给您的就只有这些了，这部分对话过于冗长，我不得不请求修士换一个话题。他接受了我的请求，便拿他们关于女子穿着打扮的规定来逗我的乐。

　　"我们不谈那些心怀恶意的女人，"他说，"至于其他女人，埃斯科巴说：'如果打扮自己，毫无邪念，只是满足于一种天生的虚荣——ob naturalem fastus inclinationem——这仅仅是一件轻罪，或者根本是无罪的。'而波尼神父则主张：'就算那女子明知刻意用丰富而昂贵的饰品打扮自己会给那些一睹芳容的人的德行带来什么不良后果，她也不因这样的穿着而犯罪。'而且他特地引用了有相同想法的桑切斯神父的原话。"

"但是，神父，对于《圣经》中要求弃绝所有这类东西的经文，你们的神父会说些什么呢？"

"莱修斯出色地应付了这一反对意见，"修士说，"他论述道：'《圣经》经文只对它那个时代的妇女具有劝诫的力量，人们期待这些妇女能够以简朴的服饰教育异教徒。'"

"他在哪里发现这个的，神父？"

"在哪里发现的并不重要，"他答道，"知道这些观点本身是或然的就够了。然而值得注意的是，勒穆瓦纳神父对这一普遍的许可做了规定，因为他绝不允许这一原则推及老妇人。他说，'年轻女子有着装扮自己的天然权利，不可责备生命正当花季、精神焕发的女子佩戴饰物。但是也应当有所保留：到雪地里面寻找玫瑰是不知季节变换。星星不妨一直跳舞，因为它们被赋予了永远的青春。所以对于一个老妇人而言，在这个问题上，最明智的做法就是头脑常清，明镜常拭，屈服于体面和规律，天黑之前赶紧回家。'"

"真是最有见地的建议。"我说。

"不过，"修士继续说，"为了证明我们的神父对于您所能够想到的一切事物是多么的谨慎小心，我得说在许可妇女赌博并且预见到在许多情况之下，除非她们有供赌博之物，否则这一许可几乎是毫无用处之后，他们为这些妇女制定了一条有利的基本原则，在埃斯科巴所著书论偷盗那章，第十三条中做了描述，他说，'妻子可以赌博，为此可以从丈夫那里小小地偷上一票'。"

"呃，神父，那可是赌资啊！"

"除此之外，还有许多别的东西可谈，"修士道，"但是我们略过它们了，稍许谈一点那些比较重要的基本原则，它们可使宗教生活——比如说望弥撒——变得轻松一些。关于这点，我们的大神学家加斯帕·胡尔塔多（Gaspar Hurtado）和康尼科（Coninck）都认为：'我们望弥撒，身体在场足矣，精神缺席没有关系，只要我们保持一副令人尊敬的外表就可以了。'瓦斯科更进一步，他主张'一个人只要做到从望弥撒中所得到的规劝就行，哪怕他根本不去望弥撒也行'。所有这些埃斯科巴都反复说到过，在一段文字中，他举了一个例子来说明这点，那些被强迫拖去望弥撒而他们下定决心一个字也不听的人，我们又如之奈何呢？"

"要是没有别人告诉我这些，"我说，"说真格的，我是不会相信的。"

"的确如此，"他答道，"这的确要得到所有这些著名的权威的鼎力支持；下面这条埃斯科巴提出的基本原则也不例外：'甚至邪恶的意图，比如向女子抛媚眼和望弥撒的意图混在一起也不会妨碍一个人行这一圣事。'但是我们的一位博学的兄弟图里安（Turrian）提出了另外一个方便法门，即'一个人可以望这个司铎的半场弥撒，再去望另外一个司铎的半场弥撒，哪怕听到前一位司铎的结论以及后一位司铎的开场白也没有什么大不了'。我还要提到，我们有好几位神学家断定，'同时望两个半场弥撒，听两个司铎的讲道，其中一个司铎刚刚开场，另外一个司铎已经在行圣饼仪式了，这样做是合法的；一次参加两个派对，与望两个半场弥撒一样都是可以的——duae medietates unam missam constituunt'。埃斯科巴说：'总而言之，您可以用一段很短的时间去望弥撒，比如，您可以去望四个同时举行的弥撒，一个才刚刚开始，一个在宣讲福音，一个在祝圣，最后一个在领圣体。'"

"当然啦，神父，根据这一计划，一个人可以在任何一天在巴黎圣母院望弥撒，每次只要一瞬间也是可以的。"

"呃，"他回答，"这只是要证明，我们是怎样成功地使望弥撒成为一件简单易行的事情。但是我现在还非常愿意证明，我们已将圣事的实践变得简便可行了，尤其是补赎这一项。正是在这里，我们的神父赤诚的宽厚本性光芒四射；您会十分惊奇地发现，世人无不感到恐惧的祈祷式经过我们神父施以完美无缺的技巧，而使之变得比干坏事还要简单，比纵情更能让人接受，用勒穆瓦纳在《简易祈祷式》中的话说，消灭了蹲在门槛边的妖精；因此，事实上简朴生活绝对比生活美满要令人厌烦。这难道不是奇妙的变化吗？"

"的确如此，神父，我禁不住要告诉您我心中是怎么想的：我非常担心，您是言过其实了，你们的这种宽容只会令更多的人吃惊不已，而不是趋之若鹜。比如，弥撒在众人眼里是那样崇高、那样神圣的事情，要是让他们知道，你们的神学家是怎样谈论弥撒，他们的声望一定会大跌特跌的。"

"在一定程度上，"修士答道，"我同意，情况的确如您所言，但是您难道不知道，我们是最能够调整自己来适应各种不同的人群吗？看来您已经忘记了我一再告诉过您的这一点。因此，您一旦有了闲暇，我提议还是先谈这个话题吧，然后我们再来谈怎样让告解神工变得惬意舒心的吧。我保证让您把它弄个一清二楚，再也不会忘记。"

说完我们就分手了，所以我们的下一个谈话将转到耶稣会的策略上面来。您忠实的……

又及：写毕上文，我拜读了巴利神父的《开启天堂的一百种简易祈祷式》，还有比奈神父的《论前定的特点》，这两本书都非常值得一读。

信札之十

巴黎，1656年8月2日

先生：

现在我要谈谈耶稣会的策略，可是我先要向您介绍它的一条重要原则。我是指他们如何为告解神工进行辩解的，它们毫无疑问是耶稣会用于"吸引所有人，一个不能少"的最佳方案。对这个原则事先有所了解是绝对必要的，因此修士断定应当在这方面给我一些开导，概述如下：

"根据我所阐述的，"修士道，"您可以判断，我们的神学家以他们的智慧，不辞辛劳地发现了许多事情，从前是禁止的，现在则是无罪的，是允许的；但是还有一些罪过是不容推诿的，无可挽回，只能告解，所以有必要用我现在即将提到的办法来降低告解的难度。在我们以前的谈话中我已经证明给您看，我们是怎样告诉他们那些原先据信是有罪的事情其实完全是无罪的，由此来缓解人们良心上的不安，现在我要开始说明我们有什么样的便利计划，来为那些真正的罪行做补赎，为此我们把告解变成一个简单的过程，而从前这是非常痛苦的。"

"你们是怎么做到的呢？神父？"

"哈，"他说，"当然是通过本会特有的、我们弗兰德斯的神父在《公元一世纪的想象》中将它描绘成为'虔诚的手腕、神圣的祈祷艺术——piam et religiosam calliditatem, et pietatis solertiam'——的微妙手段啦。在这些发明的帮助下，正如他们在同一处所说的，'而今罪过可以轻松弥补——甚至比从前犯罪之时还要狂热和轻松，许多人都可以洗清他们身上的污点，就像他们当初沾染上那些污点一样的方便——plurimi vix citius maculas contrahunt quam eluunt'。"

"那么求您了，神父，请给我上课，教我一些最受欢迎的手腕吧。"

"我们的手腕不在少数，"修士答道，"因为办神工实在太烦琐，我们为罪过都发明了一种方便法门。与这一仪式相关联的主要困难是：羞于坦白某些罪过、难以揭发他人的问题、害怕罪行受到苦修的惩罚、难以下定决心，不再故态复萌、难以避免犯罪的直接场合以及后悔犯了这些罪过。今天我希望说服您，可以毫无困难地克服这一切问题，我们就是这样来关心如何消除这味良药的苦口与恶心的。我们且从难以坦白某些罪过开始，您知道与告解神父保持经常的良好关系是极其重要的，这难道还有什么困难吗？本会神父，尤其是埃斯科巴和苏亚雷斯允许我们'有两个告解神父，一个向他忏悔重罪，一个向他忏悔轻罪，以便与您日常告解的神父保持一个良好的形象——uti bonam famam apud ordinarium tueatur——只要您不乘机从此以后沉迷于犯罪而不可自拔就可以了。'此外，还有一个天才的办法甚至可以向日常告解的神父忏悔一项罪过，而不会让他想到，这项罪过就是上一次告解之后再犯了的一个同样罪过，这就是，'做一个一般性的忏悔，把这后面这个罪过蒙混在这个忏悔里面'。我想您一定会承认，下面波尼神父做出的决定能够成功地掩饰那些忏悔自己旧罪重犯的人们内心的羞怯，亦即'除非在某些极少发生的情况下，告解神父不得询问他的忏悔者深感自责的罪过是否重犯，后者也没有必要回答这样的问题。因为告解神父无权让忏悔者因为暴露了他经常犯的罪过而感到羞愧'。"

"是真的吗，神父！我同样还可以说大夫也无权过问一个病人他上一次发高烧距今有多久了。难道罪过在不同的情况下会有不同特点吗？难道一个真心悔罪的人，他的目标不应该是向他的告解神父坦露他良心的全部状况，真诚、全心全意，就像当着耶稣基督本人的面说话一样吗？如果是这样的话，那么隐瞒他所犯罪过的次数，以此隐瞒他的罪行的严重性，岂不是走得太远了吗！"

看得出来，这下难住了这位可敬的修士，因为他试图回避这个难题而不是解决它，便把我的注意力转向他们的另外一个规则，这个规则只是表明他们滥用了波尼神父的结论，一点也没有为这个结论做出什么论证。在我看来，这个结论乃是他们基本原则中最险恶的，只会鼓励那些放荡的人继续保持作恶的习性。

"我同意，"修士答道，"重犯的罪过确实会增加该项罪恶的严重性，但它并不改变人的本性；这就是我们不坚持人们必须坦白的理由，根据本会神父所确定的、埃斯科巴所引用的规则：'一个人只要忏悔罪行的类型，而不必披露忏悔的罪行在数量方面的细节。'格拉纳多斯（Granados）神父在阐述这一原则时说，'一个人如果在大斋节吃肉,只要忏悔他在大斋节破坏了守斋的规定,而不必详细说明到底是吃了肉还是吃了两条鱼'。还有,根据雷吉纳德的观点,'一个巫师行妖术不必披露细节,他只要说施魔法与魔鬼打交道,而不必说究竟是看手相还是与魔鬼订约'。再者,法贡迪神父断言'强奸不是必须披露的细节,即使得到妇人同意'。所有这些埃斯科巴都引用了,关于细节问题还有其他稀奇古怪的结论,有空您就自己去查阅吧。"

"这些'祈祷的技巧'操作起来简直太方便了。"我说。

"且慢,"神父说,"虽然如此,仅有这些手段还是不够的,先生,除非我们首先着手缓解人们害怕告解的原因之一,那就是补赎①。然而,我们在克雷芒学院提出了我们的观点之后,就是再神经质的人也不会对于办神工感到害怕了,我们的观点是,如果告解神父把一项适当的补赎强加给忏悔者,如果忏悔者不愿意接受,那么他可以直接回家去,'既不要去苦修也不要行什么解罪式'。或者正如埃斯科巴在《论耶稣会的宗教生活》中所言,'如果忏悔者愿意等到来世再去苦修,愿意在炼狱里面承担一切应得的痛苦,告解神父就应当为顾全这项圣事的名誉,课以一项极轻微的苦修,尤其是在他有理由相信,这个忏悔者会拒绝一项比较重的苦修时'。"

"我真的认为,"我说,"如果情况确实如此,我们应当不再称呼告解为苦修的圣事了。"

---

① 按天主教习俗,告解神父除听取教友忏悔的罪行外,神父还会要求教友行哀吟、献仪、祈祷和克苦等,是为补赎,以此求得天主的宽免以及与教会和好的功效。

"您错了，"他答道，"我们形式上还是实行了某种形式的苦修的。"

"但是，神父，您是不是说当一个人不需承担任何痛苦就可以为他的罪行赎罪时，他就值得去行解罪式了吗？并且在这些情况下，您理应保留而不是宽恕他们的罪过了吗？难道您不知道您的职责范围，您不知道您有捆绑和松绑的权力吗？难道您以为，只要有人提出此类要求就可以随随便便、心不在焉地给他行解罪式了，也不事先弄明白在天的耶稣基督是否赦免了那个您想赦免的人吗？"

"什么！"神父叫道，"您是说我们不知道'一个告解神父应当公平对待他的忏悔者，不仅由于耶稣基督嘱咐过他，要他成为一个诚信的管家，不可因私利而牺牲了神圣，因而他不得把圣事施于卑鄙小人；而且由于他还是一个法官，他的职责就是进行公平的审判，不可赦免为耶稣基督所谴责的人'吗？"

"这是谁说的，神父？"

"本会费留提乌斯神父。"他答道。

"您叫我吃惊，"我说，"我还以为它们是引用我们教父所说的话呢。无论如何，先生，这段话应当让告解神父牢牢记住，使他们在行此圣事的时候要小心谨慎，弄清楚他们忏悔者的忏悔是否充分，他们未来改过自新的许诺是否值得信赖。"

"这并不是什么困难的事情，"神父答道，"费留提乌斯更是留心不让告解神父陷入困境，为此他提出了一种非常简便的办法，他是这样说的：'告解神父在处置他的忏悔者时大可以放宽心；如果他没有充分地表示后悔，告解神父只需问他是否还没有觉察到他心中的罪过，如果他回答是，那么他就必须相信这话。同样的情况也适用忏悔者关于将来的决心，除非情况涉及清还或者避免直接犯罪的义务。'"

"对于这段文字，神父，我完全相信是出自费留提乌斯之口。"

"不过您搞错了，"神父说，"因为他是从苏亚雷斯那里逐字逐句照搬过来的。"

"但是，费留提乌斯神父说的最后一段话又推翻了他前面所说的话。因为告解神父根本不能像法官那样来处置他们的忏悔者，如果他们不得不相信他们本人，而又缺乏一切令人满意的悔罪迹象的话。是不是这些忏悔本身已经使得情况非常确定无疑，不需要其他什么迹象了呢？我非常怀疑，是否经验已经教导你们的神父，所有做出诚实许诺的人能够令人满意地信守诺言；如果他们没有发现情况正好相反的话，那么一定是我搞错了。"

修士答道："不管怎么说，告解神父一定得相信忏悔者；因为波尼神父已经彻底解决了这个问题，他的结论是，'不论在什么时候，那些经常犯同样罪过而且毫无改过自新的人来到告解神父那里，表示对于过去的后悔，以及将来不再重犯的决心，他都必须相信他们的断言，虽然有理由假定，这样的决心只是说说而已'。他说，'尽管还会沉迷于同样的罪行里面，甚至比从前还要过分，他们照样可以接受解罪式'。现在我敢肯定您不会有什么说的吧。"

"但是，神父，"我说，"您这样强迫告解神父相信与他们所见到的正好相反的事情，岂不是大大地为难了他们吗。"

"您不明白，"他答道，"这只是意味着他们必须做出宽免了的样子，好像他们相信他们的忏悔者会信守他们的诺言似的，不过事实上他们根本不必相信他们。苏亚雷斯和费留提乌斯随后对此做了解释。在说了'司铎必须相信忏悔者的话'之后，又补充道：'告解神父大可不必相信他对忏悔者的宽免实际上会发生作用，甚至不必相信这宽免是或然的。他只要相信此人在那一时刻确有悔改之意，但是以后又会故态复萌。这就是我们作家的教理。'您对于我们的作家的教导还会有什么怀疑吗？"

"但是，神父，那么皮塔乌神父所言又是怎么一回事呢，他在《公众苦修》一书的前言中说：'神圣的神父、神学家和宗教会议一致主张领圣体之前所做的苦修必须是真实的、经常性的，不可无精打采、死气沉沉，也不可轻易出尔反尔、故态复萌。'"

"您难道没有看见，"修士答道，"皮塔乌神父所谈论的只是古代教会吗？但是用我们的神学家的话说，所有这一切都已经不合时宜了，根据波尼神父的观点，现在的情况正好与此相反。他说：'有些人主张，对于经常犯同样的罪过，尤其是他们在行过解罪式之后，却毫无补过迹象的人，要拒绝给他们行解罪式；而其他人则持相反的观点。但是唯一正确的观点是不应当拒绝给他们行解罪式；他们尽管做不到给他们的忠告所提出的要求，尽管没有信守要过一种新生活的诺言，毫不操心洁净自己的生活，但是这些都没有什么关系；不管有什么相反的观点，应当身体力行的正确观点乃是：尽管情况确实如此，他们的罪过也应该得到赦免。'还有，'如果那些人惯于生活在罪过之中，违背上帝的律法、自然的律法以及教会的律法，哪怕他们并没有表现出将来会有所悔改的明显可能——Etsi emendationis futurae nulla spes appareat——也不能拒绝或者推迟为他们行解罪式'。"

"但是，神父，总是要行解罪式的断言结果会诱发犯罪者……"

"我知道您的意思，"耶稣会士打断了我的话，"但是且听波尼神父的第十五个问题是怎么说的：'就是对于那些坦言相告自己有得到赦免的希望比得不到赦免会使其更加自由自在地去犯罪的人，也应当为他们行解罪式。'高辛（Caussin）神父在为这一结论辩护的时候说：'如果这一观点是不正确的，那么告解就会与世界上大多数人无缘，给那些可怜的罪犯剩下来的资源就只有树杈和绞索了。'"

"啊，神父，你们的这些基本原则将会为你们带来多少前来告解之人啊！"

"那是，"他答道，"您根本不能相信，那些旧罪重犯的人数量是多么巨大，'可以说，我们完全被我们的忏悔者的人群——poenitentium numero obruimur——挤压着，都快被吞没了'，《公元一世纪的想象》就是这么描述的。"

"但愿我能够推荐你们一种很简单的办法，"我说，"可以逃避这种使人感到麻烦的压力。你们只要迫使那些罪人直接避免犯罪；这一简单的措施会立刻使你们得到解脱的。"

"我们并不期望有这样的解脱，"修士答道，"而是恰恰相反；因为正如在同一本书中说的：'耶稣会的远大目标乃是不辞辛劳，树立美德，挑战邪恶，拯救多数人的灵魂。'既然很少有灵魂倾向于直接避免犯罪，我们就有义务来定义什么是直接犯罪。埃斯科巴说：'这种情形不可算作一种直接：一个人很少犯罪，或者因一时兴起而犯罪，比如每年三到四次。'或者如波尼神父所说每月一到两次。再者,这位作者问道:'主人与仆人或者侄子之间,他们住在同一屋顶之下,若受到直接理由的诱惑而犯罪又应当怎样处置呢?'"

"应当让他们分开居住。"我说。

"他也是这么说,'如果他们犯罪的次数非常频繁的话;但是这些人如果很少犯罪,而且分开居住有困难并带来损失,根据苏亚雷斯和其他作家的观点,他们就可以得到赦免,只要他承诺不再犯罪,而且为过去的行为真心悔过'。"

这无须解释,因为他已经告诉我告解神父必须予以满足的悔过的证据是什么了。

修士接着说:"而且波尼神父准许那些沉迷于直接犯罪的人'继续我行我素,只要他们能够避免成为世人的谈资,避免给自己带来麻烦'。① 在另外一本书中,他说:'一个司铎应当而且必须为一个和情夫生活在一起的妇女行解罪式,如果她不能体面地把他抛弃掉或者有某些把他留在身边的理由——Si non potest honeste ejicere, aut habeat aliquam causam retinendi——只要她承诺将来的行为比较遵守道德就可以了。'"

"啊,神父,"我叫了起来,"您成功地减轻了回避直接犯罪的义务,甚至到了这样一种圆满的地步,只要觉得麻烦就干脆把这个义务抛到一边去;但是我认为你们的神父至少会同意,在没有什么困难的情况下这个义务还是有约束力的吧?"

"那是当然,"神父说,"但是,即便如此,这一规则也不是没

---

① 参见信札之五。

有例外的。波尼神父在同一个地方说：'一个人可以经常去逛窑子，想改变那些妓女的不幸命运，不过他也可能堕入犯罪，在对她们产生迷恋之前已经体会这种犯罪感了。有些神学家不同意这个观点，他们主张没有人自愿冒自己不能得救的危险而去解救自己的邻人；不过我肯定赞同他们所反对的观点。'"

"一种多么新颖的宣教啊，神父！但是，波尼神父拿它到处传扬有没有根据呢？"

"他是以自己的一条原则作为根据的，"他答道，"他提出这个原则乃是步了巴希尔·庞斯（Basil Ponce）的后尘。我在前面已经告诉过您，肯定您还没有把它遗忘掉吧。那就是，'一个人可以直接地而且是公开地——primo et per se——去寻找犯罪的机会，以便推进他本人以及邻人物质上或精神上的好处'。"

听到这些话，我震惊得快要跳了起来；但是，我既然决心听他说到底，便按捺着自己，只是问道："神父，这一教理如何与《福音书》相协调呢？《福音书》要我们'剜出右眼'、'砍下右手'[①]，如果邪恶'有害于'或者不利于灵魂的拯救？你们怎么能够说一贯而故意沉迷邪恶的人还会发自真心地憎恨邪恶呢？相反，这人不是显然对于罪恶并无正确认识，内心也从未真正改邪归正，不能使他爱上帝，就像从前爱上帝的造物一样吗？"

"怎么，"他叫了起来，"您称那才是真正的悔罪吗？看来您是不知道平特罗（Pintereau）神父所说的，'本会全体神父异口

---

① 《新约·马太福音》5:29："若是你的右眼叫你跌倒，就剜出来丢掉。宁可失去百体中的一体，不叫全身丢在地狱里；若是右手叫你跌倒，就砍下来丢掉。宁可失去百体中的一体，不叫全身下入地狱。"

同声地教导说：悔罪必不可少，或者由于纯粹因为害怕受到将来下地狱的惩罚，不进行彻底忏悔，也不痛下决心，不再犯罪，对于告解圣事而言是不够的，这种主张是错误的，或者几乎就是异端'吗？"

"什么，神父！您是说仅仅由于害怕受惩罚而不进行彻底的忏悔就足以完成圣事了，这也几乎算是一个信条吗？我觉得这种观念只有你们的神父才想得到；因为其他一些主张不进行彻底忏悔的圣事也是足够的神学家，也会小心地说明，至少忏悔者应该表现出对于上帝的爱来。而且在我看来，甚至你们的神学家也未必都认为你们的教理是非常可靠的。比如，你们的苏亚雷斯神父就说：'不彻底的忏悔对于圣事而言是足够的，这一观点虽然是或然的，但它是不可靠的，而且可能是错误的——Non est certa, et potest esse falsa。如果是错误的，那么忏悔不够彻底就不足以拯救一个人；如果他明知如此，却在这一状态之下死去了，就会面临受到永罚的极大危险。这个观点既不很古老，也不很普及——Nec valde antiqua, nec multum communis。'桑切斯也不是很有把握地认为这个观点是永无谬误的，他在《论罪大全》一书中说，'恶人以及他的告解神父在临死之际满足于不彻底的忏悔和圣事，都可以控告他们犯了致死之罪，因为忏悔者有受到被罚入地狱的危险，如果不彻底的忏悔也足以完成圣事的观点不能够证明是正确的'。康米托鲁斯（Comitolus）也说，'我们不可过于肯定不彻底的忏悔对于圣事是足够的'。"

在这里，可敬的修士打断了我的话头。"什么！"他叫道，

"看来您是读过本会神父的著作啰？这很好；但是您在读它们的时候身边有我们的人，就更好了。您难道没有看出来，您若一个人去读它们，只会头脑简单地得出结论，以为这些文字给那些近来支持我们关于不彻底忏悔之教理的人带来了巨大压力；但是这不也是证明，再也没有比这些文字能够给他们带来更大的好处了？只要想一想我们当今的神父在如此短暂的时间内，如此成功地散布了他们的观点，而且散布的范围是如此广泛，以至于除了神学家之外，没有人不会认为，我们在这个问题上的新观点已经把不同时代的信仰都统一起来了，这是一个多么巨大的胜利啊！因此，事实上，当您根据我们神父自己数年以前的立场来证明'这个观点是不确定的'时候，您只是给我们的神父一个更好地表达自己观点的机会而已！"

"因此，"他继续说，"我们亲爱的朋友迪亚纳无疑为了取悦我们，详细阐述了我们的观点是怎样一步一步走到现在这个样子的。'从前，古代学者主张一个人道德上一有过失，就必须尽快赎罪；可是，后来人们认为除了在节期以外，没有必要这样做；后来又认为只有在某些重大的灾难威胁之下才有必要去赎罪；再后来，就认为只要在临死前不久去赎罪就可以了。但是我们的神父胡尔塔多和瓦斯科却有力地驳斥了这些观点，并且论证道："一个人根本不必赎罪，除非没有其他的办法获得赦免，或者在临死之际还没有得到赦免！"'但是为了继续推动这一教理向前发展，我还要补充一点，就是本会神父法贡迪、格拉纳多和埃斯科巴断言，'甚至临死时做忏悔也是不必要的'，他们说，'因为，如果临死的圣事①中不彻底的忏悔都不能赦罪，就说明不彻底的忏悔对于圣事而言是不需要的。'博学的胡尔塔多走得更远，迪亚纳和埃斯科巴都引用了他的话，因为他问：'一个人对他的罪过感到后悔纯粹由于它所造成的世俗后果，比如伤了身子、破了钱财，这样的后悔是否充分呢？我们必须具体分析。如果认为这恶果不是上帝亲自送来的，这样的后悔就是不充分的；但是，如果认为它是上帝亲自送来的，事实上，正如迪亚纳所言，如果认为除了罪行本身之外，所有的恶果都是源于上帝，那么这样的后悔就是充分的。'我们的拉米神父也主张同样的教理。"

"您让我吃惊啊，神父；因为在您关于不彻底的忏悔的谈话中只有自然的东西，别的什么也没有；这样的话，一个罪人要使自己得到赦免，根本不需要什么超自然的恩宠了。尽人皆知，如今这已经被主教会议谴责为异端了。"

"我原先也是和您一样想，"他答道，"不过情况看来并非如此，因为本会克雷芒学院的神父们在1644年5月23日和6月6日论要中主张：'对于圣事而言，不彻底的忏悔也可以是神圣的、充分的，尽管它可能不是超自然的'；并且在'1643年10月论要'中提出：'不彻底的忏悔虽然是自然的，但是只要它是诚实的，对于圣事而言便是充分的。'我认为在这个问题上已经没有什么需要多说的了，除非我们再附加一条很容易从这些原理中推导出来的结论，那就是：忏悔罪过对于圣事而言不仅不是必不可少，而且

---

① 亦即终傅。按照天主教礼仪，教友在临死之际，要领受司祭的终傅圣事，有宽免罪恶的作用。

是非常有害的，因为通过它洗清了罪恶本身，就使得圣事本身无事可做了。这正是著名的耶稣会士瓦伦提亚所说的话（第4卷，教规7，问题8，第4页）。他说，'要获得圣事的大益，忏悔罪过绝非必要；相反倒是在获得此大益道路上的一大障碍——Imo obstat potius quominus effectus sequatur'。对于不彻底忏悔的赞美，有谁还指望能够超过这句话呢。"

"这一点我相信，神父，"我说，"但是您必须允许我告诉您我的观点，我要证明给您看，这一教理到了多么可怕的程度。当您说'纯因害怕而进行不彻底的忏悔'对于圣事而言是充分的，那么从一个罪人的角度看，难道它不是意味着一个人通过这样的方式来赎罪，就可以一辈子都不必爱上帝也照样得救吗？你们的神父难道胆敢持有这样的观点吗？"

修士答道："我从您的话语里面听出来，您还需要理解一些我们神父关于上帝之爱的教理。这是他们道德观的最后一个也是最重要的一个特征。您大概从我刚才所引用的关于不彻底忏悔的文字中已经有所了解了。但是在关于上帝之爱的问题上还有其他的文字，有更加明确的提法——先别打断我的话；因为思路的连贯性相当重要。请注意埃斯科巴，他在本会授权出版的《上帝之爱的实践》中归纳了我们作者的各种不同观点。问题是：'一个人应当在什么时候对于上帝产生真情实感？'苏亚雷斯说一个人只要死期将临产生这种感情就足够了，而不必确定某个确切的时间。瓦斯科则说，甚至在闭眼的那一刻就足够了。其他人认为应在领洗的时候产生。还有的人则认为在进行忏悔的时候产生。还有的认为应当在节期里面。但是本会神父卡斯特罗·帕朗对这些观点

——予以驳斥，而且理由充分——merito。胡尔塔多·德·门多萨则主张我们必须每年爱一回上帝；而且我们认为，我们不必爱上帝的次数比这更多一些乃是大有裨益的。但是我们的神父康宁科（Coninck）认为我们只需三四年爱一回；亨里格斯认为每五年爱一回；而费留提乌斯则认为甚至我们不必严格限定每五年爱一回。您会问，那么究竟应该多少年爱一回才好呢？他说还是让有见识的人自己去判断吧。"

我并没有很在意这些趣话，只是觉得在这些趣话中，人类的创新意识似乎在无耻之极地嘲弄上帝之爱。

修士继续说道："可是我们的神父安东尼·西尔蒙德（Antony Sirmond）在他令人钦佩的著作《捍卫美德》中超越了所有这些观点，他在书中是这样告诉读者的：'他在法国用法语说了以下这些话："圣托马斯说我们一旦会使用理性后就应当爱上帝了：那实在是太早了！司格特（Scotus）说每个礼拜天要爱一次上帝；天哪，为什么呢？其他人则说在受到极大诱惑的时候：那倒可以，如果我们没有其他的办法逃避那种诱惑。司格特说当我们从上帝那里获得好处的时候：很好，那是向他表示感谢的方式。还有人说在临死的时候：太晚啦！同样我也不认为在领受圣事的时候需要爱上帝：在这种情形之下，不彻底的忏悔加上告解圣事——如果方便的话——就足够了。苏亚雷斯说应当在某些时候或者别的时候；但是究竟在什么时候？——他让我们自己去做出判断——他不知道；既然连这位神学家都不知道，我只知道没有谁会知道了。"'总之，他的结论是，除了十诫之外我们不必遵守更多的诫命，不爱上帝也行，不把我们的心奉献给上帝也行，只要我们不恨上帝就可以了。他的第二篇论文唯一目的就是要证明这一点。您将会发现每一页都充满了这样的观点；他尤其说：'上帝命令我们爱他，只是满足于要我们服从他颁布的其他诫命。如果上帝说："汝无论怎样服从于我，若汝心不随从我，我必杀汝！"'难道您以为这种动机非常有助于达到上帝所欲达到的目的吗？因此，据说我们服从上帝的意志就算是爱他了，仿佛我们就真心实意地爱上帝，仿佛这样做的动机就是上帝之爱。如果我们的动机真是这样，那当然不错；如果不是，我们通过服从上帝的其他诫命，照样彻底实现爱的诫命，因此（这可是上帝善良的体现），我们的诫命就是，不怎么爱上帝，也不恨上帝。"

"我们的神学家就是用这种方法来免除真爱上帝这一令人痛苦的义务。这一教理真是大有裨益。当这一教理受到攻击的时候，我们的神父安纳特、平特罗、勒穆瓦纳和安东尼·西尔蒙德便群起而捍卫之。您只要查阅一下他们对于《道德神学》的回答就可以了。尤其是本会平特罗神父的回答能够让您对于不爱上帝的价值观形成某种概念，他告诉我们，其价值绝不亚于耶稣基督的血。不刊之论也。似乎免除爱上帝的痛苦义务乃是与犹太律法相对立的福音律法施与我们的恩惠。他说：'在《新约》律法的恩宠之下，上帝会解除我们令人烦恼和苦闷的义务，就是在原来律法的束缚之下，为了获得公平的审判，必须采取彻底忏悔的行动，这种想法是合乎情理的；取代这种义务的乃是以更为简易的方式所行的圣事，这种想法也是合乎情理的。否则的话，作为赤子的基督徒实际上不会比作为奴隶的犹太人更加能容易地获得圣父的真正恩宠，后者祈求他们的万军之主和主子赐予仁慈。'"

"啊，神父！"我叫了起来，"我再也忍受不了了。我刚才听到的这些观点，不可能不让我感到浑身战栗。"

"这些并不是我的观点。"修士说。

"这个我同意，先生，"我说，"可是您没有对它们表示反感；您非但不讨厌这些作家，反而尊敬有加。难道您对他们表示赞同，就不怕最终与他们同流合污、一同犯罪吗？难道您不知道圣保罗已经做出判断，不仅那些提出了这些邪恶观点的作者，而且'那些赞同他们的人'都是犯下了死罪吗？难道允许人们在你们辩解的掩藏下干尽了如此之多为上帝所禁止的事情还嫌不够吗？难道还必须更进一步，您通过给予他们一种方便的、确定的赦免其罪过的方式收买他们，要他们犯下那些连您自己也认为不可原谅的罪过吗？为此，您剥夺了司铎的权力，您压制他们，使他们不像法官，更像奴隶，迫使他们赦免这些人所犯下的不赦之罪——不要求他们于今生悔过自新，除了推翻一百次诺言外不需要他们有任何其他赎罪的表现，也不需要进行苦修，'除非他们自己选择苦修'，也不需要拒绝犯罪的场合，'如果他们会感到有所不便'？"

"但是你们的神学家甚至走得更远；他们容许窜改那些约束着基督徒行为的最神圣的规定，彻底破坏了上帝的律法。他们违背了'一切律法和预言所依赖的最大的诫命'[①]；他们击中了虔诚生活的心脏；他们将赋予生命的性灵从人心那里褫夺了去；他们主张爱上帝不是得救的必要条件；竟然谬以千里地认为'免除对上帝

[①]《新约·马太福音》22:37-40："耶稣对他说：'你要尽心、尽性、尽意，爱主你的神。这是诫命中的第一，且是最大的。其次也相仿，就是要爱人如己。这两条诫命是律法和先知一切道理的总纲。'"

之爱是耶稣基督带给世界的恩惠'！这种不虔敬已经到了登峰造极的地步了。耶稣基督付出血的代价，居然就是为我们免除了热爱上帝的义务！在道成肉身之前，人类似乎倒是有爱上帝的义务的；但是自从上帝'爱世人，甚至将他的独生子赐给他们①'，世人，被他拯救的世人居然可以免除对他的爱！我们当今的神学家真是稀奇——竟敢擅自撤销了圣保罗对于那些'不爱上帝之人'的'诅咒'！撤销了圣约翰的判决：'没有爱心的，仍住在死中！'②以及耶稣基督本人的判决：'不爱我的人就不遵守我的道。'③因而也就使得那些一辈子都不爱上帝的人也能够享有上帝的永恒的欢乐！看哪，这天大的不公正的奥秘竟这样实现了！睁大您的眼睛，我亲爱的神父，如果你们决疑论者的其他奇谈怪论您毫无印象，那么就让这些奇谈怪论因着它们的过于出格而促使您将它们统统抛弃吧。这是我内心深处的渴望，都是为了您本人和你们的神学家着想；我祈祷上帝，要他使你们这些人相信，那引导你们走到如今这般危险地步的光明是何等的虚妄；祈祷上帝，祈祷他把他爱充满你们的心灵，他们竟然胆敢免除人们对于上帝之爱！"

说完了一些类似性质的话之后，我便离开了修士，我看不必再去拜访这位修士了。然而对此您也无须感到遗憾；因为，如果有必要继续就他们的基本原则给您写信，那么我已经充分研究过他们的著作，能够告诉您他们的道德观，与他所能够告诉我的一样多，也能够告诉您他们的策略，这方面也许比他所能够告诉我的还要多一些呢。您忠实的……

---

① 《新约·约翰福音》3:16。
② 《新约·约翰一书》3:14。
③ 《新约·约翰福音》14:24。

信札之十一

致列位尊敬的耶稣会神父

1656年8月18日

尊敬的神父们：

我已经拜读了你们为反驳我写给我的朋友议论你们道德观的信札而公布的信件；我觉得你们申辩的要点之一就是我在谈论你们的基本原则时显得很不严肃。你们在所有的出版物中都喋喋不休地重复这一点，竟至于断言我"罪在奚落神圣的事物"。

神父们哪，这样的指责毫不奇怪是无稽之谈。我哪里奚落过神圣的事物呢？您举例说"摩哈特拉契约和约翰·达尔巴的故事"。可是这些你们都称之为"神圣的事物"吗？你们是不是真觉得摩哈特拉非常值得尊敬，若不是充满敬意地谈论它就是亵渎神灵呢？还有波尼神父关于盗窃的高论——约翰·达尔巴将它们付诸实践，让你们蒙受了损失——它们是不是如此神圣，以至于谁嘲弄它们，谁就会被指责为异教徒呢？

天哪，神父们哪！难道非得把你们神学家的异想天开当作真实的基督教信仰不成，难道谁也不可以奚落埃斯科巴或是你们作家张狂的非基督教的教义，否则就统统被指责为嘲弄宗教不成？你们贸然地重复着一个如此极其没有道理的观念，这怎么可能呢？你们难道就不担心：在你们指责我嘲弄了你们的荒谬时，只是让我感到新的乐趣；你们的指责只会反弹到你们自己身上，因为事实证明，我所取笑的内容实际上正是从你们的作品中选取出来的，它们实在是非常可笑；因而在嘲弄你们的道德观时，我根本不是在嘲弄什么神圣的事物，因为，你们的决疑论者的教理绝不是福音的神圣教理？

事实上，尊敬的先生们，在嘲弄宗教和嘲弄那些用他们放肆的观点把宗教世俗化的人，两者是大相径庭的。对于宗教的真实性缺乏应有的尊敬是渎神，而为人类的灵性所反对的谬误，如果不表示蔑视则是另外一种渎神的行为。

神父们哪，既然你们迫使我做这样的辩论，我请求你们想一想，正如基督教的真理是值得热爱和尊敬的，那么相反的错误也是值得给予同等程度的憎恨和蔑视的；我们宗教真理中有两样东西：神性之美使得我们去爱它，而神圣的崇高使得我们去尊敬它；也有两样错误：不虔敬使它变得可怕，而傲慢使它变得可笑。因此，尽管圣徒对于真理总是怀有两种感情，爱和恐惧——他们全部的智慧就是在作为开始的恐惧以及作为终了的爱之间形成的——但是他们对于谬误却怀有另外两种感情，那就是憎恨与轻蔑，而且他们的热情立刻会以理性的力量驱除邪恶的害处，以嘲笑的手段批评他们的放肆和愚蠢。

因此，神父们啊，不要指望让人们相信一个基督徒用冷嘲热讽来对待谬误是卑鄙的。其实，让那些以前为谬误所蒙蔽的人相信，我的做法是正确的——这种做法在教会的神父们中间很普遍，是《圣经》许可的，最好的圣徒，甚至上帝本人也曾经做出了榜样——这是再容易不过的事情。

难道我们没有发现，上帝同时憎恨并且蔑视了那些罪人吗？因此甚至到临死时、到他们陷于最悲惨的境地时，上帝的智慧在将他们置于永恒的惩罚之余还要对他们加以嘲笑吗？"In interitu vestro ridebo et subsannabo——我将讥笑灾难降临到你们。"出于同样的感情，圣徒们也会参与嘲笑；因为大卫曾说，他们在见证了恶徒受到惩罚时，"会恐惧并嘲笑对恶徒的惩罚——Videbunt justi et timebunt, et super eum ridebunt"。约伯也说："Innocens subsannabit eos——无辜的人嗤笑他们。"

在这里应当指出，上帝向堕落以后的那个男人所说的第一句话，按照神父们的观点，就包含了"尖刻的讽刺"和嘲弄。亚当背离了他的创造者，在魔鬼的暗示下以为自己与上帝相似，根据《圣经》，好像上帝使他遭受死亡之苦，作为对他的惩罚[①]；在使他陷入这样可悲的境地之后——这当然是他咎由自取——上帝用这样奚落的话语嘲讽他："瞧，那人已经与我们相似了[②]——Ecce Adam quasi unus ex nobis！"——根据圣哲罗姆和其他翻译家的观点，这是一种"极其尖刻的讽刺"，上帝用它来"深深地刺痛他"。鲁珀特（Rupert）也说"亚当应当受到这样一种形式的嘲笑，

[①]《旧约·创世记》3:19："您本是尘土，仍要归于尘土。"
[②]《旧约·创世记》3:22："那人已经与我们相似。"

冷嘲热讽比义正词严的表述自然会使他更加深刻地体会到自己的愚蠢"。圣维克多在做出同样的评论之后，还说："这样的讽刺就是冲着他麻木不仁和轻信而来的。这种疾风暴雨乃是公平的行为，就是针对不听劝的人的。"

因此神父们哪，你们知道，在有的情况下嘲讽是一种很恰当的手段，把一个人从错误中挽救出来，因此也是一种公平的行为，因为，正如圣哲罗姆所言："凡是谬误的行为都应当加以嘲讽，因为这些行为是虚妄的——vana sunt es risu digna。"嘲笑它们非但不是渎神的，圣奥古斯丁还主张，它们乃是神圣智慧的结果："智者嘲笑愚蠢，因为他们有智慧，这智慧不是出于他们自己的智慧，而是出于将在邪恶之徒临死之际的神圣智慧。"

因此，先知们既充满了上帝的灵，就使用了嘲讽的手段，我们可以找到但以理和以利亚的例子。而且类似的例子在耶稣基督本人那里也不鲜见。奥古斯丁说他在羞辱自以为精通律法的"犹太人博士"尼哥底姆时，见"他已经被骄傲冲昏了头脑，就向他提出许多的问题，杀了他一个下马威，什么都答不上来，什么，您不是以色列的先生吗，还不明白这事吗！——好像在说，骄傲的先生，且承认您的无知吧"。圣克里索斯托和圣西里尔也认为"他应当受到这样的奚落"。

神父们哪，你们也许会由此获知，类似事情万一发生在我们的时代，有些人扮演了基督徒中的"先生"，就像尼哥底姆和法利赛人在犹太人中间所扮演的角色，他们对于宗教的基本原则无知到了极点，竟然宣称，比如说，"一个人一辈子不爱上帝也照样得救"，我们只有以耶稣基督为榜样，嘲笑他们的无知加自大。

神父们哪，我相信这些神圣的事例足以使你们信服，嘲弄人的乖谬和自大并非与圣徒的做法相悖；否则我们只好去责备那些教会最伟大的神学家都犯有这样的错误——圣哲罗姆在他的书信和作品中嘲弄了朱维尼安（Jovinian）、维吉兰修斯（Vigilantius）和贝拉基派；德尔图良在他的《护教篇》中嘲弄了愚蠢的偶像崇拜者；圣奥古斯丁嘲笑了非洲的修士，形容他们是"多毛男"；圣伊里奈乌嘲弄了诺斯替派；圣伯纳德和其他教会的神父，他们既效法了使徒们的做法，自然也应领受万世的效法；因为，实话说，即使在今天他们也是基督徒的真正模范。

我就是以他们为榜样，我寻思再也不能在错误的道路上走下去了；既然我已经充分表明了我的立场，我想再引用德尔图良的至理名言，它们真正解释了我的此前在这件事上的做法："我现在只是在真正的战斗之前小试身手而已。我只是提示你们将要受到的伤痛，你们还没有受到任何真正的伤痛呢。如果读者诸君读到某些文字让他们感到好笑，他们一定会把引起他们发笑的原因归结到文字的主题本身。人间有许多事物应当加以嘲笑和奚落，它们不值得我们以严肃的论战来哄抬它们的价值。对待虚妄之事，再也没有比嘲笑更合适的了；而真理恰好拥有这种嘲笑的权利；她满心喜悦，要嘲笑她的敌人，因为她肯定是胜券在握的。必须知道，冷嘲热讽其实并非那样卑鄙，与真理全不相称；但是，考虑到这些因素，如果嘲弄可以产生一定的后果，那么我们就有责任来利用它。"神父们哪，你们难道不认为这段文字也适用于我们的问题吗？到目前为止，我写的信札都只是"真正的战斗之前小试身手而已"。我剑拔弩张的样子，"只是提醒你们将要受到的伤痛，你们还没有受到任何真正的伤痛呢"。我只是不假思索地把你们的文字暴露在光天化日之下。"如果读者诸君读到这些文字，使他们感到好笑，他们一定会把引起他们发笑的原因归结到文字的主题本身。"其实，看到严谨的基督教道德观被你们如此展示出来的如此荒谬的幻想粉饰成这个样子，还有什么比大笑一声更加合适的呢？一个人被告知这些都是"耶稣基督亲口向耶稣会的神父默示的"基本原则，就会对于它们产生莫大的期望，可是到头来却发现竟是如此荒诞的说教："一个祭司，既收了弥撒的费用，他只要把祭品中他应享有的份额让与那些人，就可以向他们收取额外的费用"；"一个修士如果去跳舞、出入肮脏的场所而破坏了教规，也不必遭受绝罚"；"在四位司铎那里各望四分之一场弥撒，也算是履行了望弥撒的责任"——当一个人听到如此的一些结论时，在震惊之余一定会忍俊不禁的；因为，百闻和一见之间的反差巨大，再没有比这巨大的反差更加能够产生这样一种情绪的。为什么这些基本原则中绝大部分都不能用其他方式加以对待呢？正如德尔图良所言："倘若认真对待之，岂非同意它们了。"

　　天哪，难道还要动用《圣经》和圣传的全部力量来证明悄悄地、从后面刺穿一个人的身体乃是背信弃义的谋杀不成？证明怀着获取圣职的动机而捐钱给教会就是买卖圣职不成？是的，人间的确有一些东西是应当唾弃的，它们"只配加以嘲笑"。总之，那位古典作家的评论，"对待虚妄之事，再没有比用嘲笑更好的了"，非常适用于我们目前的情况，非常公正，非常令人信服，我们嘲笑谬误，并未失礼，这是毫无疑问的。

　　神父们哪，我还要再补充的是，这样做丝毫不冒渎博爱精神,虽然这是你们的出版物对我的另一种指责。因为圣奥古斯丁说:"博爱有时也驱使我们去奚落人们的谬误,引导他们自己对于错误感到好笑并与它们决绝——Haec tu misericorditer irride, ut eis ridenda ac fugienda commendes。"同样的博爱精神有时也会使我们对那些错误产生厌恶之心而加以抵制,纳希亚森的圣格列高利(St.Gregory of Nazianzen)说:"仁慈和博爱的精神亦有其激动和发怒之时。"事实上,正如圣奥古斯丁所言:"谁敢于冒昧地说,真理面对错误就应当赤手空拳的呢?或者信仰的敌人能够随意用刻毒的言辞来恐吓有信仰的人,用智慧的俏皮话来嘲弄他们呢;而天主教徒只能用平淡的风格书写,让那些读者诸君恹恹欲睡、毫无作为呢?"

显而易见,如此一来,岂不是敞开大门,让那些最最放肆的、邪恶的教条都涌进教会里了吗?而由于害怕被指责为失礼或者缺少博爱精神,谁也不敢抱以蔑视的态度,或是厌恶地加以反驳吗?

神父们哪,难道可以听任你们主张"一个人为了避免挨一个耳光或是当众遭到羞辱就可以杀死对方",却不许任何人把这样严重的错误揭露出来吗?难道你们可以信口道来"一个法官可以心安理得地收取一笔费用做出不公正的判决",却不许任何人拥有反对你们的自由吗?难道你们可以在你们神学家的特许和认可下,散布"一个人不爱上帝照样得救",却要那些捍卫真信仰的人统统闭上嘴巴,威胁他们说不要因为攻击你们而有损于兄弟之爱,不要因为嘲笑你们的基本原则而有损于基督徒的谦和之心吗?神父们哪,我怀疑是否有人会相信这些;然而,如果有谁真的被你们说服了，以为我谴责你们的道德观就是缺乏仁爱之心，那么我就要他们仔细审查一下，他们从什么时候开始心中起了这样的念头。他们会想象得到，这种情感乃是发端于一种神圣的热情，不愿意看到自己的邻人无端受到诽谤；但是我愿意请求他们考虑一下，也许还有其他的缘由，很有可能就是起源于一种隐秘的、不愿透露的不满情绪，一种常通过我们心中的道德败坏所激发起来的对于那些反对道德涣散者的不满情绪。恕我向他们提出一条规则，使他们能够确定产生这种情绪的真正起源到底是什么，我要问他们，在他们为哀伤虔敬的信徒受到怎样对待的同时，是否他们更为哀伤这些虔敬的信徒是怎样对待真理的呢；是否他们不仅为这些信札，更要为这些信札中所引用的基本原则感到愤怒呢？我同意他们的愤怒很有可能产生于某种热情，尽管不是最开明的那种，在这种情况下，我刚才所引用的神父们的文字将会使他们明白他们何以会感到愤怒了。但是如果他们只是对于我的指责感到愤怒，而不是被指责的事物，那么，说真格的，神父们哪，我会毫不犹豫地告诉他们，他们是大大地误会了，他们的热情是盲目的。

这是一种多么奇怪的热情！居然迁怒于那些公开谴责错误的人，而不是那些犯了错误的人！多么新奇的博爱精神，看到错误遭到反驳牢骚满腹，可是看到道德被这种错误所败坏却毫不悲伤。如果这些人遭遇被暗杀的危险，天哪，他们会对于那个公布他们所面临的阴谋的人大发雷霆吗？他们会不设法免遭杀身之祸，而是把时间浪费在哀怨那揭发暗杀他们的罪恶阴谋过程缺乏博爱精神吗？有人告诉他们，这种食物不可吃，因为下过毒了，或是不要进入这座城市，因为爆发了瘟疫，他们就会因此而暴跳如雷吗？

怎么会出现这样的情况呢？一个人由于揭露了那些有损于宗教的基本原则，就有一些人责怪他缺少博爱精神；相反，要是他没有揭露有损于他们的健康和生命的东西，这些人同样会认为他缺少博爱精神，要不就是他们过分地热爱生命，任何有助于养生的暗示他们都非常重视，而他们对于真理却是冷漠无情，不仅不去捍卫它，而且为任何驱除谬误的努力感到悲哀吗？

他们应当严肃地想一想，仿佛就在上帝的注目之下，你们的决疑论者所一贯宣传的道德观、他们对公众行为方式之丑恶和放纵的认可，以及你们鼎力支持的固执和粗鲁的冥顽不化，在教会看来是多么可耻，多么充满偏见。如果他们不认为现在是起来反对这些杂乱无章的时候了，那么他们的盲目就和你们的盲目一样可悲，神父们哪；你们和他们一样应该有同样的理由对于圣奥古斯丁以《福音书》中耶稣基督的话为根据的提法感到畏惧："可悲啊，那些瞎眼的领路人！可悲啊，那些盲目的追随者！——Vae caecis ducentibus! vae caecis sequentibus!"

但是，为了不给你们将来在其他人心中留下这样的印象，也不让他们在你们这里寻求庇护，神父们哪，我要告诉你们（我不得不教导你们原本我应该从你们这里学到的东西，真是不好意思），我们的教父们是根据哪些特点来判断我们的批评哪些出自虔诚和博爱的原则，哪些出自恶意和不虔诚的精神的。

第一条标准就是虔诚的精神总是鼓励我们都是凭着正直和诚实说话；而恶意和嫉妒则运用假话和诽谤。"Splendentia et vehementia, sed rebus veris——华丽而热烈的只是言辞，真实却在事物里面"，圣奥古斯丁如是说。专门说假话的是魔鬼的代理人。不管意图怎样定位，都不能免除诽谤的罪过；就算全世界的皈依都有赖于此，也不可诽谤无辜：因为谁也不能以小恶来成全至善，正如经上所说："上帝的真理无须我们的谎言来支持。"圣希拉里（St. Hilary）说："赞同真理的人有着不可推卸的职责，那就是除了真实的事物以外，不可用其他任何事物来支持真理。"现在，神父们哪，我能在上帝面前宣称，我所厌恶的事情中再也没有比哪怕是稍微偏离一点真理更加严重的了，我是十二万分的小心谨慎，不仅没有丝毫歪曲（这是非常可怕的事情），也没有丝毫改变或是曲解哪怕是一段引用的文字的含义。我非常坚持这一标准，恕我冒昧地把这一标准运用到现在的情形，我完全可以有把握地借用圣希拉里的话说："如果我们所提到的事物是虚假的，那么就让我们的陈述贴上邪恶的标签；但是，如果我们能够证明它们是众所周知的、臭名昭著的，这样做并不违反合乎使徒温良谦卑的传统，并且有将它们公之于众的自由。"

然而仅仅说出真相是不够的；我们不能说出每一件真实的事情；我们还应当仅仅公开那些有助于揭露事实真相的事情，而不是揭露只会伤人的事情，不知道与人为善。因此，正如第一条准则是说真话一样，第二条准则就是说话要谨慎。圣奥古斯丁说："恶徒逼迫好人时，盲目地受他们的狂热所支配；好人逼迫恶徒，则受到智慧的谨慎所指引。甚至就像外科医生仔细考虑从哪里下刀，而刺客却不在乎刀子扎到哪里。"神父们哪，你们应该体会得到，在挑选你们的作家的基本原则的时候，我还是克制自己，没有引用那些会给你们带来最大伤害的基本原则，尽管我本来可以这样做，而没有有失谨慎，就像其他一些博学的、天主教作家对待我那样。凡是阅读过你们作品的人都知道，我在这方面对你们可是相当宽容的。除此之外，我毫不在意那些可能给你们个人的性格特点带来危害的东西；我满可以非常卑劣地披露一些你们不为人知的个人缺点，不管我掌握了什么样的证据，但是我相信这种做法具有明显的与人为恶的特征，除非极其有利于教会，否则就不应当付诸实施。因此，显然，不论我被迫反对过你们哪些基本原则，在这样做的时候我都不曾失诸谨慎；你们有更多的理由来称赞我的中庸，而不是抱怨我的不谨慎。

神父们哪，第三条准则是：在需要进行一些小小的善意的嘲弄时，虔诚的精神将这种嘲弄仅仅小心谨慎地针对错误，而不是针对神圣的事物；而小丑的、不虔诚的以及异端的精神则取笑一切最神圣的事物。而这一点上我已经证明了自己；其实只要我限于点评从你们的作家中引用的观点就不会有染指这种邪恶的太大危险。

神父们哪，总而言之，作为对这些准则的一个概括，我只要再补充一条准则，它是所有其他准则的本质和目标：博爱精神促使我们心中怀有一种希望，希望我们与之争论的人也能够得救，我们在指责这些人的时候也为这些人向上帝祷告。圣奥古斯丁说："我们应当在心中永远保持博爱精神，尽管我们的行为在外表上为人尖刻；我们应当毫不留情地毁灭他们，残酷地然而充满善意地毁灭他们，要记住应当多学习他们的长处而不是他们的自满。"神父们哪，我肯定，从我的信札里面，没有什么能够得出结论，说我对于你们不怀有这种希望。由于你们找不到任何与之相反的东西，博爱精神也会迫使你们相信，我是真正按照它的要求去做的。因此，你们看来不能证明我有违这一条准则，或者有违任何一条博爱精神所教导的准则；因此你们无权说我违背了这一准则。

可是，神父们哪，假如你们愿意来看一下，在一个很小的范围里面，一种与这些准则不相容的，真正具有滑稽、嫉妒和仇恨特征的行为是怎样产生的，那么，我将给你们举出几个例证来；这些例子你们也许知之甚多，十分熟悉，因为我将从你们自己的作品中抽取出来。

且从你们的作家谈论神圣事物的卑鄙方式开始吧——不论它们是嬉戏的、调情的，还是较为严肃的文字——你们认为，贵会的比奈（Binet）神父在他的《病痛的安慰》一书中讲述的一组怪诞故事，与他所论述的主题，就是把基督教的安慰传达给那些上帝以痛苦加以折磨的人，两者完全相适合的吗？你们说你们的神父勒穆瓦纳在其《简易祈祷式》一书中以异教徒的愚蠢方式谈论虔诚，更加适合于激发起人们对于他所描绘的基督教美德的尊敬而不是蔑视，这难道不是说假话吗？他的《道德画像》一书，不论是散文还是诗歌部分，除了弥漫着虚妄精神以及世俗的愚蠢之外还有什么呢？我们且以其书第七卷名"红色颂，表明一切美丽事物都是红颜色的，或者会变为红颜色"为例。你们会称之为一部与其司铎身份相符合的作品吗？这篇诗歌想讨好一个名叫德尔芬娜的女子，她不幸容易害羞而涨红了脸。诗歌的每一节都汲汲于表明某些红颜色的事物是最美丽的事物，比如玫瑰、石榴、嘴巴和舌头等；就是在这种有失司铎身份的插科打诨之中，他居然插入了那些侍奉上帝的精灵，那些基督徒不应该毫无敬意地谈论的有福的精灵；

基路伯——这群荣耀的天使——

有头、有羽,

上帝以他的灵感动他们,

以他的眼睛启发他们。

他们光芒的脸蛋在飞行的时候,

永远是红扑扑的,以天使的或神圣的火焰

熊熊燃烧;

他们火焰交织在一起的时候,

他们就鼓动双翼

像扇子冷却他们炽热的感情!

但是还有比这更加充满恩宠的红色,

德尔芬娜啊,在您脸蛋上闪耀着,

洋溢着一派端庄——

好像一个紫衣盛装的国王。

云云。

  神父们哪,对此你们做何感想呢?一个德尔芬娜的红脸蛋竟然胜过了与上帝之爱的热情相仿佛的天使的热情,居然用扇子来比喻天使神秘的双翼,难道你们这些自命基督徒——口口声声敬奉至尊的耶稣基督的身体——的人不感到震惊吗?我当然知道他所说的具有调情和搞笑的特点,但是这恰恰是取笑神圣事物。难道还不能断定,假如受到全面的审查,他是不能够免遭申斥的吗?不过为了免遭申斥,他提出了一种托词,他说,"索邦管不着帕尔纳索斯（Parnassus）山①，那里发生的谬误应当既不归公开申斥也不归宗教裁判所负责"，而这种托辞本身就应当受到申斥而且冒犯了教会的权威；好像一个人可以在诗歌创作中做一个渎神者和异教徒似的！在序诗中还有一段文字，就是这样的托辞也挽救不了他，他说："诗人站在大河畔写诗，河中的流水啊，是那样容易成全诗人，就是化作圣水也赶走不掉他们创作灵感的魔鬼。"无独有偶，我还可以补充贵会格拉西（Garasse）神父的异想天开，他在《宗教真理概要》中论及道成肉身的奥秘，言谈中把渎神和异端掺和了进来："人类的人格可以说是被嫁接——或者像安插在马背上面那样——在道的人格上面！"还有许多诸如此类的就忽略不计了吧，我想提到的是同一位作者的一段文字，在这段文字中他所谈论的话题是耶稣的名，通常写作：

十
I. H. S.

他发现"有些人拿掉了上面的十字架，只留下这些字母 I. H. S."，他说，"就是整一个脱光了衣服的耶稣！"

这就是你们在不可亵渎的、要我们常以敬畏之心谈论宗教真理的律法的面前，以这样猥亵的言辞来对待宗教真理的。你们明目张胆地违背了要我们谨慎地讲真话的准则。你们的作品中除了不实之词外还有别的什么吗？布里萨西耶（Brisacier）神父的作品堪称诚实吗？当他说"波尔—罗雅尔的嬷嬷们不向圣徒祈祷，教堂里面也不悬挂圣像"，他说的是真话吗？既然全巴黎的人都看到

---

① 帕尔纳索斯山是希腊神话中文艺女神的居所。

事实正好相反，这些话难道不是弥天大谎吗？当他恶言中伤这些生活纯洁而朴素的清白的贞女们，说她们是"不知悔改、不行圣事、少言寡语、愚蠢之至的贞女、幻想家、卡拉干人（Calagans）[1]、令人绝望的生物以及随您怎么称呼都行的东西"，往她们身上泼脏水——这倒正好招来了巴黎大主教的申斥，当他恶言中伤那些道德无懈可击的司铎，说"他们实行稀奇古怪的告解、诱骗美貌天真的女子，我震惊不已，要揭发他们犯下的可诅可咒的恶行"，这些难道还不可以说他出言不逊吗？口出如此卑鄙恶毒的谣言，别说是证据，就连捕风捉影或者一点点因头都说不上，这难道还不是一种不可容忍的狂妄吗？我不想把这话题说得太多，还是留到以后慢慢细述，因为关于这个话题我有许多东西要同你们说；但是我现在所论述的已经足够证明你们在只说真话和待人审慎两方面都有过失。

但是，或许可以说，你们至少没有违反最后一条准则，就是你们也希望那些被你们所谴责的人获得救赎，在这一点上谁也不能责备你们，除了揭开你们胸中的秘密，这个秘密只有上帝知道。尽管如此，我们还是能够确定你们在这点上也是有过失的，很奇怪，但确实如此；虽然你们对于仇敌的憎恨使你们走得太远，以至于希望他们永劫不复，你们昏头昏脑地透露了可诅可咒的希望，就是非但不是私下里希望他们得救，而是公开祈祷他们受到诅咒；在卡恩城（Caen）发出这样的毒誓，让整个教会感到羞耻之后，你们又冒险到巴黎来，在你们刊布的图书里面从事这样恶毒的营

---

[1] 菲律宾棉兰老岛东北部土著居民，17世纪皈依天主教。

生。你们就是这样肆意攻击虔诚的信徒,先是取笑和打趣神圣的事物;接着错误地、无耻地中伤司铎和修女;最后又滋生让他们受到诅咒的希望并且为此祈祷,再也说不出什么比这更加糟糕的事情了。神父们哪,我不能想象你们怎么能够不为自己感到羞耻呢,你们怎么能够想到,比如说谴责我这个一直与真理和谦逊同在的人缺乏博爱精神,却不反思一下你们自己令人发指地践踏了博爱精神,你们可怕的行径暴露无遗,使得谴责反而会落到你们自己身上。

最后,神父们哪,我们谈谈你们对我的另外一个责备,我看到你们抱怨说,我引用了你们大量的基本原则,其中有一些已经为人们所拒绝,我"是旧话重提,有人在我之前已经说到过了"。对此我要回答的是,正是因为你们并没有从中吸取教训,所以我必须旧话重提。请告诉我,你们从真正博学的神学家们撰写的各种著作中,从整个巴黎大学那里受到的严厉批评中你们得到了什么结果呢?贵会的安纳特神父、高辛神父、平特罗神父以及勒穆瓦纳神父在他们迄今为止所做的答复中,除了对那些向他们提出善意劝告的人大发雷霆之外,他们还做了别的什么呢?你们是否禁毁了散布这些邪恶的基本原则的著作呢?你们是否管束了这些基本原则的始作俑者呢?你们是否对他们有所戒心呢?相反,这难道不是事实吗,从那以后:埃斯科巴的著作在全法兰西以及低地国家一版再版,而贵会的塞洛神父、巴果(Bagot)、波尼神父、拉米神父、勒穆瓦纳神父,还有其他一些神父,不是照样天天坚持不懈地散布相同的或是翻新的却是同样邪恶的基本原则吗?那么我们就不必再听你们的抱怨之词,神父们哪,你们抱怨我因为我指责了一些你们拒绝承担责任的基本原则,或是反对了一些你们新提出来的基本原则,或是嘲笑了这两类基本原则。你们只要坐下来看一看这些基本原则，同时来看一看你们的混乱和我的申辩。看到这些结论：波尼神父有关雇用他人放火烧邻居的谷仓；塞洛论赔偿；桑切斯有利于术士的规则；胡尔塔多关于在田里散步等候别人前来决斗，以此逃避决斗罪名的计划；波尼逃避高利贷的赠予论；通过改变意图来避免买卖圣职；通过高唱低吟而不说假话；以及其他你们最著名、最可敬的神学家所提出的观点，有谁不会哑然失笑呢？还有必要做其他什么事情来为我自己申辩吗？正如德尔图良说："因为这些观点的虚妄和脆弱，还有什么比嘲笑它们来得更加公平呢？"但是，神父们哪，由于你们的基本原则所导致的生活方式的败坏倒是值得人们深思的；该由我们与这位古代作家一起来问："我们是应该嘲笑他们的愚蠢，还是悲叹他们的盲目呢？——Rideam vanitatem, an exprobrem caecitatem？"窃以为，一个人既可对它们加以嘲笑，也可加以悲叹，就要看他的兴趣了。圣奥古斯丁说："Haec tolerabilius vel ridentur, vel flentur."《圣经》告诉我们："哭有时，笑有时。"神父们哪，我的期望是《箴言》中的情景不会证明发生在你们身上："智慧人与愚妄人相争，或怒，或笑，总不能使他止息。"①

又及：在结束这封信的时候，有人把你们的一份出版物塞进我的手里，里面指责我在引用你们的第七条基本原则时弄虚作假，并且与异端保持通信往来。我相信你们不久会得到恰如其分的答复的；在那之后，神父们哪，我认为，你们就不会再急于继续与我进行舌战了。

---

① 《旧约·箴言录》29:9。

信札之十二

致列位尊敬的耶稣会神父

1656 年 9 月 9 日

尊敬的神父们：

我准备写信给你们，讨论一下不久前在一些攻击我的出版物中你们对我的侮辱，你们送了我各种雅号，诸如"恶棍"、"小丑"、"傻瓜"、"托儿"、"江湖骗子"、"诽谤者"、"骗子"、"异端"、"伪装的加尔文派"、"杜莫林（Du Moulin）的门徒"、"被一群魔鬼缠住的人"，还有凡是你们想得出来的其他雅号。要是人们信以为真，我会很难过的，所以我急于向公众证明你们为什么要用这样的方式待我。当我得到你们同样对我横加指责的《答复》之后，对于你们的恶语中伤和弄虚作假，我决心申辩。这将迫使我改变我原来的计划；不过，这不会阻止我继续以某种形式实施我的计划，因为，我希望在进行自我辩护的同时，还要使你们认识到自己犯了欺骗之罪，真正的欺骗之罪，而不是你们想象的强加给我的罪名。事实上，神父们哪，一定有人在干着邪恶的勾当，这样的怀疑肯定会落在你们而不是我头上。像我这样孤单一人，在那么多人面前显得单薄无力，根本无法进行像样的抵抗，而且只有真理和正直的支持，在这样一种情况下，是不大被公开判定犯有欺骗之罪而使自己丧失一切的。要发现我在事实问题上的谬误是再容易不过的。在这种情况下，想控告我的人绝不在少数，而公正的法律也不会拒绝他们的控告。神父们哪，你们的情况可就大不一样了，你们愿意说多少话来反对我都行，而我却找不到一个人来申诉。以我们地位上的悬殊——不过，除此之外没有其他的顾虑能够约束我的——我要变得十分小心谨慎。然而，由于你们把我当作了一个粗俗的恶语中伤者，你们逼得我不得不进行申辩，而且你们必须意识到，这样做势必要对于你们的道德观重新做出解释或者进行更为充分的揭露。由于是你们首先挑起了这场争论，我担心你们的行为不像是一些出色的政治家。这场战争一定会在你们的营帐里面爆发，而且你们要为此付出代价。尽管你们想象，由于问题中纠缠着许多学术用语，它们的答案将会相当乏味、棘手和晦涩，以至于人们会对这场论战失去兴趣，但是或许完全不会出现这种情况，我将竭尽全力使你们对于那一类作品抱有足够的耐心。你们的基本原则与那一类作品有所不同，最大限度地保持了人类的幽默感。总之，请记住是你们迫使我进行这样一种解释的，让我们看谁在这场自卫战中打得更漂亮。

你们《谤言录》中的第一条是关于瓦斯科论施舍的观点。为了避免造成歧义，请允许我对争论的焦点做一些解释。神父们哪，诸位知道，按照教会的意见，关于施舍有两条基本的教训：第一，"在穷人需要日常必需品的情况下，要捐献出我们多余的东西"；

第二,"如有特殊需要,连我们的必需品也要根据我们的条件捐献出来"。卡基坦(Cajetan)照着圣托马斯的话,也是这么说的。因此,我们且来看瓦斯科在这个问题上的高见,为此我们必须考察一下,他按照怎样的原则来区分多余和必需的东西的。

关于多余的东西——这是周济穷人的最普通的资源——它完全被我的信札中所引用那一条唯一的基本原则置之一旁:"世人想要为改变自己或其亲属的生活条件而积攒下来的钱不算多余的钱。因此,对于世人来说就根本不会有什么余钱可言,就是国王也不例外。"神父们哪,显而易见,根据这个定义,没有一个人会有多余的钱,只要他还有自己想要达到的目的。因此,施舍基本上在全世界范围里都不存在了。但是,即使一个人偶尔有一点余钱,根据瓦斯科的说法,就是在穷人需要日常必需品的情况下也没有义务捐献出来,因为那些用这种规定来约束有钱人的人,他是大加反对的:"科杜巴(Corduba)教导说,当我们有多余的钱财时,一旦穷人有日常之需就一定要捐献出来,但是这种观点我很不满意——sed hoc non placet——因为我们已经证明了与卡基坦和纳瓦尔的观点相反的观点。"因此,神父们哪,按照瓦斯科的个人爱好,施舍的义务就这样被完全置之不顾了。

关于必需品,也就是如果有特别或紧急的需要,我们必须捐献出来的东西,根据他为这个义务所设置的种种条件,整个巴黎的有钱人一辈子都够不上履行这个义务的条件。我只要在此谈谈其中的两个条件就可以了。第一个条件是:"我们必须知道,穷人是不能接受其他等级的人周济的——"你们对此有何评说,神父们哪?难道可能经常会出现这样的情况:全巴黎乐善好施之辈多得不计其数,而只有我一个人可以去周济向我乞讨施舍物的可怜的穷人吗?还有,根据瓦斯科的说法,如果我对这个事实吃不准,就不必送给他任何东西。第二个条件是:穷人的范围可以缩小到那些"为某种致命的意外事件或者精神崩溃"所困扰的人——这两种情况都不会经常发生的。可是他在另外一段文字里面,必须给予施舍的情况就更加少了,他说穷人必须是那些非常不幸的人们,"以至于不得不图谋抢劫富人!"这肯定是绝无仅有的情况,除非他坚持认为一个人通常允许打家劫舍的。于是,他不仅免除了将多余之物拿出来施舍的义务,而且进一步要求富人只是在穷人到了可以抢劫富人的情况下才有捐献的义务!这就是瓦斯科的教理,你们竟拿来推荐给读者提高修养!

现在,我来谈谈你们栽赃给我的谣言。你们是从详细叙述瓦斯科为神职人员所规定的施舍义务开始的。但是在这一点上我什么也没有说过,什么时候你们愿意我说我随时奉陪。因此神职人员同现在的问题毫无关系。至于同现在的问题有关系的平信徒,你们显然是急于让人理解,在我引用的文字中,瓦斯科并没有做出自己的判断,做出这个判断的是卡基坦。但是这实在是大错特错了,而且在这一点上你们又不肯多说些什么,因此我现在愿意相信,为了顾及你们的名誉,你们是不打算说了。

你们大声喊冤的是,我在引用了瓦斯科的原则,"对于世人来说根本不会有什么余钱可言,就是国王也不例外"之后,从中推出一个结论,就是:"富人几乎没有义务把他们的多余之物捐献出来。"但是神父们哪,你们这是什么意思呢?如果富人确实几乎没有什么多余之物,那么不是很明显他们就不必将多余之物捐献出来了吗？我本来可以把这个结论用三段论形式证明给您看，要不是把瓦斯科尊奉为"天才的凤凰"的迪亚纳已经从同样的前提中得出相似结论的话。在引用了瓦斯科的基本原则后，迪亚纳得出了一个结论："有钱人是否有义务把多余的钱捐出去，这个问题即使肯定的一方是正确的，但在现实中，施舍很少或根本不必是义务性的。"我可是照章全录一字不差，我们将怎样看待这一段话呢，神父们哪？当迪亚纳引用瓦斯科、赞同他的观点的时候，当他发现这些观点是或然的，正如在同一处他说，"非常有利于有钱人"的时候，他不是诽谤，不是说假话，我们更听不到有谁抱怨说他误会了原作者的意思；而当我引用同一位瓦斯科的观点时，尽管没有将他捧为凤凰，我却成了一个诽谤者、一个造假者、一个败坏了他的基本原则的人。神父们哪，你们的确需要增强一些理解力，免得你们对待那些对于你们的教理在表述上相同，只是在评价上有所不同的人区别对待，而这样做恰好会把你们心中的真实秘密暴露出来，让人得出结论说，你们关心的主要目的就是维持贵会的诚信和荣誉而已。似乎谁要是把你们随声附和的神学当作聪明的讨好人的东西，那么你们根本不会拒绝那些人们散布这些神学观点，还要称赞他们对你们的计划大有贡献；可要是有人主张这些观点贻害匪浅、道德败坏，那么同样出于修会的利益，你们就会拒不承认那些在公众评价中有损于你们名誉的基本原则。你们就是这样承认或者拒绝那些基本原则，不是根据永远不变的真理，而是根据不断变化的时代需要，你们做事就像古人的一句格言所说的："Omnia pro tempore, nihil pro veritate——世事无常，真理全无。"要当心啊，神父们哪，你们再也没有权利说我从瓦斯科的原则中擅自得出了他本人所不同意的结论。请允许我告诉你们，正是他本人得出这个结论的："根据卡基坦的观点，也是根据我本人的观点——et secundum nostram——（他在第一章，第二十七个问题中说）如果一个人必须把他的多余之物捐献出来的话，那么他几乎就没有施舍的义务了。"神父们哪，从瓦斯科本人的证明看，你们应当承认，我准确地抄录了他的观点。你们怎么心安理得地说："读者在查询了原文之后就会惊奇地发现，他所宣传的正好相反！"

总之，你们坚持认为，最重要的是，就算瓦斯科没有规定有钱人要从他们的多余之物中捐献一些出来，但是他还规定，富人有义务对此加以补偿，把一些生活必需品捐献出来。但是你们却不提到他开出的形成这些义务的必不可少的基本条件，正如我已经说过的，这些基本条件的限制性极大，甚至使得这个义务本身都化为子虚乌有了。对于其教理的这一忠实的陈述你们闭口不谈，只是泛泛地告诉我们，他规定了富人要把生活必需品也捐献出来。这样做岂不是证明太过分了一点吗，神父们哪，就是《福音书》的规定也没有走得这么远啊，其实瓦斯科并没有陷入这个错误。为了掩饰他的道德败坏，你们把一种本身应该受到责备的过分的严格性赋予了瓦斯科，因此你们并没有如实地陈述瓦斯科的观点。而事实真相是，瓦斯科根本没有这种嫌疑，因为正如我所证明的那样，他的确主张，不论从法律上还是从仁慈上讲，富人都不必把他们多余之物捐献给穷人，以应日常之需，他们的必需品就更可以不捐了，除非在很少的以至于几乎不会发生的情况下，他们没有捐献必需品的义务。

你们颠倒黑白地起来反对我,这只会证明你们所提出的瓦斯科比卡基坦还要严格的观点是错误的。这点很容易证明。那位枢机主教教导说"出于公平,我们有义务把身边多余之物捐献出来,即使供给穷人日常所匮乏的;因为根据教父们的意见,富人就是多余之物的施予者,他们可以随意施舍给有此需要者"。迪亚纳则与此不同,他是这样赞美瓦斯科的基本原则的:那些富人将会对于这一原则"感到非常方便,不论富人还是它们的告解神父都会深感欣慰",而这位枢机主教并没有给予他们这样的安慰,他宣称除了耶稣基督的话之外没有什么要说给富人听的:"骆驼穿过针的眼,比财主进上帝的国还容易";并对他们的告解神父说:"瞎子领瞎子,两个人都要掉进坑里去。"[①] 可见他认为捐献多余的义务是根本不能豁免的!这也是教父和其他所有圣徒一致公认的真理。圣托马斯说:"有两种情形,我们要出于公平之心——ex debito legali——行施舍:第一种情形是在穷人处在危难之中的时候;另外一种情形就是在我们拥有多余财产的时候。"还说:"新律法论证了犹太人必须捐出十分之三给穷人吃的;因为耶稣基督愿意我们捐献给穷人,不仅是他们的第十份,而是我们全部的多余之物。"但是在瓦斯科眼里,就是捐献了哪怕是一点点的多余之物也是不对的。他就是这样讨好富人的,就是这样苛待穷人的,就是这样与那些乐善好施的情操背道而驰的,这种情操要我们回味一下圣乔治针对富人所说的看似尖刻的一席话:"当我们给予穷人他们所必需的东西时,我们把自己的财产赠与他们,好像归还他们自

---

① 《新约·马太福音》19:24,15:14。

己的东西一样。施舍可以说是一种公平的行为而不是一种仁慈的行为。"

因此圣徒劝告富人要和穷人一起分享世上一切美好的东西，如果他们期望与他们一起分享天国里一切美好的东西的话。而你们的所作所为却是在人们的心中滋生出不必将多余之物捐献出来的种种野心，滋生出不放弃多余之物的贪心，而圣徒致力于引导富人放弃他们的多余之物，使他们相信只要他们不是根据贪心不足的标准，而是根据虔敬的精打细算的标准来衡量，他们的生活就是有余的，因此应当行施舍的善事。"如果我们只是拥有必要的东西，"圣奥古斯丁说，"那么我们就会有许多东西是多余的。如果我们只是追求虚妄，就永远不会餍足。弟兄们哪，你们要追求满足于上帝的工程"——也就是自然的工程"——而不是追求满足你们的贪婪"，那是魔鬼的工程，"并且牢记富人的多余之物乃是穷人的必需之物"。

神父们哪，我深信，我刚才说的一席话不只是为我自己辩护——这本是无足轻重的事情——而且要你们感受和觉察到，你们的决疑论者的基本原则是伤天害理的，并且要使我们真诚地统一在那必将审判我们的神圣的原则之下。

至于第二条谤言，则是关于买卖圣职的。在我回应你们对我的指责之前，我想先说明一下你们在这个问题上的观点。你们发现自己处在一个尴尬的困境之中。一方面教会法令严厉惩罚买卖圣职的罪行，另一方面又有许多人为了满足贪欲而经营这一臭名昭著的生意。你们还是依靠你们惯用的手法，既满足了人们的欲望，又在上帝面前做足了表面文章。买卖圣职者想要的，除了用教职换金钱之外还有别的什么吗？而你们却为这种罪行进行开脱。由于买卖圣职这个罪名依然要摆在台面上，并且要安插在一些不法之徒的身上，你们就用一种虚构的观念去代替那个罪名——这个圣职买卖者本人想也想不到的、未必能帮他们什么大忙（不过倒也不无裨益）的观念便是，所谓的圣职买卖就是把谋划中的钱财本身看得如同属灵的赠予和教会职位本身一样高。有谁会把这两样很不相称、反差极大的东西相比较呢？而根据你们作者的观点，只要不进行这种高度抽象的比较，任何人都可以送出一个圣职，同时敛进一笔钱财，而不会犯有买卖圣职之罪。

为了满足人们最为恶俗的贪欲，你们就是这样拿宗教开玩笑的，只要看一看我在信中引用贵会瓦伦提亚神父所说的话就可以了。他说："有两种办法可以拿属灵的利益交换世俗的利益：第一，把世俗的利益看得比属灵的利益更高，这就是圣职买卖；第二，把世俗的利益当成诱惑一个人放弃属灵的动机和目的，但是并不把属灵的利益看得比世俗的利益更高，这就不属于买卖圣职。其理由是圣职买卖乃是接受世俗的利益，把它的价格等同于属灵的利益的价格。因此，若追求世俗的利益——si petatur temporale——不是以它的价钱来衡量，而是把它当作放弃属灵的利益的一种动机，这绝不是买卖圣职，哪怕人们所主要期待和指望的正是要占有世俗之物——minime erit simonia, etiamsi temporale principaliter intendatur et expectetur."贵会有名的桑切斯也赞同相似的启示，埃斯科巴是这样引用他的话的："如果一个人拿属灵的利益换取世俗的利益，只要不是作为世俗利益的价格，而是作为促使他产生授予那人圣职的动机，或者接受这一圣职之人的谢礼，如果他果真得到了这一圣职的话,这是不是买卖圣职的行为呢?桑切斯向我们保证这不是圣职买卖。"在贵会1664年的《卡恩论要》中说:"许多天主教徒教导说,拿某种世俗的利益换取属灵的利益并不是买卖圣职,只要不把前者当作后者的标价。这一观点是或然的。"至于坦纳尔,他的教理与瓦伦提亚并无二致,我再次引用一遍,以便向你们表明,你们抱怨我在信札中断言这一教理有悖于圣托马斯的观点,这一抱怨乃是大错特错的,因为我的信札中引用了坦纳尔本人说过的一段斩钉截铁的话:"根本没有什么严格意义上的、真正的买卖圣职,"他说,"除非把世俗的利益当成属灵的售价。但是仅仅把它当做出让这一属灵利益的动机或是接受这一属灵的利益后的谢礼,这样的行为就不属于圣职买卖,至少在良心上如此。"再有,"就算世俗的利益是主要目的,甚至超过了属灵的利益,就算圣托马斯和其他人看来主张相反的观点,因为他们主张用属灵的利益交换世俗的利益完全是一种买卖圣职的行为,就算这一交换是以世俗的利益为目的的,都不可以说这样的行为是圣职买卖。"

这些就是你们最优秀的作家所鼓吹的有关圣职买卖的教理,在这个问题上,这些人的观点大同小异,现在只需要答复你们对我的指责,就是我错误地解释了你们的基本原则。你们根本没有注意到瓦伦提亚的观点,因此他的教理还是老样子。但是你们却修改了坦纳尔的观点,认为他只是主张神圣权力(divine right)决定了这些行为并非圣职买卖;你们让大家都相信是我在引用这段文字的时候隐藏掉了这几个字:神圣权力。神父们哪,这实在是一个昧着良心的花招,因为神圣权力这几个字根本没有出现在这段文字中。你们还添油加醋地说什么，坦纳尔认为，根据绝对权力（positive right），这确实是一种买卖圣职的行为。但是你们又弄错了，他所说的并不是普遍情况，而是一种特殊情况，或者用他自己的话说——in casibus a jure expressis——他给摘录中所主张的普遍原则——"这样的行为不属于圣职买卖，至少在良心上如此"——提出了一种例外情形。而这一普遍原则表明，从绝对权力的观点看，这种行为也不是圣职买卖，除非你们把坦纳尔变成一个非常亵渎神灵的人，以至于他主张根据绝对权力乃为圣职买卖的行为在良心上却不是圣职买卖。不难看出，你们收集"神圣权力、绝对权力、自然权力、内心和外在的法庭、特定的事例、外在的假设"以及其他同样几乎不为人知的术语的用心何在了。你们在这种晦涩语言的掩护之下溜之大吉，不让人们看到你们的离经叛道。但是神父们哪，靠这些无用的狡猾伎俩是溜不掉的，因为我将向你们提出一些非常简单的问题，它们不会允许你们区别对待（distinguo）的。

我且问你们，不管"绝对权力"、"外在假设"或者"外在法庭"之举的话——我且问你们，根据你们的作者，如果一个有圣俸的神职人员，他把一个年租金值4000里弗尔的圣职给了别人，收进了一万法郎现金，这笔钱与那个圣职的价值不同，而仅仅是促使他产生要把这个圣职给人的动机，这个神职人员是不是买卖圣职呢？请坦率地回答我这个问题，神父们：像这样一种情况，按照你们作家的观点，我们必须怎样来处理呢？难道坦纳尔不会斩钉截铁地告诉我们"这在良心上不属于买卖圣职，因为世俗的利益没有被等同于圣职的价值，而只是产生出让这一圣职的动机"吗？难道瓦伦提亚、你们的《卡恩论要》、桑切斯和埃斯科巴不会提出同样的理由，做出同样的结论吗？还需要别的什么来为这位神职人员开脱其买卖圣职的罪过吗？不管你们私下对于这种情况有什么样的观点，当这个人告诉你们，他正是按照许多著名神学家的建议去干的，因而有资格叫你们住嘴的时候，你们还敢在告解中把那个人当成圣职买卖者吗？还是坦率承认，根据你们的观点，这个人不是一个圣职买卖者吧。只有这样，你们才能够尽可能捍卫你们的教理。

神父们哪，这才是处理问题的真正的办法，才能够澄清这些问题，而不是通过搬弄学术用语或是像你们这次对我的指责那样，改变问题的状态，从而把这些问题弄得复杂化了。你们说，无论如何坦纳尔声称这种交换属于重罪之列；而你们指责我隐瞒了这一你们主张能够证明其"完全有理"的证据。但是你们再一次地错了，而且不止一处地错了。首先，尽管您说的情况属实，但是这不是问题的关键，在我提到的那段文字中的关键，不是那种行为是否罪过，而是是否买卖圣职。这是两个很不一样的问题。根据你们的基本原则，罪过只是需要告解而已——而买卖圣职则必须归还非法所得，而且在许多其他人眼里这也是两种很不同的事情。你们已经找到了各种手段，使告解变得极其方便，但是你们还没有找到一种方法或者手段，使归还非法所得也成为一件容易的事情。请允许我补充一点，坦纳尔所谴责为有罪的事情不是指用属灵的利益换取世俗的利益并以获取世俗的利益为主要目的，而是指"认为世俗的利益的价值高于属灵的利益的价值",我们曾经谈到过这一假设。人们一定会同意,他在指责这一情形是有罪的时候是错不到哪里去的。因为,当一个人可用一件东西交换另外一件东西的时候,居然不知道克制自己不去对于这两样东西加以比较,以这种办法来避免进行交换时所犯的罪,那么这个人不是邪恶之至就是愚蠢透顶。此外,在我们所引用的瓦伦提亚讨论这个问题——用属灵的利益去换取世俗的利益,重点考虑的是后者,这样做是否有罪——的文字中,在提出了一系列肯定有罪的理由之后,还补充道,"sed hoc non videtur mihi satis certum——但是在我看来似乎不能十分确定"。

然而,从此以后,竟有贵会的埃拉德·比尔(Erade Bille)神父,在卡恩大学教授良心问题的教授,断言在这种假设的情形中根本无所谓犯罪。众所周知,或然的观点总是有一个不断走向成熟的过程嘛。他在1644年的作品中提出了这个观点,与卡恩大学的神学家和教授杜普雷先生(M. Dupre)在当年的出色演讲中的、以后又发表出来而广为人知的观点截然相反。虽然这位埃拉德·比尔承认,瓦伦提亚的教理,这个为弥拉尔德(Millard)神父所采纳,但是遭到索邦谴责的教理"与普遍的观点有所不同,认为这种行为是有圣职买卖之嫌疑,一旦发现被运用于实践将依法予以惩处",但是他毫不犹豫地说这是一个或然的观点,在良心上也是应当予以肯定的,这样的行为既不是圣职买卖也不是有罪的。他说:"许多天主教神学家都如此教导说,通过致谢的办法或者作为一种动机——没有这一动机就得不到这份圣职——用钱或者其他任何世俗的东西去换取一份圣职,只要这笔钱不与这份圣职的价值相同即可。"这是人们求之不得的结论。事实上，根据你们的原则，买卖圣职的行为可谓绝无仅有了，就是行邪术的西门本人也可以免除这一罪过了，这个西门曾想出钱购买圣灵，成了买卖圣职的象征①；而基哈西也是如此，他以神迹索取钱财并被视为买卖圣职的原型。②我们在《使徒行传》中读到，西门"拿钱给使徒，说：'把这权柄也给我。'"③毫无疑问，这时他既没有说买卖的事，也没有替那种权能定一个价钱。他无非是出了一笔钱给使徒，想使他们产生把那神赐的能力也赐给他的动机。根据你们的观点，他根本没有买卖圣职，不仅如此，他要是按照你们的基本原则的教导去做，还可以免受圣彼得的诅咒呢。同样，不幸的基哈西孤陋寡闻，也使他损失惨重，以利沙用大麻风惩罚了他，因为，当他收受那个被以利沙用神迹治愈的元帅的钱财时，只要把它当作一份谢礼，而不是当作产生这一奇迹的神的大能的价钱，那么他还可以坚持要先知再次治好因犯了致死之罪所带来的肉体上的病痛。因此，他原本应当按照你们伟大的神学家的忠告去做，这些神学家若是遇到这样的情况，就会责成告解神父免除这位来办神工的教友所犯的罪过，清除他们精神上的大麻风，至于肉体上的疾病只不过是精神疾病的象征罢了。

---

① 典出《新约·使徒行传》8:9-24。撒玛利亚有个行邪术的西门（Simon Magus），见彼得和约翰按手，就有圣灵赐下，便拿钱给他们，说："叫我手按着谁，谁就可以受圣灵。"（8:19）后遭到彼得申斥。基督教把将买卖圣职的丑行称为"西门的罪行"（simony）。

② 典出《旧约·列王纪下》5:20-26。基哈西是先知以利沙的仆人，因向乃缦索要钱财，以利沙诅咒他将沾染上乃缦的大麻风。

③《新约·使徒行传》8:18。

神父们哪，说正经的，要在这个问题上把你们搞得狼狈不堪是一件非常轻而易举的事情，我只是不明白，你们为何要把自己弄到这种境地呢？要看出你们有多么狼狈，我只要引一些埃斯科巴的话就可以了，在《耶稣会对于买卖圣职的实践的看法》一书中，他说："两位司铎相互祈求对方：在选举外省大主教时投我一票，我就投您一票的，这算不算买卖圣职呢？当然不算。"或者他说的另外一段话："一个人许诺出一笔钱，得到了一份圣职，他却无意缴纳这笔钱，这也不能算买卖圣职，因为这只是表示要买卖圣职，与真的那样去做，这二者之间相距何止千里，就像假金子和真金子那样毫不相同。"通过这种良心上的遁词，他发明了一些手段，竟然使得通过买卖圣职加上欺诈而获得的圣职既不算犯了买卖圣职的罪行而且还不需付钱，真是两全其美。

但是在这个问题上我已经没有时间，因为我想必须再说一两句话，来回答你们对我的第三项指责，也就是与破产问题有关的指责。再也没有比你们竟然采取这样一种指责的方式更加恶劣的了。在有关莱修斯的观点上，我引用的不是自己的话，而是埃斯科巴的一段话，可你们却责骂我是一个诽谤者。因此，如果莱修斯的确不主张埃斯科巴加在他身上的那个观点，还有什么事情比指责我曲解了莱修斯更加不公平的吗？如果是我本人从贵会的莱修斯或者其他人观点那里引用观点的话，我倒是应当对于误引负责；但是，既然埃斯科巴收集了贵会二十四位神父的观点，我倒想问一问，除了保证真实引用他的著作之外，我还能够保证其他什么呢，或者说，我难道要对我为自己找到的他的全部摘录本身的真实性负责吗？这是毫无道理的，可是我所面临的正是这个问题。我在信札中写下了埃斯科巴的下面这段话，你们对于我译文的忠实性并无异议："一个人面临破产，是否可以心安理得地尽可能保留其必要的个人财产，从而不失体面地维持他的家人——ne indecore vivat？我的回答是，我同意莱修斯的看法，他可以这样做的——cum Lessio assero posse。"可是你们却告诉我说莱修斯并不主张这样的观点。可是稍微考虑一下你们的处境吧。如果他的确主张这样的观点，你们自己就因为主张相反的观点而被看成是江湖骗子；如果他果真不主张这一观点，那么埃斯科巴就是个江湖骗子。所以，可以肯定地说，耶稣会中必有人是江湖骗子。试想，这是多大的一个丑闻啊！看来你们做事情是从来不预计后果的。你们只知道向他人身上泼脏水，却不知道脏水会反泼到谁家的身上。为什么你们在此书出版之前不事先通报埃斯科巴你们的反对意见呢？也许他会对于你们的要求做出满意的回答。从瓦拉多里德（Valladolid）那里得到音信又不是一件困难事情，他就住在那里，身体非常健康，正在完成他的巨著，六卷本的《道德神学》，不久以后我想谈谈其中的第一卷。他们已经把前十封信札送到那里去了，你们或许也可以方便地将你们的反对意见送过去，我肯定他会很快给你们一个答复的，因为他毫无疑问在莱修斯的书里面看到过他 ne indecore vivat（并非不体面地）摘录的文字。你们自己去读一读他给我的答复吧，神父们哪，你们也会像我一样，一字不差地读到同样的如下答复："根据鄙人所引用的权威意见，事情同样也是显而易见的：尤其是关于一个人破产之后的财产问题，即使是违法犯纪的债务人也可以尽量按照其原有的身份，获得生活必需品以维持体面的生活 ut non indecore vivat。您问我这一原则是否适用于他在破产期间所拥有的财物吗？似乎神学家们就是这么判断的。"

在这里，我不必进一步证明莱修斯为了维护他的基本原则，是如何曲解了允许破产者可拥有一点维持生计的财产的法律的，是如何对于"体面的生活"不加任何限定的。只要证明埃斯科巴不应当受到谴责就足够了——事实上，这并不是我应当尽的义务。但是神父们哪，你们却没有尽到你们的义务。你们没有答复埃斯科巴的那些文字，顺便说一句，他的结论有一个优点，就在于不涉及上下文并且浓缩为短小的条目，它们可能不容许你们进行分别考察。我引用了的是整段文字："破产者即使是通过不义的和臭名昭著的犯罪手段——ex injustitia et notorio delicto——获得财物的，也可以保留他们的财产，以维持其家人的生活。"——我在信中对这段话做了如下的评论："神父，宁愿让财产留在通过抢劫得来的人手中，以维持他奢靡的享乐生活，也不让其落入应当合法拥有那笔财产的债权人之手，这真是一种奇特的善举！"这是一个不可回避的问题；不过更是一个令你们陷入悲惨困境的问题，在这个困境中，你们因无法改变问题的状态，无法援引莱修斯与这一主题无关的其他文字来摆脱这一困境。例如，我问你们：破产者是否可以遵照埃斯科巴的这一基本原则去做而不受良心的谴责呢？你们要当心所说的话。如果你们回答说"不"，那么你们的神学家又成了什么呢，你们的或然论又成了什么呢？如果你们回答说"是"，我就上官府告你们去。

神父们哪，我现在必须把你们扔在这个困境里面不管了，因我本人的缘故不许我追究您的下一个与杀人有关的指责。这个问题我将留在下一封信里面讨论，接着再讨论剩下的其余问题。

此刻，对于你们在每一个谴责后面捎带着的一贯恶毒的虚伪的广告，我将不予置评。我想另外写一封信，答复所有这些公告，对于你们的恶语中伤将晓你们以颜色。神父们哪，你们居然求助于这样不可救药的手段，真是太遗憾了。你们倾泻在我身上的诋毁言语不会消弭我们之间的争论，你们的多方威胁也阻止不了捍卫我自己。你们认为你们有权有势，无法无天；我认为我在我一边有真理和清白。这是一场奇特而讨厌的战争，是一场暴力妄图消灭真理的战争。所有暴力的企图绝不会削弱真理，只会焕发它的活力。真理之光无法被囚房，却只会被激怒。两军交战，弱势的一方必定屈服于强大的一方；而论战与论战相对，持之有故、言之有理的一方必战胜空洞无物、虚妄不实的一方；而暴力和真理却不会给对方留下丝毫印迹。然而不可认为双方因此是势均力敌的；因为两者之间有一个重大的区别，就是暴力只有一条乃由上天指定的狭路可走，无法影响其所攻击的真理的荣耀，而真理能够抗击敌人并最终战胜之，她就像上帝本身一样永恒和强大。

信札之十三

致列位尊敬的耶稣会神父

1656 年 9 月 30 日

尊敬的神父们：

我刚拜读了你们的最新作品，其中你们的"谤言录"已经增加到了第十二条，并且宣布你们将结束你们对于我的谴责的第一部分，并且着手准备第二部分，在第二部分里，你们将采用一种新的辩解手段，你们将证明贵会除了与你们一样的道德松弛的决疑论者以外，还有一些不同的决疑论者。我现在找出了我不得不予以答复的你们对我的谤言的数目；由于其中第四条是关于杀人的，对于这个问题，正好与涉及同一主题的第十一、十三、十四、十五、十六、十七以及十八条一起进行答复。

因此在这封信中，我的目标将证明我的摘录是准确的，而非你们所指责的那样是虚假的。但是在你们的小册子中，你们竟冒昧地主张"我们的作者有关谋杀的观点是与教皇和教会法令的决定是相一致的"，这就迫使我将在这封信里驳斥这一毫无根据的极其有害于教会的陈述，证明你们是腐败的，而教会是清白无辜的，免得异端邪说乘虚而入，利用你们的悖谬得出有损教会声誉的结论，这一点很重要。因此，通过一方面考察你们百害而无一益的基本原则，另一方面也考察一致谴责你们的基本原则的教会法令，人们将会一眼看到，应该回避的是什么，应该追随的又是什么。

你们的第四个指责是关于谋杀的基本原则，你们说我将这一基本原则归在莱修斯身上是一个错误。这一基本原则表述如下："如果一个人挨了打，便立刻可以去追杀仇敌，甚至用刀剑打击之，不是为了复仇而是为了找回名誉。"你们说这是决疑论者维多利亚（Victoria）的观点。但是这并不是问题的关键所在。同时说那是维多利亚和莱修斯的观点并不前后矛盾；因为莱修斯本人也说，这个观点也是纳瓦尔和亨里格斯所主张的，他们宣扬的是同样的教理。因此唯一的问题是莱修斯是不是也和他的同会决疑论者持有一样的观点。你们主张"莱修斯引用这个观点纯粹是为了反驳它，因而我把一个他提出来完全是为了加以反驳的观点安在了他本人头上——这样的做法是一个作家所犯的最卑鄙、最不名誉的罪过"。神父们哪，现在我主张他引用这个观点纯粹表明他支持这个观点。这是一个事实问题，不难解决。我们先来看一看，你们如何证明你们的辩解，而你们也将看到我以后又是怎样证明我的观点。

为了证明莱修斯并不主张这个观点，你们告诉我他谴责这样的做法；在证明这一点的时候，您引用了他的一段很长的文字（1.2, c.9, n.92），其中确有这些话："我谴责这一做法。"我同意你们的说法，因为在你们提到的第九十二项这段长文中的确可以找到这些话。可是，神父们哪，当人们同时发现，在那段文字里，他探讨的是与我们现在谈论的完全不同的一个问题，他说他谴责的那种做法，实际上是一种与我们现在争论的行为毫无联系、完全不同的行为，这时人们会说些什么呢？为了使你们相信这是一个事实，我们只需要打开你们提到的那本书，我们可以找到与此相关的主题是这样的：在第七十九项，他探讨了这样一个问题："挨了打就去杀人是否合法呢？"到第八十项，他结束了这个主题的研究，并没有说一个谴责的字。在探讨完这个问题以后，他在第八十一项提出了另外一个新问题，就是："遭人诽谤就去杀人是否合法？"正是在谈论这个问题的时候他用了你们引用的这些话："我谴责这种做法。"

  神父们哪，你们居然大胆到利用这些话，让人们相信莱修斯谴责由于挨了打就去杀人是一个合法的观点，你们丢不丢脸呢？你们只有这一条证据，就如获至宝，还喋喋不休道："在巴黎许多有身份的人查阅了莱修斯的文字，已经发现了这个臭名昭著的谬误，足见那个诽谤者的信誉之低已经到了何等程度"，你们丢不丢脸呢？天哪，你们就是这样滥用那些有身份之人对于你们的信赖吗？为了向他们表明莱修斯不主张某个观点，你们就打开这本书，给他们看某个他谴责另外一个观点的地方；而这些人却轻信了你们的宗教信仰，根本没有想到要考察一下作者在那里所谈论的问题是否就是那个有争议的问题，你们欺骗了他们的信任。神父们哪，我毫不怀疑，为了逃避罪责，你们利用了你们的含糊其辞的教理，撒了一个弥天大谎；你们大声地朗读那段文字之后再小声说，作者讲的是另外一个问题。这一保留条款当然满足了你们自己的良心,只是我不知道,当那些"有身份的人"发现你们用这种办法蒙骗他们时,这一保留条款对他们发出的公平抱怨是否也能够做出满意的回应。

因此,神父们哪,还是小心为妙,不要叫他们都看到了我的书信;因为现在这是稍微长久一点保住你们信誉的唯一办法。我对待你们的作品可不是这样的:我将它们全部送给了我的朋友,我希望人人都能够读到它们。我相信为了我们各自的利益这样做是有道理的;因为,你们这样大张旗鼓地散布第四条"谤言录",若是人们一旦发现你们竟是用一段文字冒充另外一段文字,以此来炮制你们的"谤言录"的,你们一定会立刻遭到众口一词的谴责。不难看出,如果你们能够在莱修斯讨论这一问题的文字里面找到你们想要的,那么你们就不会到其他地方去挖掘了,你们如此偷梁换柱只是因为你们在那段文字里面找不到对你们有利的内容而已。

你们想让我们相信,我们可以在莱修斯的著作里面找到你们的主张:"他并不同意这个观点(一个人挨了打就可以杀人)是一个或然的观点";而莱修斯在第八十项中所言却与此不同:"这个观点,亦即一个人可以因为挨了打就把那人杀掉,在理论上是或然的。"这难道不是一字一句和你们的主张正好相反吗?难道我们会欣赏你们鲁莽地提出的与事实截然相反的话吗?你们从一段编造的文字中得出结论,说莱修斯不主张那样的观点,对此我们只要找出莱修斯的原话就可以证明,他本人的确主张那样的观点。

再者,你们一厢情愿地以为莱修斯本人说过"他谴责这种做法";而且正如我刚才所说,原文中并没一句谴责的话;他只是说：" 似乎不能轻易允许做这样的事——in praxi non videtur facile permittenda。" 神父们哪，一个人果真谴责一条基本原则，他会用这样的口气说话吗？你们会说通奸和乱伦是不应当轻易允许做的事情吗？难道我们不应当得出相反的结论，莱修斯无非是说做这样的事情是不可以轻易允许的，他的观点不正是说，如果偶尔为之，次数不多也可以吗？而且，似乎急于要让人人知道在哪些情况下允许这样做，似乎急于解救那些因不知道在什么时候可以真的去杀人而受到无理指责的人，他不遗余力地告诉他们，为了心安理得地实践这一教理应当避免做哪些事情。请注意他的原话："由于人们会出于仇恨或是复仇心理，或滥杀无辜，或引发过多的谋杀事件而具有一定的危险性，似乎不应当轻易允许做这样的事情。" 由此可见，看来莱修斯是完全同意的，只要一个人能够避免造成上述各种不便就可以放心去杀人了——换言之，只要不是带着憎恨和复仇心理，而且所处的情况不会导致过多的谋杀。为了说明这个问题，我举一个最近发生的事例——贡比涅（Compiegne）被打一事。你们将会同意，从这位挨了打的人的所作所为来看，可以断定他是一个能够控制仇恨和复仇激情的大师。因此，莱修斯只是看到，他并没有给太多谋杀者留下机会；而且神父们哪，几乎不需要有谁来告诉你们，耶稣会士对于宫廷命官大打出手的确是不常见的奇观，因而莱修斯大可不必担心在这种情况之下会发生一连串的谋杀。因此，你们不能否认，贡比涅完全可以心安理得地将那个策划打他的耶稣会士杀掉的，受到冒犯的那一方完全可以拿这个耶稣会士开刀，把莱修斯的教理付诸具体实践。如果贡比涅是在你们的学校里受到的教育，而且从埃斯科巴那里了解到，一个人挨了打就会一直被认为是丢了面子，直到他夺走了那个攻击他的人的性命为止，则结果很有可能是这样的。但是有理由相信，他从一个对于你们的观点不以为然的司铎那里接受了大不相同的教导，在这个事件中大大有助于拯救了一个耶稣会士的性命。

再也不要跟我们谈论各种不便之处，在许多场合下它们都是可以克服的，也不要说莱修斯没有说过甚至谋杀也可以付诸实践。这显然是你们的作家赤裸裸地承认的，正如埃斯科巴在《论杀人的实践》中说，按照你们耶稣会的说法，"杀死那个打过我的人是否允许？"这位决疑论者问道："莱修斯说在思想上是允许的，不过在实践中是不允许的——non consulendum in praxi——如果带着仇恨心理并且危害国家。可是其他人却断定，如果能够避免各种不便，这样做不仅是允许的，在实践中也是可靠的——in praxi probabilem et tutam judicarunt Henriquez。"云云。瞧，你们的观点就是这样逐步攀升，一点一点地爬到了或然论的顶峰的！现在你们的观点处在这样的立场上：你们允许谋杀，不论在思想上还是实践上都是如此。你们是这样说的："当一个人挨了别人的打，就立刻用刀剑予以回击，不是为了复仇而是为了保持自己的荣誉，这样做是合法的。"这就是你们的神父1644年在卡恩大学得出的结论，在由校方出版、递交给市议会的出版物中做了具体的论述，当时校方对于你们有关杀人的教理第三次提出了抗议，在他们出版的一部作品的第339页也提到了你们的这一教理。

因此，敬请注意，神父们哪，正是你们的作家本人消除了那种在思想与实践之间所做的荒诞的区分——这一区分校方认为是极其荒谬的，是你们秘密政策的一项发明，现在也许值得就这一发明做出一些解释。了解对这一发明，除了正确理解你们的第十五、十六、十七项指责之外，一般而言还能够一点一点揭开你们制定这一秘密政策的原理是什么。

正如你们所做的那样，在企图以最令人愉快、最随意的方式来判断一些良心问题时，你们遇到的问题不仅仅涉及宗教——诸如悔罪、苦修、爱上帝，以及其他一些涉及内在的良心法庭的问题，你们同时也遇到了其他一些市民社会与宗教同样深感兴趣的问题——诸如放高利贷、破产、杀人以及类似的问题。凡是热爱教会的人无不悲哀地目睹了你们在许多情况下仅仅与天主教相对抗，赤裸裸地、肆无忌惮地违背教会的律法；因为你们知道，上帝在这个领域里执行的公正审判是看不见的。但是对于那些国家与宗教同样感兴趣的事情，你们对于人类的公义的理解导致你们把你们的判断分成两种类型。第一种类型你们名之为思考性的；在这个范畴里面的罪，与社会无关，只与上帝的律法有关，你们就允许它们发生，并毫无顾忌地践踏谴责这些罪过的上帝的律法。第二种类型的罪名之为实践性的，考虑到它们可能对社会造成的危害以及还存在寻求社会安定的法官，为了确保自己站在法律的一边而安然无恙，你们就小心行事，并不总是同意在实践中实施你们在思考领域里面同意的谋杀以及其他各种罪过。比如，有一个问题："因诽谤而杀人是否合法？"你们的作家费留提乌斯、雷吉纳和其他人都回答："在思想上是允许的——ex probabile opinione licet；但在实践上是不允许的，因为可能会引发许多的谋杀，如果所有的诽谤者都被杀掉了还可能会危害国家，而且还因为一个人可能因这一行为将在法庭上受到惩罚。"你们的观点就是通过这样的方式，在这种区分的庇护下逐步发展，由于它们对社会不会形成大的危害，但却败坏了宗教。你们以为这样做非常安全。你们假设，一方面你们在教会中的影响力能够有效地肆意攻击真理而不受惩罚；另一方面又采取了预防措施，避免轻易地把你们的许可化为实践，这样就在那些不是根据良心而是只看重外在实践的国家官员那里确保安然无恙。于是一个在实践的名义下遭到谴责的观点，以思想的名义出现就可以确保安然无恙了。但是，一旦确立了这样一个基础，你们的基本原则的其他部分也就不难确立起来。在上帝禁止谋杀与你们在思想上许可这一罪行之间相距何其遥远；但是在许可和实践之间却近在咫尺。只要证明在思想上允许做的，在实践上也行得通就可以了；进行这样的论证不愁找不到理由。你们不是在更加困难得多的情形下也找到了理由吗？神父们哪，你们是不是愿意知道这是如何做到的呢？我建议你们去看一看埃斯科巴的推论，他在巨著《道德神学》前六卷中对于这个问题做出了非常出色的判断，我已经谈到过这本书——他在这本书里面表现出了一种与从前在编辑你们的二十四长老的观点时大不相同的精神。当时他认为有一些观点，它们在思想上是或然的，但在实践上是靠不住的；但是他现在形成了相反的判断，在他的新著中他再次证实了他的判断。或然论以及某一个特殊的或然观点就是这样随着时间的推移而奇妙地成长起来的。请注意他说的话："我看不出来，一个在思想上可以允许的行为何以在实践中却是不可允许的；因为在实践中可以做的事情是以在思想上是合法的行为为基础的；事物之间的差别仅在于作为原因和结果。思想决定行为。这意味着思想上是或然的观点也可以心安理得地付诸实施,它们总比那些没有经过思想考察的行为要更加可靠一些。"

神父们哪,你们的朋友埃斯科巴的推理能力有时真是出奇的好;在事实问题上,思想与行动之间的联系极其密切,以至于当前者有了牢固的基础,你们就毫无困难地允许后者,而且毫不掩饰。"因挨打而杀人"的许可就是一个明显的例子,莱修斯把它从一个单纯的思想问题,大胆地上升到了"不可轻易允许的"实践的高度;从这个结论出发,埃斯科巴又推论出了这种"实践具有简单易行"的特点;正如我们所看到的,贵会在卡恩大学的神父取消了实践和思想之间的区分,将其提高到无条件的许可。就这样你们使你们的观点逐渐成长壮大。要是它们一下子就表现出如此夸张的样子,它们一定会把人吓坏的,但是这种几乎难以觉察的发展让人们习惯于觉察到它们的存在,又不至于让人感到咄咄逼人。通过这种方式,教会和国家都认为极其可恶的谋杀行为竟然得到许可,并先是渗透进教会,然后又从教会渗透进了国家。

"因受到诽谤去杀人"的观点也获得了类似的成功,因得到不加限制的许可而达到登峰造极的地步。我本来打算不再引用你们权威作品中的观点,若非必须驳斥你们在"谤言录"的第十五条再度提出的无耻谰言——"根本没有一个耶稣会士会允许因受到诽谤去杀人"。神父们哪,在做出这一声明之前,你们本该小心谨慎不要让我引起注意,因为这一声明我认为实在是太容易答复了。因为,且不说你们的神父雷吉纳德、费留提乌斯还有其他人在许多场合都表示同意这一观点,尤其赫罗神父在他的公开演讲中也赞同这一观点。赫罗的演讲结果令国王把他从你们的教堂里面捉了去，除了其他过失之外，其中一大罪名就是宣扬一个人如果在有身份之人的面前公然诽谤我们，在警告他停止诽谤之后还是一意孤行，就可以杀掉他，只是为避免引起众人反感，不要公开地，而要秘密地——sed clam——去干。

从前我曾提到过拉米神父，无须我来告诉你们，他的教理已于1649年遭到鲁汶大学的申斥。可是在两个月不到的时间内，贵会的德布瓦（Des Bois）就再次提出了拉米神父这个曾经遭到谴责的教理，并且宣扬说："一个修士可以捍卫他以美德获得的荣誉，甚至杀死那个对他进行人身攻击的人——etiam cum morte invasoris。"这早成了一件特大丑闻，所有堂口的司铎都对他不予理睬，并且通过教会法律程序迫使他收回他的教理。这一案件教区法庭正在审理之中。

神父们哪，你们现在有什么话要说呢？为什么在发生了这些事件以后还要断言"从未有耶稣会士主张因受到诽谤而去杀人是合法的"呢？还有什么比你们自己用来引经据典的神父们本人的观点更加能够使你们信服的呢？就是他们也不谴责在思想中的谋杀，只是反对付诸实践，因为"这样做可能会危害国家"。在这里，我只是请问你们，我们之间争论的关键难道不是仅仅在于明确你们是否背离了上帝不得杀人的律法吗？问题的关键不是在于你们是否祸国殃民，而是在于你们是否贻害宗教。在这样的一种争论中，你们只是证明没有祸国殃民，与此同时却显然已经危害到了信仰，你们不是无的放矢吗？你们不是明确说，雷吉纳德在谈到因遭诽谤而去杀人时，他的意思是"一个人有权使用这种办法捍卫自己，考虑到这种办法是简单易行的"吗？我只要你们承认这一点就足够了。你们说"一个人有权使用这种办法（亦即杀死诽谤者）捍卫自己"，"就事情本身而言"。因此神父们哪，上帝禁止杀人的律法被你们的决定废除了。

你们对这个观点哪怕再怎样加以修补，正如你们所做的那样，也是无济于事的，你们补充说："考虑到谋杀以及由此引发的社会动荡，这样一种方法就是从上帝的律法来看也是不合法的、有罪的，因为上帝的律法要求我们关心社会的利益。"这只是在回避问题罢了：应当遵循的律法有两种——一种禁止我们杀人，另外一种禁止我们危害社会。也许雷吉纳德没有破坏禁止危害社会的律法；但是他毫无疑问触犯了禁止我们杀人的上帝的律法。现在这是我们不得不讨论的唯一的关键问题。此外，也许我还应该证明，你们还有一些作者是允许在实践上杀人的，这两条律法他们都触犯了。但是，一开始我们已经看到，你们禁止做危害国家的事情；而且你们断言，你们的计划就是为了实现上帝的律法，这律法就是要我们兼顾社会的利益。姑且听之吧，不过谁知道，没准你们纯粹是出于害怕执法官。你们如果同意，我们将仔细发掘你们这一动机的真正秘密。

神父们哪，难道还不可以肯定，你们如果真正敬畏上帝，如果遵从他的律法是你们思想中首要的、重要的目标，那么这种对于上帝的尊敬本来能够一成不变地主导你们做出决断，从而使你们一直站在宗教一边吗？但是，如果事实证明正好相反，你们无数次地触犯了上帝给予人类的最神圣诫命，正如我们现在遇到的情况，你们消除了上帝禁止一切犯罪行为的律法，你们只是在实践上有所顾虑而不同意这些行为，因为害怕执法官让你们皮肉受苦，那么，你们不是在提供我们证据，让我们得出结论说在你们的畏惧中对上帝并无敬仰之心，即使在承担了不危害国家的义务方面，你们表面上是服从了上帝的律法，这也不是出于对律法本身的考虑而是为了达到你们自己的阴谋，就像那些没有宗教信仰的政治家一样吗？

神父们哪，只要注意到了上帝的律法："汝不可杀人"，你们还会告诉我们说我们有权利杀死诽谤我们的人吗？在践踏了永恒的上帝的律法之后，你们还会想象只要补充说你们为了上帝的缘故以及害怕政府部门而禁止这种实践，就能够掩饰你们所制造的丑闻吗？就能够使我们相信你们是敬奉上帝的吗？相反这不正是又产生了一个新的丑闻吗？我不是指责你们表现出对于执法官的尊敬有加；这不是我要指责你们的地方，像你们这样在这件事情上拿自己逗乐是滑稽的。我指责你们的不是你们敬畏执法官，而是除了执法官之外你们谁也不敬畏。我指责你们的就是这一点，因为它使得在与邪恶的斗争中上帝还不如人类自己。你们要是说允许杀死一个诽谤者是以人而不是以上帝为根据，也许更加让人能够忍受一些；但是当你们主张，在人类眼里罪不容赦的行为在公义的上帝的眼里倒可以是无罪的和公正的时候，除了通过一条不仅本身令人震惊而且与圣徒的精神背道而驰的破坏性原则向全世界宣布，你们在上帝面前气壮如牛，在人类面前却胆小如鼠之外，还会是别的什么吗？

如果你们真心渴望谴责这些杀人行为，那么你们本当谨守上帝禁止它们的诫命；如果你们敢于毫无保留地许可这些行为，就应当公开表明,不要在乎上帝的律法和人类的律法。但是,既然你们的目的是允许干这些事情而不为人知,从而瞒过守卫公共安全的执法官,你们就巧施诡计。你们把你们的基本原则分成两个部分。一方面,你们主张"在思想上杀死一个诽谤他人的人是合法的";没有人会阻止你们这样进行思考。另一方面,你们又提出一个与此无关的公理:"在思想上允许的事情在实践中也是允许的";对于这样一个普遍的看似形而上学的陈述,社会上有谁会留心它呢?因此,这两个原则,由于具有各自不同的形式,几乎不会令人生疑,便巧妙地躲过了警觉的执法官的眼睛;只需要将它们联系起来就可以从中得出你们的结论了——那就是,将一个只不过诽谤过别人的人杀死是合法的。

事实上,神父们哪,你们的策略所玩弄的一个最微妙的伎俩,就是把你们串联起来以得出你们的决断的那些基本原则分散在你们的作品中的各个地方。你们一部分就是靠着这一方式确立你们或然论的教理的,这一点我经常予以揭露。或然律的普遍原理一经确立,你们就推出一些结论,它们分开看是无伤大雅的,而将其与那条邪恶的教理联系起来顿时会变得非常可怕了。有一个例子,需要你们做出回答的,就是在你们的"谰言录"的第11页,你们说"有一些著名的神学家断定,杀死打人耳光的人是合法的"。现在可以肯定,如果这话是出自不主张或然论的人之口,那就没有什么可挑剔的;在此情况下,它不过是一个无伤大雅的陈述而已,从中不会推出什么结论来。但是你们这些神父以及所有主张这个危险教义——"凡是著名的作者所同意的,都是或然的,在良心上也是可靠的"——的人,当你们再补充一句"某些著名的作者主张，杀死打人耳光的人是合法的"，那么这岂非无异于把匕首放到所有基督徒手里，把它捅进进攻他们的人的心脏，并且确保他们既然有那么多著名作者的判断都站在他们一边，他们这样做在良心上完全是用不着担心的吗？

这是一种多么可怕的语言哪！宣布某些作者主张一种可憎的观点，同时便是做出了赞同那个观点的决断——全然不管那个观点所宣扬的是什么！神父们哪，我们已经领教了耶稣会学派这种特有的辩证法；你们竟还敢肆无忌惮地声张出来，真是叫人吃惊，因为它会把你们的立场暴露于光天化日之下。它会宣判你们有罪的，因为你们竟允许去谋杀一个打人的人，就像你们重复许多著名的作者都持有这种观点也是有罪的一样。

神父们哪，这一指责你们是逃脱不了的；就算瓦斯科和苏亚雷斯都谴责了他们的同事们所赞同的谋杀行为，你们便求助于他们的文字来反驳我，这也不能助上你们一臂之力。这些证据，如与你们其余的教理相分离，的确会蒙蔽那些对于你们的教理一无所知之人的眼睛；但是我们知道得多一些，将你们的原理和基本原则全部放在一起。于是，你们说瓦斯科谴责谋杀；可是尊敬的神父们，对于问题另一方面你们怎么说呢？为什么你们又主张"一个观点的或然性并不会阻碍相反观点的或然性；奉行或然性较小、较不可靠的观点，放弃或然性较大、较为可靠的观点，这样做也是正当的"？把所有这些联系起来看，除了得出一个结论，就是我们可以在良心毫无顾忌地在任何对立的判断中任意采纳我们最喜欢的一种之外，还能得出其他什么结论吗？你们预计一下，引用这些文字后会产生什么效果呢？什么也不会有，因为我们把你们为开脱自己而拆散开来的基本原则重新联系起来并以此谴责你们。为什么要用我未曾引用过的作者的文字来证明那些我曾经引用过的文字的有效性呢？这怎么能够使你们有权称我为"诽谤者"呢？我说过你们所有的神父都陷于同样的道德败坏之中吗？我岂不是做得正好相反，不遗余力地证明你们的兴趣就在于让他们有各种不同的观点，你们好利用来为你们不同的目的服务吗？你们想杀死你们自己的人吗？——这里有莱修斯呢。你们想放过他吗？——这里有瓦斯科呢。没有谁会心情沮丧地离开这儿，每个人都从那些严肃的神学家那里寻得他们的依据。莱修斯会与你们讨论杀人，像个异教徒；讨论施舍，像个基督徒。而瓦斯科呢，则会与你们评论杀人，像个基督徒；评论施舍，像个异教徒。但是，通过或然论——这是瓦斯科和莱修斯都一致同意的，它会把你们所有的观点都转化为共同的财富——的手段，他们可以相互出让他们的观点，而他们中的每一个人都肯定会宽恕那个奉行为对方所谴责的观点的人。因此，人们所面临的正是这种变化多端，就是邪恶的一致性也比它更好一些。再也没有什么比各种观点——好的、不好的——的大杂烩更加与圣伊纳爵和贵会的第一代领袖的命令背道而驰的。也许我以后会详细讨论这个话题的。它将使许多人惊奇地看到，你们与耶稣会最初的精神相比堕落到了怎样的地步，你们的领袖已经预见到你们关于道德的教理堕落到了致命的地步，不仅对于耶稣会而且对整个普世的教会而言都是如此。

　　与此同时，我要再说一遍，你们绝不会从瓦斯科的教理中捞到任何好处。事实上，如果在所有论述道德原则的人中间，找不到一两个人攻击为基督徒一致公认的真理，反倒是一件奇怪的事情。根据《福音书》，我们主张一个真理，就是杀死一个打了我们脸的人是不合法的，这并没有什么值得夸耀的；但是否认这一真理却是极为可耻的。事实上我们并不想为你们辩解，既然在你们中间已经有神学家告诉你们真理，可是你们依然不坚持真理，反而喜欢黑暗胜过光明，再没有比这一事实更加令你们致命了。瓦斯科已经教导你们说，把那个揍了你们脸蛋一拳的人打翻在地是一个异教徒的观点，而不是基督徒的观点；还认为，说在这种情况下我们可以杀人既破坏了《福音书》也破坏了十诫，就是最无耻的人也会承认这一点的。可是你们却仍有莱修斯、埃斯科巴等人，当着这些众所周知的真理的面，不顾上帝禁止杀人的律法，就做出决断：杀死一个打过我们的人是允许的！

用瓦斯科这段话来反对莱修斯的观点，你们用意何在，除非你们想表明，按照瓦斯科的观点，莱修斯是一个"异端"和"无耻之徒"？神父们哪，这我可是不敢说出口的呀。除了从中推论出莱修斯"颠覆了《福音书》和'十诫'之外"还会有别的什么呢？莫非至少可以说，瓦斯科在这一点上将谴责莱修斯，正如莱修斯将在其他问题上谴责瓦斯科一样吗？莫非你们所有的神父将起来相互审判对方，相互谴责对方败坏了耶稣基督的律法吗？

尊敬的神父们哪，难道我们必须最终得出这样的结论，你们相互矛盾的观点，正如你们的或然论使你们作者的某些正确观点变得对教会毫无益处，而只对于他们的政策有益一样，只是有助于揭露你们用心险恶吗？你们告诉我们，一方面，瓦斯科和苏亚雷斯反对杀人；另一方面，又有许多著名的作家赞同杀人，这便彻底揭露了你们的险恶用心；这样就给了我们两条选择的道路，而且破坏了圣灵的纯朴性，圣灵诅咒那些骗子和三心二意的人：

"Voe duplici corde, et ingredienti duabus viis! ——那些心存二意的有祸了,那些走在两条道上的罪人有祸了!"

信札之十四

致列位尊敬的耶稣会神父

1656年10月23日

尊敬的神父们：

倘若只是为了答复你们在杀人问题上对我余下的三种指控，我就无须写这样一封长信了，你们将会看到，要驳倒你们只需寥寥数语就够了；但是我认为，应该使公众对于你们在这个问题上的观点感到震惊，这比证明我摘录引文的准确性更加重要，因此我有义务在这封信中以较多的篇幅来反驳你们的基本原则，证明你们与教会的甚至自然的观点相距多么遥远。在许多情况下，你们都允许杀人，这显然表明你们早已忘记了上帝的律法，扑灭了自然之光，因而需要把你们送回到宗教和常识的最单纯的原则那里去。

还有比"个人无权夺去另一个体的生命"更加纯朴的发乎自然的命令吗？"我们已经把这一命令充分地教授给了我们自己，"圣克里索斯托说，"以至上帝颁布不可杀人的诫命时，都无须再添上杀人有罪这一条理由，因为，"这位教父说，"这一条律法假定了一个前提，就是自然已经把这条真理教授给我们了。"因此这一诫命约束人类已有许多世代了。《福音书》确认了这一律法的前提；而十诫只是重申了这一诫命，其实人类早在接受这一律法之前就已经通过挪亚——所有人类都是他的后代——获得了这一诫命。上帝对这位族长说："流你们血、害你们命的，无论是兽是人，我必讨他的罪，就是向各人的弟兄也是如此。凡流人血的，他的血也必被人所流，因为上帝造人，是照自己的形象造的。"[1] 这一普遍禁令剥夺了人对于他人生命的权利。全能的上帝把这一特权独掌在自己手中，以至于根据基督教，人甚至无权支配自己的生命，这正是基督教与其他异教的迥异之处。但是由于把人类社会置于上帝天命的保护之下并惩罚那些扰乱社会的为非作歹者，在上帝看来是有益的，因此上帝就制定了剥夺罪犯的生命的法律；执行死刑——如果未得上帝许可本身就是应当处罚的暴行——由于具备了作为公义原则的上帝权威，便是一种值得赞扬的刑罚。关于这个问题，圣奥古斯丁的观点令人欣赏。他说："上帝亲自给人类颁布了不得杀人这一普遍禁令，既通过他所制定的严惩作恶多端者的法律，也通过他所颁布的特殊命令来处死某些个人。在这些情况下杀死一个人，那杀人的不是人而是上帝，人只不过是上帝的工具而已，如同在人手上挥舞着的刀剑一样。但是，除了这些情况之外，不管谁杀了人都是犯下了谋杀之罪。"

　　神父们哪，由此可见，剥夺一个人的生命是上帝独有的特权，既然上帝规定法律可以处死罪犯，那么他委托国王和全体人民代

---

[1]《旧约·创世记》9:5—6。

为行使这一权力——这一真理圣保罗在论及统治者对于其臣民的生命拥有权力时就把它传授给了我们,他推论这一权力是出于上帝的:"他不是空空地佩剑。他是上帝的佣人,是申冤的,惩罚那作恶的。"① 但是,正是上帝将这一权力放在他们手中,因此他要求他们要像他自己一样运用这一权力;换言之,就是要凭着彻底的公义;根据圣保罗在同一段话中所说:"做官的原不是叫行善的惧怕,乃是叫作恶的惧怕。您愿意不惧怕掌权的吗?您只要行善,就可得他的称赞,因为他是上帝的佣人,是于您有益的。"这种限制不是降低了而是相反前所未有地提升了他们的特权;因为如此一来,就使得他们的权力与上帝的权力相同了,上帝并无作恶的权力,而唯有行善的权力;也与魔鬼的权力区分开来,魔鬼对于善事软弱无力,对恶事却蛮有力量。天上的主和地上的王之间的区别只有一种,那就是上帝本身就是公义和智慧,同时也可随意将死亡以任何方式加在任何人头上;因为,除了他是人类生命的至高之主外,他肯定从来不会毫无理由、不加判断就夺走人的生命,他不会行事不公义,也不会犯错误。然而人间的君主却没有这样行动的自由;因为,尽管他们是上帝的佣人,但是他们仍然是人,而不是神。他们或许会被邪恶的判断所误导、被错误的疑虑所激怒、被色情的欲望所激动,因而发现自己必须求助于代理人,在他们的领地中任命一些执法官,由他们代为行使他们的权力,上帝赋予他们的权威就可以仅仅被用于实现他们获得这一权威所要达到的目的。

---

① 《新约·罗马书》13:4。

神父们哪，我希望你们理解，为了避免杀人之罪，我们必须毫不迟疑地按照上帝的权威以及上帝的公义行动；如果这两个条件是分离的，罪就会沾染上身；有上帝的权威，却没有上帝的公义；或者有上帝的公义，却没有上帝的权威，这样白白断送了人的生命。按照圣奥古斯丁的观点，（上帝的权威和公义）不可分离意味着"一个人杀死了一个罪犯，若不具有适当的权威，他本人也会变为罪犯，因为他僭越了上帝并没有赋予他的权威"；另一方面，执法官虽然具备上帝的权威，但如果背离了他们必须遵守的法律，处死了一个无辜的人，照样可以指控他们犯了谋杀罪。

　　不论何时何地，这些都是一致公认的维持公共安全与和平的原则，各种立法者，不论宗教的还是世俗的，自世界开始存在之日起，就是在这些原则的基础上建立他们的法律的。甚至异教徒也不敢僭越这一准则，除非他们舍此别无他法避免失去贞操或生命，即使这时候他们也会想，正如西塞罗告诉我们的，"看来法律本身把武器放在了这些身处绝境之人的手中了"。

　　但是，除了这个与我们现在的问题无关的唯一例外，从未有像你们所做的那样颁布过这样的法律，赋予这一做法以权威或者宽容这一做法，亦即在毫无生命危险的情况下就把某人置于死地，以还击他的侮辱或者避免自己丧失名誉或财产；神父们哪，就是不信教的也不会颁布这样的法律。相反，他们公开禁止这一做法。《罗马十二铜表法》规定："在白天杀死一个没有使用凶器防身的抢劫犯是非法的。"其实，这种行为很早就遭到禁止了，见载于

《旧约·出埃及记》第 22 章。[1] 曾借鉴了乌尔比安[2]的《科尔内利法典》(Lex Cornelia) 中有《偷盗法》，它甚至禁止在夜晚之前杀死抢劫者，如果他们没有置我们的生命于危险境地的话。

　　神父们哪，请告诉我，你们得到哪些权威的支持而允许一切法律，不论是人类的还是上帝的法律都禁止的事情；谁给了莱修斯权力，他竟说出下面这些话来呢？"《出埃及记》禁止太阳出来以后杀死盗贼，如果他们没有使用凶器防身的话，在法庭上，在这些情况下杀人的将予以惩处。然而在良心上，这样的做法不可予以谴责，当一个人不知道除此之外还有其他什么办法找回失窃的财物，或如索托斯所言，在这个问题上还吃不太准的时候；因为他没有义务为了保全一个窃贼的性命而冒丧失任何财产的危险。甚至同样的权利也延伸到司铎身上。"多么异乎寻常的信念啊！摩西律法处罚那些杀死不对我们生命构成威胁的盗贼的人，而根据你们的解释，《福音书》的律法倒赦免了他们！神父们哪，耶稣不是来成全律法，倒是要废掉律法的？[3] 莱修斯说："在这些情况下杀死人的，法官将予以他们处罚；但是在良心上不可谴责他们。"难道我们一定要得出结论，耶稣基督的道德观连杀人犯还不如，甚至比那些异教徒还残暴吗？我们的法官从这些异教徒那里借鉴了国家的法律，这些异教徒倒还懂得谴责这样的罪行。难道基督徒

---

　　[1] "人若遇见贼挖窟窿，把贼打了，以至于死……若太阳已经出来，就为他有流血的罪。"

　　[2] 乌尔比安（Ulpian, ? -228 年）：古罗马法学家，罗马帝国五大法学家之一，著有《萨宾派民法》评注等。

　　[3] 耶稣说过："莫想我来要废掉律法和先知；我来不是要废掉，乃是要成全。"(《新约·马太福音》5:17)

关心世间美好的事物，却漠视人类的生命，更甚于不信教者以及偶像崇拜者吗？神父们哪，你们是根据什么原则做出推论的呢？肯定不是根据上帝或是人类颁布的律法——仅仅是根据这样一个异乎寻常的理由："法律允许我们捍卫自己不受抢劫犯的侵害，允许我们以暴易暴；因此，既然允许自卫，那么不杀人常常不足以自卫，因此杀人也是允许的。"

神父们哪，因为允许自卫所以允许杀人，这是大谬不然的。用这样一种野蛮人的方法自我辩解，是你们的一切谬误的根源，它遭到鲁汶大学全体员工的指责，他们在申斥公告中指责了贵会拉米神父的教理，称其"为谋杀辩护——defensio occisiva"。我主张，法律认识到在谋杀和自卫之间有天壤之别，凡是允许进行自卫的情况，法律都做出规定以避免杀人。神父们哪，且读一读库雅斯（Cujas）的话吧："挫败夺取我们财产的人是合法的；但是我们不可杀死他。"还有："如果任何人威胁攻击我们，但不伤害我们的性命，完全可以挫败他们；但是把他处死是完全违反法律的。"

谁给予你们权利教莫林那、雷吉纳德、费留提乌斯、埃斯科巴和其他人说"谁打了我们一下就杀死谁，这是合法的"？或如莱修斯所言"所有决疑论者一致同意，谁图谋侵害我们，就夺去谁的性命，这是合法的"？你们只是一些个体，你们凭什么权威授予包括司铎在内的其他人杀人和屠杀的权力？你们怎敢僭越生杀予夺的权力，它本质上只属于上帝，是君王荣耀的象征？这是需要你们做出解释的问题；而你们设想，对于所有这些问题你们做出了洋洋自得的答复，你们在"谤言录"第十三条中草草答道："莫林那允许我们杀死一个逃逸的而非施暴的盗贼，假如他偷盗的案值达到了 6 个杜克特，而不是像我所说的那么少！"这是多么的愚蠢啊！神父们哪，请你们告诉我你们从哪里定下了这一个价格的呢？把价格提升到 15、16 个杜克特又能怎样？休想我会就此相应减弱我对于你们的谴责。无论如何，你们不可提高到超过一匹马的价格；因为莱修斯显然持有一个高见："我们可以合法地杀死一个带着我们的马逃跑的盗贼。"可是我还必须告诉你们，当我说莫林那估计盗贼的性命值 6 个杜克特，我完全没有搞错；如果你们不相信我的话，我将找一个你们不会拒绝的仲裁人来。充当这个职位的人就是贵会的雷吉纳德神父，在解释莫林那的这段文字（1.28，第六十八条）时，他声称："莫林那在那里规定了一个数目，若案值仅有 3、4、5 个杜克特就不可杀死盗贼。"因此神父们哪，除了莫林那之外，还有雷吉纳德可以替我作证呢。

同样，反驳你们"谤言录"的第十四条也很容易，亦即关于莫林那允许"杀死一个威胁抢走我们 1 个克朗的贼"。这一不容置疑的事实可由埃斯科巴加以证明，他告诉我们："莫林那正式规定了案值达到 1 个克朗就可以杀死一个盗贼。"在"谤言录"的第十四条中你们对于我的全部指责就是我掐掉了这段文字的最后一句话："在这个问题上每一个人都应该研究这种温和的公平自卫方式。"为什么你们不抱怨埃斯科巴也漏掉了这句话呢？可见你们对于自己是多么缺乏鉴赏力啊！你们想象没有人能够理解你们的自卫是什么意思。我们会不知道那就是一种"谋杀式的自卫"吗？你们却想说服我们，莫林那的意思是指，在捍卫自己的 1 个克朗时，发现自己有生命危险，那么就有杀死攻击者的自由，以保全自己的性命。如果确实如此，神父们哪，那么为什么莫林那在同一个地方还说"在这个问题上,他与卡莱耳(Carrer)和巴尔德(Bald)的判断相反",而后者赞同为了保全自己性命可以杀人的呢?因此我重申,他的意思显然是,只要那人不必杀死盗贼就能够保全自己的1个克朗,他就不应该杀死他;但是,如果他不杀人就不能保住他的物品,即使自己性命无虞,比如盗贼手无寸铁,他也可以操起兵器杀死他,以便保住他的1个克朗;按照他的说法,在这样做的时候,那人并没有破坏"温和的公平自卫方式"。为了证明我的理解是正确的,只要看他自己怎么解释就行了:"一个人不可逾越温和的公平的自卫方式,"他说,"当他拿起兵器对付手无寸铁的盗贼,或是用兵器来取得对于攻击者的优势的时候。我知道有人持有相反的判断;但是我不同意他们的观点,甚至在国家法庭上也是如此。"

因此,神父们哪,毫无疑问你们的作家是允许为捍卫财产或荣誉,哪怕在毫无性命危险的情况下杀人的。而且根据同一个原则他们还准许决斗,我在他们的大量文字作品中已经证明了这一点,可是对此你们毫无回应。你们在你们的作品中只是批评了雷曼神父的一段摘录——他是同意采取上述行为的——"如果一个人舍此将陷于牺牲其幸运或荣誉的危险的话";在这里,你们指责我掐掉了他补充的话:"这种情况是绝少发生的。"你们真是叫我吃惊,神父们哪:这些莫名其妙的谤言又是你们强加给我的。你们说话好像是说,我们争论的问题在于这种行为是否绝少发生。可是真正的问题在于,在这样的情况下,决斗是否合法?这是两个截然不同的问题。作为一名称职的决疑论者,雷曼应该判断在这一假设的情况下决斗是否合法;而他主张决斗是合法的。至于这样的做法绝少发生与否,我们自有判断,不需要他来证明;我们会告诉他，这是一种常见行为。如果你们更加喜欢你们的好朋友迪亚纳的证明，则他会告诉你们："这种行为屡见不鲜。"但是不管绝无仅有还是屡见不鲜，就算我们同意雷曼在这个问题上是照了纳瓦尔的样子去做的，你们所突出强调的一个问题在于，他赞同下述观点是没有什么可耻的：为了保护虚妄的名誉接受挑战而置所有基督教国家的法令于不顾，置各种教会法令于不顾，这样做是合法的，而在论证这些恶魔般的基本原则时，你们并没有援引国家法律、教会法、《圣经》的权威、教父的权威、圣徒的事例，总之，没有援引任何事物，只是援引了下面这条极为不虔敬的推论："荣誉胜过生命；为了捍卫生命而杀人是合法的；因此为了捍卫荣誉而杀人也是合法的！"什么，神父们哪，人类因堕落而把虚妄的荣誉置于上帝赐予他们的、为了服侍上帝的生命之上，所以就必须允许他们相互残杀生命以保全荣誉吗？爱荣誉胜过爱生命本身就是极其凶残的罪恶；而这种邪恶的热情一旦成为我们行为的目的便足以玷污一切行为的神圣性，可是你们却认为它能将一切至恶之罪都神圣化了！

　　神父们哪，在这里，这是对一切原则多么严重的颠倒黑白！谁不能够一眼就看出，它可能导致怎样骇人听闻的暴行啊？显然，事实上，如果一个人的荣誉被认为是至关重要的，它将最终导致为了一些小得不能再小的琐事而杀人——我敢说甚至为了一只苹果而杀人！神父们哪，如果我不是有幸从伟大的莱修斯的权威那里得到如下话语的支持，你们也许会抱怨我不怀好意地从你们的教理中得出了一些残暴的推论，请看他在第六十八条中所说的："不可因为价值菲薄的东西就夺人性命，例如1个克朗或者1只苹果——au pro popmo——除非失去这些东西就会被认为丧失了荣誉。在这种情况下，一个人可以取回那件东西，甚至如果有必要就杀死那个攻击者，这与其说是捍卫自己的财产不如说是挽回自己的荣誉。"神父们哪，这可是一些大白话啊；为了用一条能够涵盖一切的基本原则总结你们的教理，请允许我引用以下赫罗神父的话，它转引自莱修斯的作品："自卫的权力包含保护我们自己不受一切伤害所采取的必要手段。"

在这一残酷的原则里面蕴涵着怎样不可思议的后果啊！而每一个人，尤其是政府官员多么迫切地需要起来坚决反对它啊！且不说普遍的善，就是他们的个人利益也会使他们看穿这一原则会带来什么后果；因为我在书信中引用的那些决疑论者们甚至将杀人的许可延伸到了他们身上。心存虚伪的人们，由于害怕他们的暴行——他们是从来不认为这些行为是犯罪——遭到惩罚，能够轻易说服自己他们本身是暴力压迫的牺牲品，同样也会轻易相信"自卫的权力包含着使自己不受一切伤害所采取的必要手段"。因此，既然摆脱了在良心内省上的斗争——这样做本会使许多罪行消灭于萌芽之中——他们唯一要做的就是去克服外部的障碍了。

在这个问题上，我不打算再多说什么了，神父们哪；我也不再专注于其他在政府看来是令人憎恶、自命不凡的，却得到你们的首肯，得到莱修斯和贵会的其他许多作者充分研究的谋杀形式。但愿这些可怕的基本原则都没有从地狱里面跑出来；而作为这些基本原则的始作俑者的魔鬼还没有找到绝对服膺他的意志而在基督徒中间将它们广为散布的人。

根据我迄今为止所说的一切，很容易判断出你们观点的不道德与国家法律的严肃性——这一点甚至那些异教徒的国家法律也不例外——之间的对立。它们与教会的法律又形成多么鲜明的对比，教会的法律与任何其他法律相比定然具有不可比拟的神圣，因为只有教会才懂得并具备真正的神圣性！因此，这位神子的配偶，与她天上的丈夫相仿佛，为他人流自己的血，却绝不会为自己流他人的血，对于每一桩谋杀罪都会感到无比震惊，都会提出相应的由上帝赐予她的启示。在她眼里，人不仅是人，而且他具有她所赞美的上帝的形象。她认为每一个人都具有神圣的一面，在她眼里，这神圣的一面令他具有一种应当予以尊重的特性，是不可以价格衡量的。因此她认为，一个人没有得到创造者的允许而被杀，这不仅是谋杀而且是亵渎上帝，教会因此也失去了她的一分子；因为，不论这人是否信教，她都同样把他看作她的儿子，即使现在还不是，但是将来总能使他转变成她的儿子。

神父们哪，正是这些神圣的理由，它们自上帝为了拯救人类而取了人身以来，就改变了人类的身份，使之成为教会的重要目标，因此教会一致惩罚危害人类、冒渎上帝的最严重的罪行。为了证明这一点，我将列举几个例子，不是想重申一切严厉的处罚（因为我知道教会可以改变这种外在的戒律上的规定），而是想证明教会对于这个问题一贯不变的精神。她对于杀人的具体处罚随时间的不同而有所变化，但是时间的推移并没有影响到她对这一罪行本身的极度厌恶。

长期以来，那些犯有故意杀人罪的人，直到他们临死之前，教会一直拒绝同他们和好，而你们却赞同这些人的所作所为。著名的安科拉主教会议[①]，罚他们终身苦修；后来，教会特许将终身

[①] 安科拉主教会议（Council of Ancyra），公元4世纪在安科拉（今土耳其首都安卡拉）举行过三次主教会议，天主教以公元314年的那次为正统，会议通过25项教规，为早期教会史上的重要文献。

苦修减为多年苦修。但是，为了更有效地在基督徒中间杜绝这种故意杀人的行为，教会甚至对于过失杀人的行为也予以了严厉惩罚，比如在圣巴西勒[1]、尼斯的圣格列高利[2]的著作以及教皇萨卡里和亚历山大二世的教令中都可以看到。朗格利的主教以撒摘录的教会法令（译文第2.13）称："在自卫中杀死他人的，处七年苦修。"我们发现，圣希尔德波特[3]在答复伊夫·德·夏特里（Yves de Chartres）时说："他宣判一个神父用石头打死一个打劫者终身苦修是正确的。"

现在，你们再不会狂妄坚持你们的决断与教会教规的精神相吻合了吧。我看你们找不到一条教规是准许我们仅仅为了保护我们的财产（因为我没有提到那些一个人可以起来保护生命的事例）就去杀人的；而你们的作者，尤其是拉米神父也承认的确找不到这样的教规。他说："不论是上帝的还是人间的权威都没有明确允许杀死一个毫无抵抗的抢劫者。"而这正是你们明确允许干的事情。我看你们也找不到一条教规允许我们因为被人打骂和侮辱，为了维护自己的名誉就把对方杀掉。我看你们也找不到一条教规允许你们杀死证人、法官或者执法官，只是因为怀疑他们行为不

---

[1] 圣巴西勒（St. Basil，约330-379年），早期基督教希腊神父，以反对阿里乌派神学观点，著有《驳优诺米》。

[2] 尼斯的格列高利（St. Gregory of Nyssen，约335-约395年），早期基督教希腊教父，371年任尼斯主教，以反对异端著称，公元381年在君士坦丁堡公会议上被正统教会誉为"维护正统教会的柱石"。

[3] 圣希尔德波特（St. Hildebert，1056-1133年或1034年？），历任拉芒的主教（1096年）、图尔的大主教（1125年），曾参加1123年举行的拉特兰公会议，以捍卫教会正统著称，亦有"教会的柱石"之称。

公平。这些具有煽动性的、为暴徒们发动暴乱的天性大开方便之门的基本原则与教会的精神截然相反。教会一贯教导她的孩子不应以恶制恶；应忍让怒气；不应抵抗暴力；应给予每一个人他们所应得的——名誉、赞扬、顺从；应服从执政官和长上，即使他们行为不公，因为我们应当尊重上帝所赋予他们统治我们的权威。她禁止他们将审判的权力独掌在自己手中，甚至比国家法律还要强有力地禁止他们这样做；正是按照她的精神，基督教的国王们在遇到严重叛逆罪的时候倾向于将受到这一严重指控的犯人交到法官那里，使他们能够得到法律公正的审判而受到惩罚，他们在这个问题上显示出与你们的做法大相径庭并且完美无缺，足以叫你们感到羞耻。

我的话既然说到这里，我请求你们比较一下，你们对待敌人的方式与法官对待罪犯的方式有何不同。神父们哪，谁都知道，个人无权夺取另外一个人的性命；虽然有人会令我们倾家荡产、残害我们的肢体、烧毁我们的房屋、屠杀我们的父亲并且企图杀死我们或者败坏我们的名声，但是法庭不会听取我们个人提出的以极刑处死他的要求。政府官员受命处理这类事件，他以国王的名义或者毋宁说以上帝的名义提出这类要求。神父们哪，你们以为基督教的立法者在做出这一规定之时乃是作秀和一脸的不情愿吗？他们的目标难道不是显然为了协调国家的法律和教会的法律，以避免外在的法律同所有基督徒内心所怀有的观念相互冲突吗？显而易见，这一作为国家司法程序出发点的规定一定让你们手足无措了吧；而它接下去的程序一定也会让你们产生强烈的感受。

那么，神父们哪，假设这些官员要求处死犯有各种上述罪行的人，接下去怎么办呢？他们会立刻操起匕首插入他的胸膛吗？不，神父们哪，这人的生命极其重要，必不可如此对待他；他们以更加谨慎的态度进行工作；法律把这项工作不是交给随便什么人，而是仅仅交给其正直和能力都经过适当考验的法官去执行。一个法官就足够宣判处死一个人了吗？不，至少需要七名法官；而且这七名法官中不得有本人受到这名罪犯伤害的，免得他的判断由于愤怒而扭曲、败坏。神父们哪，你们还知道，为了更有效地确保他们心灵的纯洁，他们只在早晨行使他们的职权。他们就是这样小心谨慎地预备采取处死同类的重大行动；在这样做的时候，他们僭越了上帝的地位，而他们只是上帝的臣子，受任命来宣判招致上帝诅咒的罪人。

出于同样原因，作为剥夺人生命的神圣权力的忠实的执行者，他们必须严格按照证人的证词以及其他规定的形式审理案件；然后再依照法律小心宣判，只处罚那些按照法律应当宣判死刑的人。因此，神父们哪，如果上帝命令他们惩罚那些不幸的罪犯的身体，同样神圣的法令也迫使他们为这些有罪的灵魂寻求利益，也迫使他们因为这些人是有罪的，就更要为他们主持正义；所以在良心尚未做好充分准备时，他们是不能宣判别人的死罪的。所有这些都是极其公正、坦率的；教会对于流血极其厌恶，以至于她将对于那些在其祭坛上执法不公、滥杀无辜的人加以审判，尽管只是在宗教范围以内；由此我们可以想象，教会对于谋杀有着怎样的想法。

既然讨论了以公平的法律形式对待人类生命的方式，我们现在再来看一看你们又是怎样对待人类生命的。根据你们时髦的法律体系，只有一名法官就行，这法官不是别人；正是苦主。他就是法官、苦主和执法者。他本人要求处死他的敌人；他宣判其罪行，他一定经常会判处他死刑；毫不尊重其兄弟的身体，耶稣基督为他而死，你们却杀死他、诅咒他；而所有这一切竟是为脸上挨了一拳、遭到侮辱或是谩骂或是类似的侵害，如果一个执法官面对这些侵害就行使其法律权威，处死任何一个人，那么他本人一定会收到检举控告的；因为在这样的情况下，法律是不会宣判任何一个人死罪的。总之，令这种放肆行为更为糟糕的是，既无权威性，又不依照法律，那些以此手段杀死其邻人者，既不算犯罪也不算扰乱社会，倒是虔诚的教友、甚至司铎呢！神父们哪，我们都是这样的人吗？如此谈论问题的人，他们真是虔诚的教友吗？他们是基督徒？还是土耳其人？他们是人类？还是魔鬼？这些是"耶稣会中的羔羊所启示的奥秘"？还是恶龙指给予它一同作恶者看的可憎之物？

我们还是来谈一谈正题吧，神父们哪，你们希望与谁为伍——是福音之子还是福音之敌呢？你们必须站在其中的一边；因为没有中间的选择。"不与耶稣基督在一起的，必与他为敌。"所有人就是如此分成这两种类型的。圣奥古斯丁认为，散居在大地上的有两类人、两个世界。有上帝之子的世界，以耶稣基督为君王和首领；有与上帝为敌的世界，以魔鬼为王和首领。因而耶稣基督被称作人间的君王和上帝，因为各处都有他的臣民和崇拜者；因而在《圣经》中魔鬼也被称作人间的君王和神，因为各处都有他的代理人和奴隶。耶稣基督以他永恒的智慧愿意把这样的律法颁行在教会——他的帝国里面；而魔鬼也把他选定的律法立于人间、他的王国里面。耶稣基督把荣耀和受苦联系在一起；而魔鬼却不把荣耀与受苦联系在一起。耶稣基督教导说，有人打您的脸，把另外一边脸也转过去由他打；而魔鬼则教导说，有人威胁要揍您，就杀掉这个想要伤害您的人。耶稣基督预告与他一同受辱的人是幸福的；而魔鬼则宣称遭受耻辱是悲哀的。耶稣基督说：那些受人恭维的人有祸了；而魔鬼却说：那些受世人鄙夷的人有祸了！

你们自己判断，神父们哪，你们归属哪一个王国吧。你们听了平安之城、神秘的耶路撒冷的话；也听了混乱之城，《圣经》所谓"按着灵意的所多玛"① 的话。你们听得懂哪种语言呢？你们自己说的又是哪种语言呢？正如圣保罗所教导的，那在耶稣基督一边的，所受的也是耶稣基督的心；那些在魔鬼之子——ex patre diabolo——一边的，从一开始就是谋杀犯，按照耶稣基督的说法，便是追随着魔鬼的基本原则。因此，我们再听一听你们学派的话。我要问你们的神学家，如果有人打我们的脸，我是应该告发他的伤害行为还是杀死他呢？还是应该杀死这人以避免受辱呢？可以不择手段杀死他——这是完全合法的！莱修斯、莫林那、埃斯科巴、雷吉纳德、费留提乌斯、巴尔德尔等耶稣会士都这么异口同声地说。这是耶稣基督的话吗？还有一个问题：有人揍了我一个耳光，我宽容他，没有杀掉他，我是不是辱没了自己的名声呢？埃斯科巴大声叫道："一个人挨了打，只要那打人的还活在世上，这挨打的就一直毫无名誉可言，难道还用得着怀疑吗？"是的，神父们哪，他毫无荣誉可言，这从魔鬼傲慢的灵输入到他傲

---

① 《新约·启示录》11:8。

慢的魔鬼之子的灵里面的名誉。这名誉一直就是世俗之人的偶像。为了保住这虚妄的荣耀，这世俗之神散布的荣耀，他们屈服于决斗的疯狂，而牺牲他们的生命；他们遭到了可耻的惩罚，反而牺牲自己的名誉；他们深陷于可诅可咒的险境——按照教会的教规，他们可能被褫夺基督徒的终傅——反而牺牲了自己的救赎。然而，我们有理由感谢上帝启示给我朝国王心灵的观念，远比你们神学的观念更为纯洁。他针对这个问题所颁布的旨意极其严格，并没有把决斗变成罪行——只是惩罚与决斗不可分割的罪行。他以从严审判的威严来核查那些不惧怕上帝公义的人；他的虔诚教导他，基督徒的名誉在于服从天上的旨意和基督教的统治，而不在于追求你们为谋杀而提出的虚幻的、缥缈的、毫无法律根据的辩解。你们关于谋杀的决断遭到世人一致的唾弃，因此我恳请你们改弦更张，即使不是从宗教的原则上，也要从动机策略上改弦更张。神父们哪，要自觉地起来谴责这些野蛮的教条，从而避免这些教条所带来并且要你们负责任的可悲后果。为了在你们的心头打上恐惧杀人的更为深刻的烙印，你们要记住，堕落后的人所犯的第一件罪行就是谋杀，是对第一位神圣之人的谋杀；最大的一件罪行也是谋杀，是对圣徒之王的谋杀；并且在一切罪行里面，唯有谋杀是一种同时破坏教会、自然以及宗教三者的罪行。

我刚看到你们的辩护者对于我的第十三封信札的回答，但是，如果对于我的信札他不能够做出更好的答复，则他就算不上一个辩护者，因为我的信札与他的反对意见毫不相干。我遗憾地看到一如既往地离题万里，充满敌意地亵渎了生者和死者。但是，为了让公众对于你们提供给他的故事产生几分信任感，你们不应该让他公开否认诸如贡比涅挨打这样众所周知的事实。神父们哪，根据受害者的证词，他的脸上确实挨了一名耶稣会士的一个巴掌；而你们的所有朋友所能为你们做的只是提出怀疑，他挨到的那个巴掌是用手心还是手背打的；只是纷纷讨论，脸上挨了手背一击算不算挨了一个巴掌。我不知道这个问题归哪个法庭管；我只是同时知道，至少那是一个或然的巴掌。这就使我不能认为他们良心可以不受谴责。

信札之十五

致列位尊敬的耶稣会神父

1656 年 11 月 25 日

尊敬的神父们：

由于你们的污言秽语与日俱增，由于你们正在利用它们无情地伤害那些反对你们谬误的各种虔诚的人，我觉得我有义务为他们也为教会揭穿你们策略中的一个大秘密。不久以前我曾经答应过要这么做，让你们的基本原则现身说法，让所有人知道你们的恶意指责是多么难以置信。

我知道，那些对你们不甚熟悉的人一时间还不知道如何来思考这个问题，因为他们发现处在这样一种痛苦的必要性里面：或者相信你们横加在反对派头上难以置信的罪责，或者（同样难以置信地）把你们看作是诽谤之徒。"天哪！"他们惊呼道，"要是连这些事情都不是真的，这些神职人员怎么向全世界大肆传播它们呢？——他们怎么大放诽谤之词，败坏了自己的良心，竟而甘愿毁掉自己呢？"他们就是这样思考问题的，于是你们显而易见的谬误就与他们相信你们一贯诚实的观念发生了冲撞，一面是无可否认的真实证据，一面是他们不愿意违背要友爱兄弟的诫命，他们的心灵就处在这样一种悬空的状态。这便意味着，既然他们对于你们的高度尊敬是唯一使他们难以不信任你们恶语诽谤的原因，如果我们能够成功地使他们相信，你们对于恶语诽谤的看法与他们所想象的大不相同，你们实际上相信通过诋毁对手的名誉可使你们自己得救，那么毫无疑问，真理的力量会使他们立刻做出决定，就不会再尊重你们的指责了。神父们哪，本信札的目的就在于此。

我的计划不仅要指出你们的作品中到处充斥着诽谤；我还要更进一步。一个人说了一些他本人信以为真的假话，这完全有可能；但是一个说谎者的特征是他故意说假话。神父们哪，现在我就要证明你们就是在故意说假话，你们有意地、明知故犯地把大量罪名安插到你们对手的头上，而你们自己却明白他们是无辜的，因为你们相信这样做并不会使自己名誉扫地。对于你们道德观的这个问题，您我无疑一样是心知肚明的，但我还是不能不同你们谈谈；如果我的目的是要所有人都相信它确实存在，那么我就要当着你们的面向他们指出来，而你们却没有自信起来否认它，以此推翻我对于你们的指责。

我所指的一条教理在你们的学派中极为常见，不仅在你们的著作中，甚至在公开的论点发布会演讲中你们都是如此主张的，足见你们对它很是自信；例如，你们在1645年鲁汶大学的发布会上就是如此，你们是这样表述的："伪造一些虚假指控并无限上纲以败坏那些说我们坏话者的名誉，这难道不是一桩轻罪吗？"既然你们有了这样的想法，谁胆敢提出反对意见，你们就把他们诬蔑为笨蛋或是轻浮的白痴。你们就是以这种方式对待德国的卡普钦会的基罗加（Quiroga）神父的，他当时不识时务地对这一教理提出了不同意见。这位可怜的神父立刻遭到了你们同会的迪卡斯蒂尔（Dicastille）神父的攻击；下面就是你们与之进行争论的一个实例："那个吃相可怜、光着两脚、蒙着斗篷的修士——cucullatus gymnopoda，恕我不提他的名字，那个从女人堆和无知百姓中来的家伙竟敢鲁莽地反驳这个观点，竟敢诬蔑它有悖于一切美好风俗的丑闻、邪恶，与国家和社会的稳定为敌，并且总而言之，不仅与所有的天主教神学家而且与所有天主教教友唱对台戏。但是与此相反，正如我一贯所主张的，当一个人诽谤诽谤者时，虽然其诽谤之词可能有误，但此举在道德上绝非一桩重罪，既不有违公义，也不有违仁爱；为了证明这个观点是正确的，我要让他去问一下我们的全体神父，以及我曾经前去咨询过这个问题的那些教授所在的所有大学；主要是尊敬的约翰·甘斯（John Gans）神父，皇帝的告解神父、尊敬的但以理·巴斯特勒（Daniel Bastel）神父，列奥波德大公（Archduke Leopold）的告解神父、昂利（Henri）神父，这两位国师、维也纳大学的所有知名和不知名的教授"（皆为耶稣会士）；"格拉兹大学的全体教授"（都是耶稣会士），"（由耶稣会管理的）布拉格大学的全体教授"——"所有我所记得的人，他们无不亲手书面表示赞同，并签下了他们的大名；此外站在我一边的还有尊敬的潘纳罗沙（Panalossa）神父，耶稣会士，西班牙皇帝和国王的宣教师；皮利瑟罗利（Pilliceroli）神父，耶稣会士；以及其他人，早在我们发生争论之前，他们就已经断定我的观点是或然的。"你们知道，神父们哪，几乎很少有其他观点像现在这个观点那样不遗余力地加以论证的，事实上也没有其他观点你们是迫切需要的。为此，无论如何，你们需要先将证实这一个观点，使得你们的决疑论者能够把它当作一条明确无疑的原则而运用自如。卡拉穆尔说："毫无疑问，为了保护自己的名誉而诬蔑别人并非什么重罪，这是一个或然的观点。因为有二十位以上的神学家，加斯帕·胡尔塔多和耶稣会士迪卡斯蒂尔等等都赞同这一观点；所以，要是这个观点不是或然的，在神学界就得不到任何支持。"

可以心安理得地贬损我们邻人的名誉以此保全我们自己的名誉，除非做出这样的决断，否则就不能决断任何其他问题，这样的神学一定是败坏了，而且败坏到了根子里去了！神父们哪，那些主张这一原则的人一定乘机将其付诸实施，这也是很自然的！人类固有的腐败非常倾向于这种做法，以至于假设良心的障碍一旦消除，这一倾向也不会大爆发就是极其愚蠢的。如果你们希望我举一个例子，卡拉穆尔就是一个，他在同一段文字里面说："迪卡斯蒂尔神父的这个原则通过一位德意志的女伯爵的书信转到了皇后的公主们那里，这一在她们的心目中留下了深刻印象的信条，亦即诽谤只是一项轻罪而已，终于在过后的几天里产生了数目繁多的凭空捏造的故事和丑闻，以至于整个宫廷都像热锅上的蚂蚁，人人自危。事实上，可以想象这些妇人们怎样充分利用了她们新近获得的启发，以至于事情发展到了这样的地步，都觉得有必要召一位值得尊敬的卡普钦会修士进宫，他堪称人类的模范，名叫基罗加的神父"（就是迪卡斯蒂尔神父猛烈攻击的那位），"他令众人相信，这一基本原则是邪恶到了极点的，在妇女中的影响尤甚，应当力劝皇后在全国彻底禁止实施这一原则"。因此，我们对于这一教理造成的恶劣后果是没有理由感到吃惊的；相反，奇怪的倒是这样的后果为什么居然没有发生。自爱总是在我们受到攻击的时候在我们的耳边轻语，我们不应当遭受此折磨的；而你们的情况更加特别，神父们哪，你们的虚荣心膨胀到极点，使你们变得盲目，竟至于相信伤害了你们耶稣会的荣誉就是伤害教会的荣誉。如果你们不把这一教理付诸实施，或许还有理由把它视为某种奇妙的东西。那些对你们并不知情的人不是已经说过：这些好心的神父怎么会诽谤他们的敌人呢，他们这样做不是有碍于他们自己得救吗？但是如果他们稍微看透了你们，他们的问题就会是：这些好心的神父怎么会放弃诋毁他们敌人的机会，如果他们这样做不会危及他们的救赎？因此，从今以后，谁要是发现了耶稣会士的诽谤者就不必感到惊奇了；他们能够奉行这一天职而心安理得；天上人间没有什么障碍能够制止他们这么做。由于他们在人间已经获得信任，他们就能够大肆诽谤而不必担心世俗的审判；由于在良心上自封的权威，他们发明的基本原则使得他们放心大胆去做这样的事情而不必害怕上帝的审判。

　　神父们哪，这就是你们的卑劣的诽谤行为取之不尽的源泉。布里萨西耶神父就是根据这一原则大肆诬蔑前巴黎大主教的，最后招致大主教的申斥。出于同样的原因，丹鸠（D'Anjou）神父于1655年3月8日在巴黎本笃会的布道坛上开始辱骂那些诚实的绅士们，这些绅士掌管捐献给皮卡蒂和香巴涅的善款，而他们本人也捐献了好大一份；他散布谣言，胡说什么根据可靠的权威人士，一些人改变这些款项的适当用途，用它来反对国家和教会，妄想以此断绝捐款的来源——如果你们的诽谤真的有人相信，倒还确实能够达到你们的目的；该堂口司铎是位索邦的神学家，这样的诽谤迫使他第二天就走上布道坛证明他撒了一个弥天大谎。一定是出于同样的缘由，贵会的科拉塞（Crasset）神父也是大肆诽谤，闹得全奥尔良民怨沸腾，以至于那里的大主教不得不宣布他是一个人所周知的诽谤者，停止他参加圣事。根据同样的命令，他的领主于去年9月9日宣布：兹因得到通知，扬·科拉塞兄弟，耶稣会的司铎在布道坛上对本市神职人员发表了一篇充满谎言和诽谤的讲话，错误地、恶意地指责他们提出了渎神的和异端的命题，诸如：上帝的十诫不是切实可行的、内在的恩宠是不可抗拒的、耶稣基督不是为所有人而死的以及诸如此类遭到英诺森十世谴责的观点，因此他禁止前述的科拉塞神父在本教区传教，禁止一切官民听他传教，不从此命者杀无赦。神父们哪，上面就是你们对别人的横加指责，而且基本上是针对那些凡是于你们不利的人所进行的指责。尽管你们不能证明其中任何一项谴责，但是就像科拉塞对于奥尔良的神职人员那样，你们良心上并不因此感到愧疚；因为你们相信，对你们的仇敌进行这样的诽谤是得到允许的，以至于确信你们可以面对整个社会，肆无忌惮地公然诽谤他人。

你们与里昂的圣尼西耶的本堂神父贝毓（Puys）先生的争论也明显地证明了这一点；这个故事彻底暴露了你们的精神实质，请容我一一道来。神父们哪，你们知道，在1649年贝毓先生把一位卡普钦会修士的优秀著作翻译成了法文。根据基督徒对于堂口所承担的义务，避免教友从各堂口分离出去，既没有辱骂任何人，也没有特别点名哪一个修士或是哪一个修会的修士。可是你们的神父却自动对号入座；贝毓先生是一位年迈的司铎、法兰西大主教的仲裁员，以及受到全城人民最高敬仰的人，埃尔比（Alby）神父却写了一篇怒气冲冲的小册子反对他，到了圣母升天节那天在你们的教堂里面公开抛售；在这本书里，他主要指责贝毓的风流韵事而使自己出丑："把他描绘成一个被怀疑为不信教、异端、受到绝罚，总而言之，一个应当处以火刑的家伙。"对此贝毓神父做了答复；而埃尔比神父在其第二本书中还是坚持他以前的指控。现在，神父们哪，或者你们是诽谤者，或者你们相信你们对于这位令人尊敬的神父的一切指控都是真实的，这难道不是一个很明确的问题吗？而根据后一种假设，在你们判断他是一个值得你们交往的朋友之前，你们应当考察一下，他是否已经与上述一切可憎之物彻底摆脱了干系，这难道不也是一个很明确的问题吗？我们且来看一看，专门为这场争论召开的调解会议上究竟发生了什么，该会于1650年9月25日召开，全城众多居民都参加了。当着所有这些证人的面，贝毓先生发表了一篇声明，我逐字抄录如下："我所写的内容并不是针对耶稣会神父的；而是泛指那些偏离了堂口信仰的人，并无攻击耶稣会之意；我非但没有这样的主观意图，耶稣会乃是我尊敬和喜爱的对象。"就是说了这些话之后，贝毓先生既没有撤回从前的话，也没有举行任何解罪仪式就一下子洗清了背教、丑闻以及应予绝罚的恶名；而埃尔比神父立刻致辞如下："先生，正是由于我相信您是故意攻击我有幸所属的那个修会，才使得我拿起笔捍卫它；我认为我采取了我得到允许采取的方式做出反应。但是，既然现在对于您的意图有了更好的了解，我现在愿意声明，您的书籍中没有任何东西能够阻止我把您看成一位天才、一位能够做出理性判断的人，一位在教义上深刻而正统、在礼仪上无人可以企及的人；总之，一位你们教会中值得尊敬的司铎。我很高兴能够做出这一声明，我请求在座的绅士们能够记住我刚才所说的话。"

他们的确记住了，神父们哪；我还要补充的是，他们厌恶如此调解胜过了争论本身。因为谁会不赞扬埃尔比神父的这个演讲呢？他不说由于亲知贝毓先生在信仰上和生活方式上发生了变化而收回以前对他的指责，却仅仅因为知道他没有攻击你们修会的意图，因而就不存在任何东西能够进一步阻止他将作者视为一名善良的天主教徒。而且也不相信他真是一个异端了！还有，至于他指责贝毓先生是一个异端，他非但没有认错，却坚持说他认为他所采用的手段是"他可以采取的"！

神父们哪，你们公开承认这一事实，就是你们仅仅根据人们对于你们的修会的好恶来衡量他们的信仰和美德的，这对于你们可能意味着什么呢？你们难道不会从你们自己的言行看出你们就是一帮骗子和诽谤者吗？天哪，神父们哪，同样一个人，本人没有发生任何变化，仅仅是根据你们判断他是喜欢还是攻击你们的修会，就能够判断他必定是"虔诚的"还是"不虔诚的"，是"无可指责的"还是"应予绝罚的"，是"教会值得尊敬的司铎"还是"应当处以火刑的家伙"；总之，是"一位天主教徒"还是"一个异端"？"攻击你们修会"与"一个异端"，在你们的语言里竟是可以互换的两个名词！神父们哪，这真是奇怪的异端！因此，当我们看到许多善良的天主教徒在你们的作品里面被冠之以异端，这似乎只不过意味着他们曾经攻击过你们而已！神父们哪，我们就是这样理解这一奇怪的行话的，根据这一行话，毫无疑问我就是一个最大的异端了。原来你们是在这层意义上经常授予我这一称号的！你们要把我逐出教会的唯一理由是因为你们认为我的信札有害于你们；因此，为了成为一个好的天主教徒，我必须做的就是赞同你们放肆的道德观，或者使你们相信我揭露你们道德观的唯一目的是于你们有利。对于前者，要是不放弃我拥有的一切虔诚的观点，我根本做不到；对于后者，待到你们改正了你们的过错，你们就会慢慢体会到这一点的。我就是这样的一个异端，一个非常少见的异端；因为，我信仰的纯正不足以开脱我的异端之罪，我无从逃脱对我的这一指责，除非我或者背叛自己的良心，或者改变你们的良心。我一贯忠实地引用你们的作品，而你们却到处大声地喊冤："那人真是供魔鬼役使的一件工具啊，在我们的著作中没有一点蛛丝马迹的东西，他竟拿来诬蔑我们！"通过这样的手段，你们就与你们的一贯的基本原则和你们日常的所作所为保持了一致性：你们的谎话竟然达到了这样一种程度！请允许我举一个特意选取的一个例子；它同时能够使我有机会答复你们"谤言录"的第九条：因为实际上，这些谤言只是值得我们稍加一驳就可以了。

大约在10或12年以前，有人指责你们主张波尼神父的一个基本原则："为了我们或者我们邻人的物质上的或是精神上的利益，可以寻找一种直接犯罪的机会"（译文4，问题14）；他列举了一个事例："可以出入烟花柳巷，以便让一个放荡的女子入教，即使这样的行为极易导致犯罪，因为凭经验就可以断定他经常会屈从她们的引诱。"高辛神父1644年是怎样回答这一指责的呢？"让任何一个人看一看波尼神父的那段文字，"他说，"请仔细阅读一下正文、边页、前言、附录，总之从头到尾整个读一遍，他将找不到一点痕迹是与这句话有关的，这句话只会进入那些完全泯灭了良心的人心中，除了撒旦的工具之外，这句话谁也想不出来。"平特罗神父也用同样的口气说："谁要是传播如此可恶的教理，他真是天良丧尽了；但是谁把这样的教理归在波尼神父身上，那么他一定比魔鬼还恶毒。读者们啊，在他的著作里面找不到关于这一教理的一丝一毫痕迹。"有谁还会不相信一个人以这样的口吻说出的抱怨话其实毫无道理，有谁还会不相信波尼神父是被人误解了呢？诸位不是曾经也用同样强硬的语气同我说这样的话吗？在发出了这样一个严正声明——"在他的著作里面找不到关于这一教理的一丝一毫痕迹"——之后，谁还会想象得到那段文字可以一字不差地在所提到的地方找到呢？

真的，神父们哪，如果没有任何人做出答复，你们的抱怨不失为确保你们名声的一种手段，可是，只要有人做出了答复，那么它不幸就是永远毁掉你们名声的手段。因为，确实无疑的是，在前述的日子里你们撒了一个谎，而在今天的护教文中你们则毫无顾忌地承认，那个基本原则能够在几乎每一个摘录的文字里找到；极其与众不同的是，这个基本原则在12年前被你们称为是"可恶的"，而在"谤言录"第九条（第10页）中，你们指责我"无知而恶意地与波尼神父争论一个在本学派中尚未被拒绝的问题"，同样这条基本原则却变成无害的了。神父们哪，对待那些陷于自相矛盾之中的人们而言，这是一种多么有利的局面啊！我不需要补充其他别的什么了，你们自己就把自己驳倒了；因为我只要证明两件事：第一，在争论中的基本原则本身一钱不值；第二，它是属于波尼神父的；而这两点我都能够用你们的自白来证明。1644年，你们承认它是"可恶的"；而在1656年，你们公开承认，这个基本原则是波尼神父的。这一双重承认完全证明我是有道理的，神父们哪；但是不仅如此，它还揭露了你们策略的精神实质。因为，请告诉我，你们在你们的作品中想达到什么目的呢？是说实话吗？非也，神父们哪；这是不可能的，因为你们的辩护相互诋毁了自己。是追随了信仰的真理吗？这也不大可能是你们的目的，因为根据你们的证明，你们认定那是一条"可恶的"基本原则。但是，人们看到，当你们从前说那条基本原则是"可恶的"基本原则时，你们同时否认它归波尼所有，因此他是清白的；而当你们现在承认那的确是他的基本原则时，你们又同时主张这是一条好的基本原则，因此他还是清白的。因此，这位修士的清白是你们的两种回答中唯一相同的东西，显而易见的是，这才是你们的回答所欲达到的唯一目的；显而易见，当你们说到同一条基本原则的时候，你们说它在某一本书里面，又不在那里面；它是一条好的基本原则，又是一条不好的基本原则；显而易见，你们的真正目的就是要粉饰你们的某个同会兄弟；显而易见，你们判断一种事物，不是根据亘古不变的真理，而是根据你们每一个小时中都在发生着变化的利益。此外我还能说别的什么呢？你们想象这只是一个证明而已；但是这绝不是一个孤立事件。为了省略大量同样的事情，我只是再举一个例子，相信你们是会满意的。

你们在不同时候由于波尼神父的另外一个命题曾经受到指

责,这个命题是:"对于那些惯于违背上帝的、自然的以及教会的律法的人,就算看不到将来他们有明显改邪归正的机会——etsi emendationis futurse spes nulla appareat——也不可以拒绝或是推迟赦免他们的罪。"神父们哪,我请求你们告诉我,对于这一条基本原则,哪一条辩护是你们最为喜欢的:是平特罗神父的,还是布里萨西耶神父的,这两位都是你们修会的,他们根据你们两种不同的模式为波尼神父辩护——一个谴责这一命题,却坚决否认这是波尼神父的观点;另一位则同意这是波尼神父的观点,但认为这个观点是正确的?且听他们各自讲了一些什么吧。平特罗神父如是说(第8页):"我不知道什么叫作逾越了为人要谦恭的礼数,什么是最为厚颜无耻的行动,如果把这样一条如此糟糕的教理归在波尼神父头上不算是这样的行为的话。"再看布里萨西耶神父的说法:"的确波尼神父说过您所指控的话"(这便足以说明平特罗神父是说了假话)。"但是,"为了替提波尼神父辩护,他又补充道,"当一个悔罪者躺在您的脚边的时候,你们这些对这个观点挑刺的人却一味地迁延,直到他的守护天使确保他获得天堂的财宝的权力[①];如果你们一味地迁延,直到上帝圣父本人起誓,当大卫为圣灵所感动,说'人人向邻舍说谎'[②]、犯错误、背信弃义时,他撒了一个弥天大谎;如果您一味地迁延,直到那些忏悔者已经不再是说谎者、不再意志薄弱、不再是个罪人,与别人并没有两样的时候;如果你们一味迁延直到那个时候,你们就再也不能把耶稣基

[①] 语谓这忏悔之人至死都没有得到赦罪。
[②]《旧约·诗篇》12:2。

督的血涂在任何一个人的灵魂上了。"

神父们哪，对于这些不虔敬的放肆言论，你们心里是怎样看的？据此，如果我们"在看到那些罪人有了某些赎罪的希望"之前，不给他们行赦免的礼仪，那么我们就必须等到"上帝圣父自己发誓"，说他们将再也不会堕落到任何罪孽里面之后！天哪，神父们哪！难道在希望和确定性之间没有任何区别吗？你们认为基督徒绝无可能逃脱犯罪的深渊，避免触犯上帝的律法、自然的律法以及教会的律法，以至于如果我们不假定"圣灵撒了一个谎"，就根本不能期望这样的事情能够发生，这对于耶稣基督施予我们的恩宠是多么有害啊！而且，如果不给那些并没有表现出忏悔的人举行解罪仪式，耶稣基督的血就真的是白流了，就"再也不能用于拯救任何一个人的灵魂了"！神父们哪，你们异想天开要袒护你们作家的荣誉，当你们发现只有两种办法为他们辩护——不是说谎就是亵渎神灵，当你们告别天真矢口否认像白天的日光那样确实无误的客观事实的时候，你们已经走到了怎样一条可悲的独木桥上面去了！

这也许能够解释你们为什么经常采取这一非常方便的做法。但是这还不是你们自卫之道的全部。为了搞臭你们的对手，你们还伪造文献，比如你们伪造了一封"一位教区长助理致阿诺尔先生的信"，你们把这封信在全巴黎广为流传，想使人们相信，那本得到众多主教和神学家赞许、并且实际上是批评你们的《常领圣体论》，乃是通过秘密机构与沙琅东（Charenton）的教区长助理一起杜撰出来的。而在其他时候，你们胡说那些充斥渎神思想的作品是出自你们敌人之手，例如"詹森派的一封公开信"，其风格之荒谬绝伦使得这一骗局不攻自破,而且暴露了你们的梅尼耶(Meynier)神父的险恶用心,就是他厚颜无耻地利用这封公开信来佐证他最卑鄙下流的诬蔑不实之词。你们甚至有时还援引一些根本不存在的书籍,比如《圣事规章》,从中摘章引句,胡编乱造,挑拨某些对于你们的厚颜无耻、传播谎言的程度毫无所知的天真善良的人们,使他们怒火中烧,准备战斗。事实上,没有一种诽谤的形式你们没有使用过;而那条宽容这一罪恶的基本原则[①]怎么没有被交到更好的人手里。

但是我们注意到的这些诽谤非常容易使人产生不可信的感觉。因此,你们还有其他诽谤方式,具有更加不易识破的特点,你们不指出对方的具体错误,以免被你们的对手抓住把柄,找到任何反击的借口;比如,当布里萨西耶说:"他的敌人犯了不可饶恕之罪行,我连提都不想提到。"你们不想一想,这些含糊其辞的指责怎么可能证明是一种诽谤呢?然而一个聪明人还是能够找到其中奥秘的;神父们哪,这回还是一个卡普钦会修士;你们从前已多次栽在卡普钦会那里了;我可以预见,你们也许今后还会栽在本笃会那里。这位卡普钦会修士是位名叫瓦勒里安(Valerien)的神父,出生于马格尼斯公爵家族。从这个小故事里面,你们将领教他是怎样回答你们的诽谤的。他曾经成功说服海斯—莱因斯费尔德(Hesse-Rheinsfelt)的诸侯、恩斯特亲王皈依基督教。然而你们的神父似乎看到一个权倾一方的君王皈依基督教他们却未能插手此事,为此懊恼不已,便立刻写了一本书反对这位修士(因为好人

[①] 亦即恶语诽谤乃为轻罪之基本原则。

不论在何处都是你们逼迫的对象），在这本书中，你们伪造了一段他的文字，给他安插了一个宣传异端教理的罪名。他们还公布了一封攻击他的信件，信中说："啊，我们有这样的事情要揭露"（但绝不指明是什么事情），"会触到你们的痛处的！如果你们不小心一点，我们就向教皇和枢机主教告发你们。"这一策略得到了很好的贯彻执行；神父们哪，我毫不怀疑你们也会这样对付我的；但是请你们当心那位修士在他那本去年在布拉格出版的书中（第112页等）的答复："我该怎么做，"他说，"才能够反击这些含糊其辞的、不着边际的含沙射影呢？我将怎样拒绝这些从未明确指明的控告呢？然而，我有我的计划。我将对那些威胁我的人大声而公开地声明，如果他们不在世人面前揭露我的罪行，他们就是臭名昭著的诽谤者和至恶的说谎者。你们来吧，谴责我的人们！把你们的谎言贴在屋顶上吧，不要只在别人的耳朵里传播，不要用耳语这种有百害而无一益的办法传播谎言。有些人以为这样处理争端的方式会引发丑闻。的确是一件丑闻，我同意，把这样异端的罪名加在我头上，把其他许多怀疑堆在我身上；但是，我声明我是清白的，只不过采取了合适的补救办法挽回已经存在的丑闻。"

的确，神父们哪，你们的尊严从来没有受到更加严厉的对待，而一个可怜的人也从来没有进行如此彻底的自我辩白。既然你们一直没有对于如此断然的挑战做出回应，就必然可以得出结论，你们并没有能够发现你们指责他所犯罪行的蛛丝马迹。你们陷入了不常有的窘境；但是经验教训未能使你们变得更加聪明。因为，在发生这一事件后不久，你们又在另外一个问题上以同样口吻攻击这个人；而他则以同样激烈的方式为自己辩护："这班人已经变成了危害整个基督教世界的东西，是可忍孰不可忍，他们借口善良的工作，渴求的却是显赫地位以及统治他人，为达到这一目的不惜败坏一切律法，不论是人类的还是神灵的，自然的还是天启的。他们通过他们的教理、恐吓和说服，把世界上所有的大人物都拉拢到他们这一边，他们滥用他们的权威以实现自己恶毒的阴谋。与此同时，他们一贯罪恶的勾当从未受到惩罚和抵制；相反他们却受到奖赏；恶人干坏事向来是无所畏惧、毫不留情，就像在侍奉上帝一样。我说的事实尽人皆知；人人咬牙切齿；但是很少有人敢于反抗如此强横的暴君。然而我就是要做这件事。我已经使他们的倨傲有所收敛；现在我还要用同样的手段让他们再次收敛一下。因此我声明，他们是最最厚颜无耻的骗子——mentiris impudentissime。如果他们对我的指责是真实的，那就让他们来证明它们吧；否则他们就是犯了欺骗之罪，因为最最厚颜无耻而罪加三等。他们的手段将证明究竟是谁站在正义的一边。我希望所有人都来观察一下；同时请求诸位注意，这是个十足的阴谋小集团，他们其实承受不了哪怕最微不足道的指责，可能会抵制它，不让它近身，却偏要装出一副能够耐心地承受对于他们的各种指控，而实质上他们既难以逃脱所指控的罪责，也不能够以一种虚假的德性去掩盖他们实质上的虚弱。因此，我的目的就是通过这种激烈的反驳挑战他们的谦让，让哪怕心地最为单纯的人们也能够理解，如果我的敌人还在隐忍之中，那么，他们的忍耐一定不是出于天性温顺，而是良心上因犯罪感而产生的力量。"他总结如下："这些人，他们的历史尽人皆知，他们的手段恶劣，令人瞠目结舌，他们竟厚颜无耻地认为自己可以不受任何惩罚，这种情况发展到如此地步，以至于如果我再不厌恶他们的行为，再不公开表达我的厌恶，不仅为了证明我自己的清白，也为了避免其他人头脑单纯，受到他们影响，我可能就已经放弃了和耶稣基督及其教会的联盟。"

尊敬的神父们哪，你们没有多少搪塞推诿之余地了。你们一定被认为是犯有诽谤罪的人，还是从你们的那条古老的基本原则寻求安慰吧——恶语诽谤不算罪过。这位诚实的修士已经发现了你们闭口不语的秘密；这一秘密也许已经被你们用在一切指责他人却又拿不出真凭实据的场合了。我们只需用卡普钦会修士的话来回答你们的每一项诽谤之词："Mentiris impudentissime——你们是最最厚颜无耻的骗子。"例如，当布里萨西耶神父说他的对手是"地狱之门、魔鬼主教、缺少信望爱的人、敌基督的国库建设者"，还加上一句："我这样说不是要侮辱谁，而深信这就是事实。"这时，还有什么话更合适回答他呢？谁还需要竭力表白自己不是"地狱之门"、与"敌基督的国库建设者"没有联系呢？

同样，在你们的书籍和公告中关于我的信札所提出的这类含糊其辞的说法，我们应该怎样作答呢？例如这样一些说法："偿还的钱款被挪作私用，因而债权人反倒沦落为乞丐；大笔的钱款献给了倾向于受贿的饱学僧侣；圣职被出送给人，旨在传播异端、反对天主教；在最优秀的教会人士的教堂以及君王的宫廷里养着一些领取津贴的人；我也在波尔—罗雅尔修道院领取津贴；在写这些信札之前我一直是个写恋爱故事的"——其实我这人一辈子都没有读过一篇恋爱故事，也不知道你们的护教士是从哪里打听到那么多恋爱故事的名字的呢？我怎么能够答复你们呢，如果你们除了最厚颜无耻的谎言之外,绝口不提那些人姓甚名谁、他们说的话、时间、地点?要不你们干脆什么也不说,要不就说出并证明一切详情,就像我当初向你们讲述埃尔比神父和约翰·达尔巴神父的轶事那样。否则你们除了伤害自己之外将一事无成。在你们的原则被揭露之前,你们的大量虚构或许对于你们不无帮助;但是现在一切既已暴露在光天化日之下,只要你们开始一如既往地喃喃细语"一个有身份的人,名字我们要保密,告诉了我们关于这些人一些可怕的故事",就会有人立刻制止你们,让你们想一想卡普钦会士说的话:"最厚颜无耻的谎言。"迄今为止,你们欺骗整个世界、滥用人们对于你们不实指责的轻信的时间已经够久了。对于那些遭到你们诽谤的人们,现在到了恢复他们名誉的时间了。众所周知,为了自己免遭一小撮人恣意向全世界散布谣言之伤害,就出于虔诚的天性而极不虔诚地封闭其自己的心灵,不是同他们的道德原则做斗争而是完全听之任之,任凭他们犯下各种诽谤之罪,这样的人岂不是太天真了吗?因此,不要责备我诋毁了你们应有的声誉,因为,使那些备受你们侮辱的受害者本不该丢失的天性得以恢复,与让你们依旧徒有名不副实的诚实美名相比,乃是更为公义的事情。既然不能两全其美,那么将你们的本来面目展现给世人是多么重要!在这封信里,我已经开始这样做了;但是要完成它还尚需时日。神父们哪,要是一切都公之于众了,你们的所有策略都不能使你们免于丢尽颜面,因为你们抵挡攻击的努力只会令哪怕最愚钝的观察家相信,你们早已吓得魂不附体了,相信正是由于你们的良心已经预计到我对你们的指责,所以才会竭力阻止我揭露你们的本来面目。

信札之十六

致列位尊敬的耶稣会神父

1656年12月4日

尊敬的神父们：

现在我要考察你们余下的那些诬蔑不实之词，就从你们的公告中尚未引起注意的那些不实之词开始吧。就像你们所有其余的作品中同样充满不实之词一样，它们提供给我的材料极其丰富，只要我选材得当，在这个话题上面足以叫你们心悦诚服。请允许我说，首先，对于所有针对伊普雷斯（Ypres）主教①作品中的杜撰内容，总之是你们恶意地曲解了他在一封书信中某些含混表述的意思，这些本是充满善意的话，如根据福音的精神就会被人所接受，但是，根据你们修会的精神得出的结论就会相反。例如，他对一位朋友说，"您就不必为您的侄子操心了；我会用我手中掌握的金钱来支付他所需要的开销"，你们有什么理由把这话理解为

---

① 即指詹森。1636年起，詹森任伊普雷斯主教。

他拿了钱就不会归还了呢,而不是理解为他不过预支这笔钱,一定会归还的?你们还公布了伊普雷斯主教的其他信件,何等鲁莽地授人以柄,戳穿了你们自己的谎言,因为那些信件清楚表明,事实上只是一笔预支的钱,他下定决心要退还的。造成你们理解错误的,可能是你们认为作于1619年7月30日的一封书信中的话:"不用忧虑他那笔预支给我的钱;只要他人在这里,就什么也不缺";而在另外一封写于1620年1月6日的相似信件说:"您太性急了;到了需要付账的时候,我只是担心我在本地的信用将带给我需要的金钱。"

如果说你们在这个问题上确有诽谤行为,那么,在关于圣梅里(St. Merri)神父的捐献箱这一荒诞故事中你们也是如此。你们的一个好朋友凭空指控这位司铎,请问你们从中能得什么好处呢?我们会因为一个人受到别人的指控,就说他有罪吗?不会的,神父们哪。像他这样虔诚的人一直会受到指控的,只要世界上还存在像你们这样的诽谤者。因此,我们判断他,不是根据对他的指控,而是根据对他的判决;而相关的判决(1656年1月23日)已完全证明他无罪。此外,那个鲁莽地把自己卷入这一罪恶程序的人,他的同僚却拒绝为他承担任何责任,无奈只得撤销他的指控。至于你们硬说"这位著名的神父一次就将900个里弗尔揣进了自己的口袋",我只需请你们去询问一下圣罗歇堂和圣保罗堂的神父们,他们将会在全巴黎城面前作证,在这一事件中他完全是不计私利的,倒是你们在这次欺骗行动中充满不可原谅的恶意。

然而,这些低劣的错误我就说到这里。这些只是你们的一些初出茅庐者缺乏经验的尝试,并非你们"大师们"的杰作。神父们哪，现在我就要谈谈这些杰作；我要谈的这种诽谤行动乃是从你们的修会精神滋生出来的最卑劣的一种。我指的是一种不可忍受的无耻行为，就是你们指控那些神圣的修女以及她们的神父"不相信化体说，不相信耶稣基督真正存在于圣餐之中"。神父们哪，这种诽谤罪只有你们才干得出来。这是一种只有上帝才有本领惩罚的罪过，就像只有你们有本领犯下这样的罪过一样。只有像那些遭到过这些诽谤的修女一样非常谦卑的人才能够忍受这样的诽谤；也只有像诋毁她们声誉的人一样极端邪恶的人才能够相信这样的诽谤。因此，我不想为她们的无罪作任何申辩；她们是不容怀疑的。如果她们有申辩的需要，她们早就会让比我更加有才华的辩护者来做这件事了。我这里所想达到的目标，不是证明她们的无辜，而是证明你们的恶毒。我只是想使你们为自己感到羞耻，并且让整个世界都知道你们没有什么事情是不敢做的。

尽管如此，我肯定，你们不会忘记说我是波尔—罗雅尔修道院的人；因为，对于那些同你们做斗争的人，这就是你们要做的第一件事，仿佛只有波尔—罗雅尔修道院的人才有足够的热情抵抗你们的攻击、捍卫基督教道德的纯洁性。神父们哪，我知道那些退入修院的隐士所做的工作，也知道他们真正团结一致和教化众人的辛劳对于教会的贡献。因为，虽然我与该宗教机构无关——你们根本不知道我是谁，我是干什么的，却愿意相信我是属于那个机构的——但是我确实认识一些人并且为他们的德行感到骄傲。然而，上帝并没有把那些人想要起来反对你们腐化堕落的人都局限于那所教堂周围。神父们哪，我希望在上帝帮助下能够使你们感觉到这一点；如果他惠允支持这个他叫我去执行的计划，运用一切他从他那里得到的资源来服侍他,那么我就要对你们说,你们将会感到遗憾的是,你们不得不和一个与波尔—罗雅尔修道院毫无关系的人打交道。为了使你们心悦诚服,神父们哪,我必须告诉你们,虽然那些被你们这一臭名昭著的诽谤所伤害的人只会将他们的抱怨上诉天庭,争取宽恕你们的暴行,但是我觉得自己有必要让你们在整个教会面前蒙羞,这倒不是因为你们诽谤了我,而是要你们就像《圣经》所说的,感到大大的羞愧,而这几乎就是治愈像你们这样冷酷无情的人唯一的办法:"Imple facies eorum ignominia, et quaerent nomen tuum, Domine——在他们的脸上写满耻辱,好叫他们追寻您的名,我的上帝啊。"

必须制止这种无礼的诽谤行为,它连最圣洁的隐士也不肯放过。这样的诽谤若是横行于世,有谁还能够幸免?神父们哪,真是可耻啊,这样一本诽谤性的著作居然在巴黎刊行了,封面上还署着贵会梅尼耶神父的大名,顶着一个臭名昭著的书名:《波尔—罗雅尔与日内瓦沆瀣一气反对祭台上至圣的圣体》,书中你们不仅指责圣西朗(St. Cyran)修院院长先生[1]和阿诺尔先生,还指责阿诺尔的姐妹埃格妮丝嬷嬷以及那所修院的所有修女有叛教的行为,控告"他们关于圣体的信仰与阿诺尔先生的一样值得怀疑",你们认为阿诺尔先生是"一个彻头彻尾的加尔文派"。我要问全世界,在教会的天底下,是否还有人能够让你们把如此可恶的不符合真相的指控安插在他们头上的呢?告诉我,神父们哪,如果这些修

---

[1] 即让·杜韦尔热·德·奥朗尔(Jean Duvergier de Hauranne, 1581-1643年),1633年到波尔—罗雅尔修院任院长,为詹森的主要支持者之一。

女和"日内瓦一唱一和,反对祭台上至圣的圣体"(这种想法真是令人惊讶不已),那么她们怎么还会选择她们所憎恶的圣事作为她们虔诚行为的主要目标呢?她们如何接受这种圣餐的习俗呢?取"圣事的女儿"的名字呢?称她们的教堂为圣事教堂呢?她们怎么会要求罗马批准这一机构并且得到了批准呢?她们还要求罗马准予她们有权在每礼拜四举行圣事祷告,以彻底表达教会的信仰,如果她们与日内瓦一起阴谋阻止教会的这一信仰呢?为什么她们还要作茧自缚,争取教皇的恩准,举行一种特殊的祈祷式,叫一些姐妹在神圣的圣体面前日夜不停地祈祷,抵消那些蓄意取消圣餐的异端的渎神行为,永远地赞美这种永远的献祭呢?告诉我,神父们哪,但愿你们能够告诉我,就所有我们信仰的奥秘而言,为什么她们把她们信仰的放在一边,却关注那些她们不信仰的呢?如果她们像异端那样认为这一奥秘是邪恶的,她们怎么会如此愚蠢、如此彻底地献身于我们信仰中的奥秘呢?对于这些显而易见的证据,不仅见诸语言,而且见诸行动;不仅见诸特殊的行动,而且见诸把一生彻底献给崇拜那寓居在我们祭台上的耶稣基督的行动,你们将作何回答?还有,你们提到过的波尔—罗雅尔出版的各类书籍,书中比比皆是、明白无误的用语都是教父和宗教会议用来表达这一奥秘的本质的,对此你们又将作何回答?一听到你们对于这些问题的回答尽是一些诬蔑不实之词,便立刻令人感到荒谬和厌恶。你们说,阿诺尔先生关于化体说说得完全不错;但是他所理解的仅仅是"一种象征性的化体说"。的确,他明白说他信仰"真在说";然而,谁能说他不是指"一种真真确确的人物"呢?怎么回事,神父们哪!如果允许用你们现代的含糊性的恶毒诡计，随意曲解最合乎教规的、最神圣的表述，那么还有谁不能被你们认为是加尔文派呢？有谁会想到，特别是在并非争论性的一般性的关于祈祷的讲道中，除了这些术语之外还会使用其他别的什么术语吗？神父们哪，他们对于这一神圣的奥秘所持有的爱和敬意在他们的著作里面表现是那样的突出，以至于我相信你们就是运用全部的智慧，在其中也不可能查找到哪怕一丁点歧义、一丁点与日内瓦的观点相符合的地方。

神父们哪，根据你们的证明，众所周知，日内瓦异端的本质就在于相信在这一圣事中耶稣基督根本不存在；他不可能同时出现在不同的地方；或者准确地说，他只在天堂，他只是在天堂里，而不是在祭台上接受赞美；面包的实质未变；耶稣基督的身体没有进入嘴巴和胃；只有信徒能够吃到他，因此邪恶的人根本吃不到他；弥撒不是献祭，而是可憎之物。那么让我们听听"波尔—罗雅尔怎样与日内瓦一唱一和"的吧。在他们的前述作品中，我们读到以下令你们感到困惑的陈述："耶稣基督的血和肉是包含在面包和圣酒中的"；"至圣的神显现在圣所，他应该在那里受到赞美"；"耶稣基督住在领受圣餐的罪人里面，通过其身体的真真切切出现在他的肚子里，只是他的灵并不出现在他们的心里面"；"圣徒死后身体的灰烬，其最主要的尊严乃是渊源于他们与耶稣基督不朽的鲜活的肉体接触所获得的生命种子"；"不是通过自然的力量，而是全能的上帝——在他那里一切都是可能的——的力量，耶稣基督的身体可以理解为圣体，并且是每一个圣体的最微妙的部分"；"圣德造就了献祭之言辞所表示的那种结果"；"耶稣基督降临并且藏身在祭台上面，但是同时在他的荣耀中升天；他以自己平常的力量可在同一时间存在于不同的地方——教会的凯旋、教会的军事和教会的旅行中";"圣事中的面包和酒依然是悬停在那里,非同寻常地存在着,无须任何理由支持;耶稣基督的身体也悬停在面包和酒下面;它并不依赖于这些东西,就像本质不依赖于偶然的事物一样";"面包的本质改变了,永远不变的偶然的事物依旧如此";"耶稣基督放置在圣餐中的荣耀与在天上的一样";"他的荣耀人性居住在教会的圣幕里面,在圣餐的面包里面,形成了不可见的覆盖物;他知道我们生来就是世俗的,就引导我们通过赞美他那无所不在的人性而崇拜他无所不在的神性";"我们领受了唇边的耶稣基督的身体,我们的嘴唇因为与神接触而变得神圣了";"耶稣基督的身体还进入司铎的口里";"虽然耶稣基督由于爱和恩宠的行为而使自己进入圣事,但是在这一仪式上,他还是保留了不可进入性,作为其神圣本质的一个不可分割的条件;因为,虽然身体本身和血本身存在那里,但是通过话语——vi verborum,正如学者们所言——他的整个神性,以及整个人性,就通过一种必然的连接也在那里了。"总之,"圣餐是圣事同时也是献祭";"虽然这种献祭是对于十字架上的献祭的纪念,但是两者之间还是有所不同,弥撒的献祭是为教会所行的献祭,以及在她的圣餐中的信徒所行的献祭;而十字架上的献祭却是为整个世界,正如《圣经》所证明的那样。"

神父们哪,我已经引用了足够多的证据,证明也许再也没有比你们干的事情更加厚颜无耻了。但是我想再进一步,要让你们自己对自己做出审判。一个人如果想要消除别人对于他和日内瓦一唱一和、沆瀣一气的怀疑,你们对他有何要求呢?你们那位梅尼耶神父在第93页说:"要是阿诺尔先生早一些说,在这一值得赞美的奥秘中,在面包和酒的形式之下它们实体已经不存在了,唯有耶稣基督的身体和血,我也许会承认他的确完全反对日内瓦。"快快承认你们是一些谩骂者吧!快让他公开道歉吧!我刚才引用的文字中你们看到过这样的声明多少次了?然而,除此之外,德·圣西朗先生得到阿诺尔先生赞许的相似神学(Familiar Theology)也包含了两人的观点。那么,请朗读第十五单元内,尤其是第二条,你们将在那里找到你们渴望的文字,甚至比你们所说的还要正规。"圣体里有没有面包,或者圣杯里有没有酒?没有,因为面包和酒的本质被取走了,被耶稣基督的身体和血代替了,唯有身体和血的本质仍在那里,只是被面包和酒的本质和形式所覆盖了。"

神父们哪,你们怎么还说波尔—罗雅尔的教导"没有日内瓦不接受的",阿诺尔先生在其第二封信中所说,"没有不是沙琅东的教区长助理没有说过的"?看你们能否说服梅斯特雷扎特(Mestrezat)像阿诺尔先生在他的书信第237页所说的。让梅斯特雷扎特说,指责他否认化体说乃是恶毒的诽谤;让他说,他认为在他的作品中的基本原则就是圣子真正的临在的真理,与加尔文的异端截然相反;还让他说,他感到幸福,因为他生活在一个至圣的上帝在圣所继续受到赞美的世界之中——这一观点与加尔文的信仰相对立而不是与真在说相对立;因为正如黎世留枢机主教在他的《论证篇》(第537页)所言:"法国的新派牧师同意路德派,相信耶稣基督真正临在于圣餐;他们主张,仅仅由于天主教徒对于圣体的崇拜,他们在关于奥秘的这一问题上才与教会持有不同的观点。"请收集所有为日内瓦所赞同的波尔—罗雅尔的书籍中的全部文字，不是片言只语，而是全部关于这一奥秘的论著，例如《常领圣体论》、《弥撒仪式详解》、《弥撒礼拜》、《终止圣事的理由》、《波尔—罗雅尔祈祷译文集》等等；总之，说服他们在沙琅东建立神圣的教会，从不间断地赞美包含在圣体里面的耶稣基督，正如波尔—罗雅尔所做的，这将是你们能够为教会所做的最非凡的服务；因为这将证明，不是波尔—罗雅尔与日内瓦一唱一和，而是日内瓦和波尔—罗雅尔以及教会一唱一和。

当然啦，神父们哪，你们选择波尔—罗雅尔作为目标攻击他们不信圣餐，再也没有比这更加倒霉的了；但是我将示范给你们看，怎样亡羊补牢。你们知道，对于你们的策略我是略知一二的；在这个事例中，你们出色地按照你们的基本原则行事。如果圣西朗的修道院院长先生以及阿诺尔先生仅仅怀着对于这奥秘的极大敬意谈论了他们应该信仰的东西，只是谈论应该以什么方式准备接受奥秘的话，那么他们就是天下最好的在世天主教徒；在他们运用真在论和化体说的术语时也没有任何含糊其辞之处。但是，既然所有与你们不道德的基本原则做斗争的人必然是异端，那些谴责你们道德水准低下的人，也必然是异端，那么，在阿诺尔先生出版了一本反对你们亵渎圣事的著作之后，在圣餐问题上，阿诺尔先生怎么能够逃脱得了这一指控呢？天哪！怎么可以允许他非要心安理得地说，"耶稣基督的身体不应该施与那些经常犯同样罪过的人以及那些看不出有悔改迹象的人；这些人应该在一段时间之内被排除在祭台之外，通过诚心实意的苦修洁净自己，此后他们才能够被允许重返祭台"吗？神父们哪，你们不要再容忍人们说出这样的话吧，否则你们将发现到你们这里做告解的人会越来越少。布里萨西耶神父说："你们要是采取这样的方针，你们就再难以把耶稣基督的血施与任何人了。"为了你们的利益，你们应该采纳贵会的观点，就是贵会的马斯卡伦哈斯（Mascarenhas）神父在一本得到你们的神学家，甚至你们尊敬的总会长所首肯的书籍里曾经加以阐述的："各种类型的人，甚至司铎，在他们为污秽的罪恶所玷污之日，照样可以领受耶稣基督的血；在这样的情况下，领圣餐并不意味着不敬神，那些参与圣餐的人值得称赞；告解神父不应该拒绝他们参加这种仪式，而是相反，应该建议那些最近犯了罪的人立刻去领圣餐。因为，虽然教会禁止这样做，但是这一禁令由于世界各地的普遍做法而不起任何作用了。"

神父们哪，你们看，让耶稣会士遍布世界各地将会产生什么样的后果！看看你们给全世界带来什么样的普遍做法，又是怎样急于去维持这一普遍的做法！如果你们的教堂里面挤满了教友，那无非是在耶稣基督的祭台上堆满了可憎之物。因此，一定要不惜一切代价把凡是敢于对你们的做法说一个不字的人在圣事问题上看作异端。但是，既然他们的信仰证明是无懈可击的，你们怎么能够做到这一点呢？你们难道不害怕我揭露你们举证他们为异端的四大证明？至少你们应当害怕，神父们哪，可是我才不会饶过你们，不让你们丢脸哩。因此，就让我们开始考察第一个证明吧。

梅尼耶神父说"德·圣西朗先生在安慰他的一位丧母的朋友时说（第一卷，第十四封信），在这种情况下，献给上帝的最蒙悦纳的献祭就是忍耐，因此他是一个加尔文派"。神父们哪，这真是一个非常狡猾的推理；我怀疑人们不一定能够发现其中的奥妙。还是让我们从他本人的嘴里探听究竟吧：这位大能的争辩家说：

"因为，明摆着他不信弥撒的献祭吗；因为在所有的献祭中，只有弥撒才是最蒙悦纳的献祭。"现在谁还敢说他们不懂得推理呢？唉，他们深谙此道已经达到完美无缺的地步，以至于他们能够从你们提到的任何话语里面抽取出异端言论来，甚至连《圣经》也不例外！比如，《传道书》中的那个智者说："没有比贪恋银钱更坏的"，难道他不是个异端吗？好像通奸、谋杀或者偶像崇拜的罪都不如贪恋银钱更深重吗？这些不都是大家习惯每天使用的表述吗？比如，我们不可以说在一切的献祭中，在上帝眼里最蒙悦纳的乃是悔悟的、谦卑的心，仅仅因为，在这类的讲道中，我们只能在不同的美德之间进行比较，不能拿美德同层次与之截然不同、无限崇高的弥撒的献祭进行比较吗？这难道不足以让你们显得可笑吗？神父们哪，为了彻底挫败你们，我不是有必要引用德·圣西朗先生在他书信中的一段文字吗？在这段文字中，他说弥撒作为献祭是一切献祭中"最出类拔萃的"，他使用了这样的用语："就这样每一天、每一地，把上帝之子的身体作为献祭奉献给上帝，这儿子还能够找到比这更好的办法荣耀上帝吗？"还有："耶稣基督吩咐我们在临死的时候，取他的献祭的身体，要把我们自己的比较为上帝所悦纳的献祭呈递给他，在我们腐朽之际能与他连为一体；就是为了他能够增加我们斗争的力量，通过他的临在，使我们最后以生命和身体为上帝的献祭而获得神恩？"你们装作没有注意到所有这些文字，神父们哪，而且你们在第93页坚持认为，他拒绝终傅，不信弥撒是一种献祭。再也没有比职业诽谤家更加恶劣的了。

你们的第二个证明也再好不过地证明了这点。你们把彼得·奥勒留（Petrus Aurelius）的一本书误认为出自德·圣西朗先生的手笔，为了把德·圣西朗先生诬蔑成为一个加尔文派，你们就利用了奥勒留的一段文字，这段文字解释了教会应以怎样的方式对待那些她希望降级或者罢免的司铎甚至主教。他说："教会不能剥夺他们获得神品的权力，这是一种不可抹杀的资格，但她可以做任何能够做的事情：她虽不能把这种资格从那些曾经被赋予这一资格之人的灵魂中清除掉，却可以把它从她的记忆中清除掉；同样她看待他们就仿佛不是主教或者司铎似的；因此，按照教会的一般语言，就他们的资格而言，可以说他们已是非其所是了——ob indelebilitatem characteris。"神父们哪，你们以为，这位作者得到了法兰西三大司铎总会的同意，明确地声明司铎的资格是不可取消的；可是你们相反又让他在同一段文字里面说："司铎的资格不是不可以取消的。"我把这称之为你们臭名昭著的诽谤；换言之，用你们的术语说，只不过是一项小小的轻罪。理由就在于这本书驳斥了你们在英格兰的同会兄弟在圣公会权威方面表现出来的异端思想。但是这一指控的愚蠢之处也是同样昭然若揭；因为你们毫无根据地把这认为德·圣西朗先生主张司铎的资格不是不可取消的，然后据此得出结论，他不相信耶稣基督的真实的临在圣餐。

　　神父们哪，不要指望我会对此做出答复。如果你们连常识都不具备，我就无法答复你们。任何一个稍有常识的人都会以你们为笑柄，由衷地放声大笑的。对于你们从《常领圣体论》一书中摘引的文字作为基础的证明，他们也会嗤之以鼻，这段文字如下："在圣餐中上帝确保我们赐予我们的食物与他赐予天上圣徒的食物是一样的,只有一种区别,就是他不让我们看见其形象,也不让我们品尝其滋味,却把这两者给了天上的世界。"这些话极其明确地表达了同教会一样的观点,你们为了利用这些话做坏事,就刻意挑起与它们的争论,我常常不知道你们这样做到底有什么理由;因为,在这些话中除了特兰托公会议①所教导的(第八次会议,第八条教规)之外,看不到任何别的东西,换句话说,在圣餐中的耶稣基督与在天堂中的耶稣基督,除了此处他是隐藏着的、彼处他是不隐藏的之外,没有任何区别。阿诺尔先生不是说在领受耶稣基督的方式上没有区别,而是说被领受的耶稣基督是没有区别的。而你们却全然不顾这些前提,曲解他的话,意思好像进入人们口中的耶稣基督与天上的耶稣基督是不一样的;你们就据此指控他是异端。

神父们哪,你们让我感到极其遗憾。我们还要向你们做进一步解释不成?为什么你们把神圣的给养与接受这一神圣给养的方式混为一谈呢?正如我已经解释的,地上的给养与天上的给养只有一种区别,地上的是隐蔽的,我们看不见也尝不到;但是在地上和天上接受圣餐的方式却有许多不同之处,正如阿诺尔先生所指出的(第十六章第三页),"在地上,进入口腹中的善、恶两全",而在天上却不是这样。

如果你们要我说出这一差别的理由,神父们哪,我会告诉你们,上帝吩咐接受同一圣餐的方式可以有所差别,其中的原因就

---

① 特兰托公会议,由教皇保罗三世(1534-1549年在位)主持,于1545年在奥地利的特兰托召开,1563年结束。中心议题是讨论反宗教改革,重申原罪教义,并强调了经过祝圣的面饼和酒,其本质已经变成了真正的耶稣基督的身体和血。

是今世基督徒的状况与天上有福之人的状况有所差别。正如贝隆枢机主教（Cardinal Perron）继教父之后所评论的那样，基督徒的状况处在有福之人与犹太人中间。有福的灵魂真正地拥有了耶稣基督，不需要幕布和形象。而犹太人只是通过形象和幕布如吗哪和逾越节的羔羊，方才拥有耶稣基督。而基督徒在圣餐中真真切切地拥有耶稣基督，不过仍然是在幕布的遮盖之下。圣尤谢（St. Eucher）说："上帝只做了三种圣幕：会堂，只有阴影，没有真理；教会，有阴影，有真理；天堂，没有阴影，只有真理。"如果只拥有形象而不拥有耶稣基督，便与我们现有的状态，也就是信仰的状态是不符合的，就如同律法和公开看见的东西一样，都是为保罗所反对的；因为律法的特点是只注重事物的形象而非实质；如果我们只拥有有形的耶稣基督，那也与我们现有的状态不符合；因为照这位使徒的观点，信仰不是关乎可见的事物。因此真正地包含有耶稣基督的圣餐才是与我们的信仰状态是相符合的。如果正如异端所主张的那样，耶稣基督不是处在圣体的饼和酒下面，这就意味着，这一状态将会被破坏；同样地，这一状态也会被破坏，如果我们公然接受他，就像在天上一样：因为在这些前提条件下，我们的状态与犹太教的状态和荣耀的状态将会混淆起来。

　　神父们哪，这就是这一最神秘的奥秘的神秘而神圣的理由。这便是令我们充满对加尔文派憎恶的理由，他们居然把我们降低到了犹太人的地步；这便令我们去追求有福的荣耀，使得我们蒙充分的、永恒的耶稣基督的喜悦。由此你们看到，基督徒和有福之人的领受圣餐的方式有所不同；首先，今世领受圣餐的是我们的口，而在天上却不是这样；但是这两种方式的差别仅仅在于我们是在信仰状态，而他们的状态是可以直接目睹。神父们哪，这就是阿诺尔先生的思想，明确地表达如下："我们领受耶稣基督与在有福之人领受圣餐，两者之间的纯洁性是没有差别的，差别只在于一是对上帝的信仰，一是可以直接看见上帝，而这种差别起因于地上领受圣餐与天上领受圣餐的方式有所不同。"神父们哪，你们有义务尊重这些表达了神圣的真理的话，而不是曲解它们，以便从中找出一些根本不存在的，或者不可能存在的异端思想，就是耶稣基督的圣体仅仅是通过我们的信仰而不是通过我们的口被吃掉的；构成贵会的安纳特神父和梅尼耶神父主要指控内容的就是他们的恶意歪曲。

然而，你们意识到了你们证明之卑鄙的不足之处，就使用了另外一种诡计，那就是歪曲特兰托公会议，以便判定阿诺尔先生与这一公会议的精神不一致；你们把人变成异端的方法真是层出不穷。梅尼耶神父使这一功德达到了登峰造极的地步，在他的书中有五十处就是这样做的，有时仅在一页书（第54页）中就达八处或十处，他坚持认为，一个真正的天主教徒仅仅说"我相信耶稣基督真实地存在于圣体里"是不够的，他还必须说："我相信，与公会议的精神相一致，他真正出现在当地的圣体里面。"他引用了第八次会议，第三、四、六条教规来证明这点。既然看到"当地的"一语是从三条教规里面引用得来的，谁还会怀疑这一术语会不会真在这些教规里面找得到呢？在我的第十五封书信还没有写出来之前，如此伎俩或许能够帮上你们的忙；但是，照目前的情况，神父们哪，你们的诡计在我们看来现在变得陈腐不堪了。我们自有办法对付，那就是去咨询公会议，发现弄虚作假的竟然是你们。像"当地的显现"、"当地的"、"当地"这样的术语在你们所提到的文字中根本找不到；我们还要告诉你们，在该公会议以及其他任何宗教会议的教规里也找不到这些术语。神父们哪，可否问你们一句，凡是没有用到过你们特殊术语的人，你们是不是想让他们全都背上加尔文派的嫌疑？如果这样，那么特兰托公会议也要被怀疑为异端了，所有神圣的教父也无一例外。难道你们不侮辱那些从未伤害过你们的人，不侮辱那些著名的圣体论者——其中最著名的就是圣托马斯，他不仅没有使用你们的术语，而且相反，公开反对它："Nullo modo corpus Christi est in hoc sacramento localiter ——基督的身体绝不会临在于当地的一个圣事里。"——就没有别的办法把阿诺尔先生变成异端吗？神父们哪，你们假冒权威，强迫人们接受新的术语，吩咐人们都要使用它们，以便正确地表达他们的信仰；仿佛教皇按照公会议的计划所制订的信仰表达是有缺陷的，在信徒们的信条中留下了一种含糊性，只有你们有办法把它们找出来似的，你们算什么东西？就是对于那些学问渊博的神学家来说，提出这些术语也是非常傲慢无理啊！把这些术语归给公会议是怎样的一种弄虚作假的行为啊！不知道连最著名的圣徒都不接受这些术语，这是怎样的一种无知啊！"你们要为无知之过感到羞耻"，《圣经》就是这样责备像你们一样的江湖骗子的，"De mendacio ineruditionis tuae confundere"。

因此，放弃一切假冒大师的企图吧；你们既没有性格也没有能力扮演那样的角色。然而，如果你们愿意比较温和地提出你们的命题，也许会获得一些听众。因为，正如你们所见，虽然圣托马斯以耶稣基督的身体之在圣餐里面并不像普通人身体在他们所在的空间那里延展为由，反对"临在于当地"这个术语，但是这一表述也是为一些有不同意见的现代学者所采纳，他们认为这个术语仅指耶稣基督的身体确实在圣体里面，哪里有圣体，哪里就有耶稣基督。正是在这个意义上阿诺尔先生便毫不犹豫地同意了这种表述，而德·圣西朗先生和他都反复声明，在圣餐中的耶稣基督确实存在于某一特定的地方，同时也神奇地出现在许多地方。你们所有的诡计都不攻自破了；对于你们缺乏无懈可击的证明、本来不应炮制出笼的指控，你们甚至未能给它们布置一点点貌似可能的假象。

但是，你们以诽谤辱没这些清白无辜之人有什么用呢？你们把这些错误强加在他们身上，不是相信他们的确主张这些异端思想，而是认为他们伤害了你们。按照你们的神学，这就足以确保你们诽谤他们而不算犯罪；你们可以既不赎罪，也不告解就主持弥撒，与此同时，对于每天主持弥撒的司铎们，你们却指责他们认为弥撒纯粹是偶像崇拜；如果这是真的，这一渎神的行为之令人反感，绝不亚于贵会的贾里吉（Jarrige），你们下令绞死了他的模拟像，因为他主持弥撒，"同时却与日内瓦保持一致"。

因此，令我震惊的不是你们毫无顾忌地把最邪恶的、最愚蠢的罪行强加在他们身上，而是你们在给他们安插如此莫须有罪名的时候，表现得如此缺乏谨慎。你们处理罪过的方式确实太随意了；但是你们是不是也这样对待人们的信仰呢？毫无疑问，神父们哪，如果加尔文派的嫌疑必须不是落在他们的头上，就是落在你们的头上，我恐怕你们是比较危险的。他们的语言和你们的语言一样都是天主教的；但是他们的行为与他们的信仰一致，而你们的行为却和你们的信仰不一致。因为，如果你们和他们一样信仰，圣饼真正转变成为耶稣基督的身体，那么为什么你们不像他们那样，也要求那些你们劝告其走近祭台的人应该把石头和坚冰一般的心真诚地转变成为肉身的爱的心呢？如果你们相信，耶稣基督临在于这一圣事，教导那些走近祭台的人要舍弃今世、罪以及他们自己，为什么你们却让那些心胸邪恶的欲望膨胀，以至于充满了他们的生命和活力的人玷污那祭台呢？你们如何判断，那些连地上的圣饼都没有资格吃的人竟然有资格吃天上的圣饼呢？

这是多么难得的修士啊，他们的狂热专门迫害那些用大量神圣的圣餐来荣耀这一奥秘的人，谄媚那些用大量渎神的行为去侮辱这一圣事的人们！通过这些如此纯洁、如此可敬的献祭的捍卫者们，在耶稣基督的祭台前群集起一些顽固的、浑身散发着荒淫的臭气的人们；任他们中间培养出一个司铎来，这司铎本人的告解神父也是刚刚从荒淫之地赶到这祭台上来的；在这祭台上，他当着耶稣基督的面，把最神圣的祭品献给神圣的上帝，然后用他的肮脏的手传递到一样肮脏的口里面，这是多么合乎时宜啊！诬蔑《常用弥撒》、《圣事的姐妹》的作者犯了不信圣事的罪，这与那些把这种做法推广到"世界各个角落里"，以顺从他们的最高领导的基本原则的人是多么相称啊！

然而，甚至这样还不能令他们满足。再也没有比指责他们的对手抛弃了耶稣基督和他们的洗礼更能够令他们的愤怒彻底满足的。这绝不是虚构的神话，就像你们的发明；这是一个事实，它表明你们的极度的疯狂，标志着你们的不实之词达到了致命的顶点。像这样臭名昭著的弄虚作假根本不值得为它提供证据,而你们通过你们的好友费洛(Filleau)向全世界表明:贵会公开采信了这一假话。你们的梅尼耶神父有一天主张它的确是"相当可靠",就是波尔—罗雅尔在过去长达35年的时间里一直在酝酿一个阴谋,德·圣西朗和伊普雷斯先生是其主要领导人,"败坏道成肉身的奥秘——认为福音是伪童话——从而终结基督教,把自然神论建立在基督教的废墟上"。神父们哪,还不够吗?如果人们相信所有这些都是你们仇恨对象想要达到的目标,你们会感到心满意足吗?不仅指责所有教会内的人都是"同意日内瓦",而且诬蔑所有处在教会外,但是信仰耶稣基督的人都是自然神论,如果你们用这样的手段成功地使他们臭名远扬,你们的敌意就会有所餍足了吗?

但是,仅凭你们的断言,却丝毫不见一点证明的影子以及不顾一切可以想象得到的自相矛盾,就指责那些只是传扬耶稣基督的荣耀、纯粹的福音以及施洗的义务的司铎同时抛弃了洗礼、福音和耶稣基督,你们期望说服谁呢?神父们哪,又有谁会相信呢?你们这样卑鄙的坏蛋,你们自己会相信吗?当你们不是必须证明他们不信耶稣基督,就是必须被人当作最不道德的诽谤者时,你们陷入了怎样一个悲惨的境地啊。神父们哪,你们得给我证明啊。告诉我们,那个"可敬的司铎"姓甚名谁,你们说他于1621年参加了泉城(Bourg-Fontaine)的集会,你们的费洛兄弟发现他在策划推翻基督教的计划。你们指控共有六人组成了那样一个阴谋集团,这六人姓甚名谁?告诉我们 A. A. 是何许人也,你们说他不是"安东尼·阿诺尔"(因为他足以让你们相信,当时他还是个九龄童),"而是另有其人,你们说这人还活在世上,只是阿诺尔先生并不十分熟悉他的这位朋友"。这么说你们认识他啰,神父们哪;因此,如果你们还有一丝一毫宗教之心,你们就应该向国王和官府告发这个不敬神的卑鄙小人,好叫他得到应有的惩罚。神父们哪,你们一定要开口说话啊;你们一定要指名道姓,否则你们就乖乖地承受羞辱,从此被众人视为粗俗的骗子,再不会有人信任你们了。好心的瓦勒里安神父说只有通过这样的办法,才能够使你们这些人"就范",让你们恢复理智。对于现在的这一挑战你们却保持沉默,恰好给了我们一个充分、满意的证明,正是你们在恶意地诽谤他人。那些一味盲目地赞赏你们的人也将被迫同意,"这不是你们的善良,而是你们的无能";奇怪,你们怎么能够如此恶毒地把你们的仇恨施加在波尔—罗雅尔的修女身上,竟然在你们第14页上说什么该修院的一位修女所作的《关于圣事的秘密串珠祈祷》就是那个反对耶稣基督的阴谋集团的第一个成果;或者,在第95页上说什么"她们浸淫于书中全部可恶的原则";根据你们的论述,就是典型的自然神论。你们关于该书的错误言论在已故巴黎大主教为申斥布里萨西耶神父所作的辩护中早已被驳斥得体无完肤了。护教文刊出之后,你们竟无以作答;但是你们毫无顾忌地使用前所未有的可耻手段去攻击它,就是为了指责那些全世界都知道其虔诚的女子犯有至恶的渎神行为。

你们真是一些残酷而又懦弱的迫害狂!难道最与世隔绝的修院都不能摆脱你们的诽谤吗?这些献身上帝的贞女们按照她们的习俗日夜奉守圣事,赞美耶稣基督,而你们却到处宣扬她们不信耶稣临在于圣餐里面,甚至不信耶稣在他父亲的右手边;你们公然把她们逐出教会,而她们却正在秘密地为整个教会、为你们祈祷！你们用诽谤的言语诬蔑那些既没有耳朵聆听你们也没有嘴巴回答你们的人！但是耶稣基督——此刻她们就藏身在他那里，直到有一天与他一起出现——将会为她们聆听、为她们说话。正在我奋笔疾书的时候，我听到了那神圣而可怕的声音，那诅咒自然、慰藉教会的声音。神父们哪，我听见那些铁石心肠的人、那些冥顽不灵拒绝聆听上帝的人终将有一天将被迫满怀恐惧地聆听他，到那时，上帝将会以法官的身份与他说话。神父们哪，既然到那一天上帝将会逐一审查你们的诽谤之词，不是根据替你们辩护的迪卡斯蒂尔神父、甘斯以及潘纳罗沙神父们的离奇想象，而是根据真理的永恒的律法以及教会的神圣教规——这教会不是为你们的罪过辩护，而是憎恨这一罪过，以至于她将用惩治谋杀罪的刑罚来追究你们的罪过，到那时候你们会向上帝作怎样的解释呢？早在阿尔雷斯（Arles）第一次宗教会议和第二次宗教会议期间，教会就已经做出诽谤者与谋杀犯一样终身不得领圣餐的决定。拉特兰公会议也断定，凡是犯有此项罪名的不得领受神品，即使他改过自新。历任教皇甚至警告，凡诬蔑过主教、神父和助祭的，临死前不得领圣餐。撰写诋毁文章又不能做出证明的作者，教皇阿德良（Adrian）谴责他们，处之以鞭刑——尊敬的神父们哪，没错，就是说用鞭子抽你们。教会一直是多么憎恨你们修会犯下的错误啊——它腐化、堕落到这等地步，竟然为那些诸如诽谤之类的不赦之重罪寻找种种借口，以便为了更加自由地去犯这一罪过。神父们哪，要是上帝没有允许你们通过你们自己的双手提供给你们避免犯罪的手段并使你们的诽谤行为变得不起作用，那么毫无疑问，你们造成的危害本来还会更多的；因为，你们到处散布你们那条奇怪的基本原则，就是恶语中伤并非罪过，这就足以让人们丧失对于你们的一切信任感。恶语中伤若非与高度诚实的好名声相联系便一钱不值。诬蔑别的人，自己首先要有憎恨诬蔑，更不会行此恶行的好名声，否则就不会造成任何影响。因此，神父们哪，正是你们自己的原则出卖了你们。你们为了保证你们的良心不受谴责，确立了一条教理，就是你们可以诽谤别人而不必冒被人谴责的危险，可以加入圣亚大纳西①所说的"虔诚的、神圣的诽谤者"之列。为了避免自己下地狱，你们就信奉一条基本原则，据你们神学家的信仰说，它能够为你们提供这一担保；然而，正是同样这条基本原则，尽管按照他们的思想，能够确保你们不在来世遭遇你们所惧怕的噩运，却剥夺了你们期望在今生所能够收获的一切好处；因此，为了逃避诽谤带来的坏处，你们却连它们带来的好处也一并丧失了。这就是罪恶行为的自相矛盾之所在，它内在固有的恶毒挫败并且毁灭了自己。

因此，如果你们和圣保罗一样承认，口出恶语者不配见上帝，那么你们倒还能够从你们的诽谤行为中牟取更多一些好处呢；因为在这种情况下，虽然你们其实已经谴责了自己，但是你们的诽谤之词却比较使人相信。但是，由于你们主张对于敌人的诽谤是无罪的，你们的诽谤之词就不会使人相信，此外你们自己也还要下地狱；因为，神父们哪，有两件事是可以肯定的：第一，你们神学家再伟大也没有力量取消上帝的审判；其次，你们只是证明

---

① 圣亚大纳西（Athanasius，约293—373年），古希腊教父，328年任亚历山大城主教，以反对阿里乌派著称，主张圣子由圣父所生，而非被神父所造；圣父与圣子同性、同体。——译者注

了，你们靠说假话只能确实证明真理不在你们这边。如果真理确实在你们这边，她就会为你们而战——她将为你们去征服敌人；不论你们遭遇什么样的敌人，真理自会信守诺言"来解救你们"。但是你们却假手谎言，因为你们的计谋无非就是赞成谬误，靠它们谄媚世上的小人，散布各种诽谤，靠它们迫害不满你们虚妄的每一位虔诚的信徒。真理阻止你们的目的，用先知的话说就是阻止"你们信任谎言"。你们说："人类遭的天罚不会落在我们头上；因为我们以谎言作为我们的避难所，我们藏身在虚伪的后面。"但是对此先知是怎么回答的呢？他说："依赖欺压和乖僻，以此为可靠的——sperastis in calumnia et in tumultu——故此，这罪孽在你们身上，好像将要破裂凸出来的高墙，顷刻之间，忽然坍塌。"——他的愤怒一旦爆发，"好像把窑匠的瓦器打碎，毫不顾惜，甚至碎块中找不到一片，可用以从炉内取火，从池中舀水"①。"因为，"正如另外一位先知所言，"你们让义人伤心，而我都没有让他们伤心；你们还谄媚恶徒并增加他们邪恶的力量；所以我将救助我的民众脱离你们的手，好叫你们知道我是他们的主，也是你们的主。"

是的，神父们哪，如果你们不知悔改，那么就只有指望上帝来救助那些迄今被你们蒙骗的人脱离你们，你们蒙骗他们，不是用你们邪恶的基本原则去谄媚他们就是用你们的诽谤去毒化他们的心灵。上帝将让前者信服，你们的决疑论者的基本原则是错误的，它将会使他们看不见上帝的愤怒；上帝也将会在后者的心头打上公义的畏惧，畏惧因为听到并轻信了你们的诽谤而丧失了灵

---

① 《旧约·以赛亚书》30:13—14。

魂，就像你们杜撰了这些不实之词并且向全世界散布而丧失了灵魂一样。不要让人再受到蒙骗吧；上帝是不能受到嘲弄的；谁要违逆了他在《福音书》中赐予我们的诫命是不会不受惩罚的，这个诫命就是，没有掌握真凭实据，就不可随意指责我们邻居的过失。因此，不管他们怎样表白其虔诚而倾听你们的谎言，也不管他们借口忠诚信仰而听信你们的谎言，他们都有理由担心被排除在上帝的国之外，仅仅因为把异端和裂教等如此肮脏的罪名扣在司铎和神圣的修女头上，而根据却只是你们苍白无力的虚构。德·日内瓦（de Geneve）先生说："魔鬼就在那些诽谤者的舌头上，在那些聆听诽谤的耳朵里。"圣伯纳德说："邪恶的言论乃是毒药，贻害双方的美德；因此，一句诽谤的话足以使许多灵魂致命，不仅杀死那些传播者，也会杀死一切不去主动驳斥诽谤的人。"

尊敬的神父啊，我写信既不习惯过分冗长，也不习惯一封接一封地写。敬请诸位见谅因时间紧迫所造成的这两个缺点。这封信写得太长了一些，只是因为我实在没空改写得更短一些。我之所以如此匆忙，其中原因你们比我知道得更多。你们的回答也实在令人失望。因此，你们改变计划做得不错；但是我担心你们不会因此得到任何信任，人们会说这样做只是因为害怕本笃会的人而已。

我刚才得知，那个据报道替你们撰写那些护教文的人不承认这些作品出自他之手，并为它们被归在他的名下感到烦恼。他提出了充分的理由，我也曾错误地怀疑是他写了这些东西；因为，虽然我获得了充分的证据，但是我应该想到，他是一个理智相当健全而根本不会相信你们的谴责的人，也是一个正直的人，如果他不相信这些谴责就一定不会四处张扬。世界上很少有人能够像你们这样放肆；它们只会出自你们自己的手笔，又如此鲜明地具有你们的特点，以至于不会因为忘记承认你们染指了这一骗局而寻找一个借口。我是受到一般报道的误导了；但是这一辩护书，对于你们是如获至宝，可是对于我来说却是不足为凭，我这人没有确切的证明就不承认任何事情。可以问心无愧地说，我从来没有丧失过这一原则。我抱歉我说过的话。我收回这些话；我只是希望你们也能够以我为例从中获得教益。

信札之十七

致尊敬的耶稣会安纳特神父

1657年1月23日

尊敬的神父：

您以前的行为使我相信您急于终结我们之间的敌意，我也认为应当如此。可是，最近，您又接二连三地发了一些小册子，显然大大动摇了和平的基础，如果说这和平有赖于耶稣会士的沉默的话。我不知道这种交恶的状况是否对您有利；但是，在我这方面，我一点儿也不遗憾我能够借这样的机会驳斥您作品中充斥着的异端思想。

事实上，现在到了一劳永逸地阻止您放肆地把我当成异端对待的时候了——这种没来由的傲慢因迁就而日增，且在您的新著中以一种令人不可忍受的狂妄风格而暴露出来，以至于我要是对于挑战不敢给予应有的回应，就活该让大家公开怀疑我的确是有罪过的。这种攻击只要出自你们的朋友，我就嗤之以鼻，就像我对待他们作品中的另外一千种攻击那样。对于所有这些攻击，我的第十五封信札就是最充分的答复。但是您现在却换了一种方式再度对我进行指责：您把它变成了您的护教文的核心内容。事实上，在您的论证中唯一剩下的几乎就只有指责了。您说："作为您的十五封信札的全部答复，只消说十五遍您是一个异端就足够了；既然做了这样判断，您就彻底名誉扫地了。"总之，您不是质疑我的背教行为，而是认为这是一个不争的事实，对此坚信不疑。神父，您似乎当真把我看成了一个异端了。我将同样认真回答您的指控。

先生，您很清楚，异端是一种很严重的指控，它的一个特点就是，如果没有充分的证明就只能是推断。我现在要求你们的就是提出证明。什么时候有人看见我出现在沙琅东的？什么时候我没有去望弥撒，或是没有去教堂尽我基督徒的义务？你们指责我和异端一起联手干过什么事情？或者做了什么裂教的事情？我与哪些宗教会议精神相抵触？我违反了哪一项教皇制定的法规？神父，您必须回答——您知道我的意思。您的回答是什么呢？我请求所有人都能够看到：首先，您认为"写这些信札的必定是一个波尔—罗雅尔分子"；又说，"波尔—罗雅尔已被宣布为异端"；因此，您得出结论说，"写这些信札的必定是一个异端"。神父啊，异端控告可不是落在了我的头上，而是落在了波尔—罗雅尔修道院；只是因为你们认为我是属于那个修道院的，所以也卷入了这个罪恶；因此我要从这一指控中开脱自己不是一件难事。我只要说我不是那个社团的一员就可以了；请您注意我在信札中已经声明："我是一个不为人知的个人"；我还多次说过，"我不是波尔—罗雅尔的人"，就如在您的作品出版之前我写的第十三封信札所说的那样。

因此，为了证明我是异端，您必须找其他的办法，否则全世界都会相信您的指责是无的放矢。从我的作品中找到证据，证明我不接受教规吧。我的信札又不是很多——总共才16封——也经得起您以及其他任何人的查验，看看其中有没有你们指控的根据。然而，要是你们同意，我倒是愿意从中汲取一些东西来证明与你们指控相反的事实。例如，当我在第十四封信札中称，"按照你们的基本原则，处死一个犯杀人罪的兄弟，我们便是在诅咒那些耶稣基督为之而死的人"，我岂不是坦率承认，耶稣基督是为那些可以被诅咒的人而死，因此，我岂不是宣称"他只为那些天命所预定的人而死"是错误的，而这一陈述不正是受到谴责的第五个命题的谬误观点吗？神父啊，我当然没有为这些渎神的命题说过一个字，我极其厌恶这些命题。就算波尔—罗雅尔会主张这些命题，我也要抗议你们不能从中得出反对我的结论，因为，谢天谢地，除了至公的、从使徒传下来的、罗马的教会之外，我与任何组织没有关系，不论生、死我都渴望在教会的怀抱，只与教皇相契合，在这范围之外我深信是得不到拯救的。

神父啊，对于这样说话的人您想达到什么目的？既然我的言论和我的作品都不会授您口实来谴责我，而我的身份又隐含不明，这就足以保证我免遭你们的威胁，您打算在哪些方面攻击我呢？您觉得自己被一只无形的手打倒了——然而，这只手却使你们的过失昭然于天下。您不遗余力却枉费心机地攻击我代表着的那些你们假定我与之有关的那些人。我不因为我或任何人而怕您，因为我既不与任何组织也不与任何个人发生联系。您会所具有的各种势力都影响不了我。因为对这个世界我一无所望、一无所惧、一无所求。只要有上帝的善，我无须任何人的钱财、任何人的保护。因此，我的神父，我要让您针对我的图谋样样落空。您尽可以去触犯波尔—罗雅尔修道院，但是您触犯不了我。您可以赶走索邦的人，却不能把我逐出家门。您可以策划各种针对司铎和神学家的阴谋，却不能策划针对我的阴谋，因为我不是司铎也不是神学家。因此，神父啊，您也许在一生的经历中还从来没有与这样一个您完全够不着的人打交道吧——这个人没有任何雇主、没有任何牵连、没有任何关系、没有任何使命，因此正好揭露你们的谬误。在你们的基本原则中，这个人还非常精通你们的基本原则，并且决定同你们探讨这些基本原则，他没有任何人间的牵挂而终止或者牵制他的努力，因为上帝给了他启示。

因此，既然您不能伤及我一根毫毛，那么您和您的兄弟却针对一批根本没有卷入我们争论的人散布各种不实之词，岂不是无的放矢？您将不能用这样的遁词逃避：您是想感受一下真理的力量而不是他们的力量吧。这种理由怎么能够站得住脚呢？我说你们正在把基督教的道德同上帝之爱分离开来，抛弃了上帝之爱的义务，从而在败坏基督教的道德；你们却谈论什么"梅斯特（Mester）神父之死"——这个人我压根儿就没见过。我说你们的作者允许一个人为了一只苹果去杀死另外一个人，如果他丧失一只苹果就会丧失名誉；而你们却答曰某人"打碎了圣梅里教堂的捐款箱"！还有，你们一再把我和《论圣贞女》一书的作者混为一谈是何居心？其实作者是一位奥拉托利会（Oratory）的神父，除了其大作之外，此人我素未谋面。神父啊，你们总是把所有反对你们的人当作仿佛是同一个人，这太异乎寻常了。你们的憎恨之心立刻把他们全部抓住了，把他们看作一群恶棍，每一个人都应当为其余所有的人负责。

在耶稣会士和他们的对手之间有一个重大不同。毫无疑问，你们组成了一个整体，在一个首脑之下联合起来；你们的规矩，正如我所证明的那样，禁止你们出版任何未经你们长上许可的作品，每一个作者的谬误，长上都要为之负责任，"不能推说他们没有觉察出任何作品中的谬误，因为他们应当觉察出来的"。你们的教规就是这么说的，你们的总会长阿桂维瓦（Aquaviva）、维特列奇（Vitelleschi）等人的信函也是这么说的。因此，我们有充分的理由以您的同会会士所犯下的谬误指责您，如果我们发现它们得到了你们的长上和贵会的神圣性许可的话。但是至于我，神父啊，情况就不一样了。我并没有赞同过《论圣贞女》一书。也许全巴黎教堂里的捐献箱都被打碎了，但我也并不因此而不再是一个好的天主教徒。总之，我要用大白话告诉您，除了我本人之外，谁也不必对我的信札负责，除了我的信札之外，我也不必对别的著作负责。

在这里，神父，我本来也许可以终止我们的争论了，不必过问那些你们为了谴责我而诬蔑他们是异端的人。但是，既然他们受到羞辱的根源在我，我认为自己应该多少改变这一根源，而且可以从三方面利用这一根源。第一，这使得我能够为许多无辜受诽谤的人进行辩护，这可不是一件无足轻重的事。其次，同时也使我能够揭露你们的无端指责中所运用的阴谋诡计，这倒是合乎我的目标。但是令我最为得意的是，我还可以乘机向全世界公布在你们臭名昭著的报告中所忙不迭地散布的诽谤之语："天主教会被新异端所分裂了。"由于你们正在欺骗众人，使他们相信你们搞得满城风雨的问题对于信仰至关重要，因此我认为最重要的就是要消除这些毫无根据的印象，确切地解释这些问题究竟是什么，以便证明事实上在天主教会中并不存在这些异端。

我想，要是有人问到这样一个问题：那些被称作詹森派的异端思想是由哪几方面构成的呢？答案是："这些人主张，上帝的诫命对于人类是难以实行的，恩宠是不可抗拒的，我们没有自由意志去行善或者作恶，耶稣基督不是为全体人类而死，而是为特选的人而死；总之，他们主张五大命题，都是教皇所谴责的。"你们不是向所有人散布，这些就是你们迫害对手的根据吗？你们不是在你们的作品、你们的谈话、你们的教义问答中都这么说的吗？且举一例，去年在圣路易的圣诞节。有人这样问你们的一位小牧羊女：

"亲爱的，耶稣基督是为谁来到这个世界上的？"

"为了所有人，神父。"

"是的，我的孩子；所以，您不是新异端的一员，他们说他仅仅为了特选的人而来。"

于是，就连孩子们也受到引诱而相信了你们，而相信你们的还不止孩子们；因为你们在布道中就以这些货色以飨众人，就像您会的科拉塞神父被摘掉神权之前在奥尔良所做的那样。我坦率地承认，有一段时期，我本人也是相信您的。您把与这些好心人一样的看法也直接给了我；因此，当您把这些命题强加在他们身上的时候，我就勉强等待着他们的回答，心想如果他们不放弃这些露骨的不虔诚的观点就再也不理睬他们了。

然而，他们以一种毫不含糊的方式对此做出了回答。圣布维（Sainte-Beuve）先生，索邦的国王告解神父，早在教皇之前就在他的著作中申斥了这些命题；其他奥古斯丁派神学家也在各种出版物，尤其是在《论战无不胜的恩宠》一书中就反对同样的信条，认为它们不仅是异端，也是怪诞的教义。在这本书的前言中，他们说这些命题是"异端的、路德派的、随意杜撰的、编造的，在詹森及其捍卫者中间都找不到"。他们抱怨有人指控他们持有这些观点，就用圣普洛斯帕（St. Prosper）——他们的导师奥古斯丁的第一位弟子——写给那些想把同样观点强加给他，使其蒙受耻辱的法国半贝拉基派的信中的话来答复你们："有一些人盲目地狂热地诋毁我们，以至于他们不惜采用有损于他们自己名誉的手段。为了达到目的，他们编造了最不虔诚、最渎神的命题，故意四处传播，好教人相信我们主张这些命题中他们随意加入的最邪恶的内容。但是我们的回答将立刻证明我们的清白，也将证明把渎神的教理加在我们头上之人的险恶用心，他们才是这些命题的始作俑者。"

的确，神父啊，当我发现他们在教皇的法令出台之前就说了这些话——当我看见他们后来全身心怀着敬意接受教谕，对它表示赞同，并且看到阿诺尔先生在其第二封书信中以不容置疑的语言声明赞同所有这些观点时，我再认为他们的信仰不健康就是有罪的。事实上，那些从前拒绝为阿诺尔先生的朋友行赦罪仪式的人，在他明确拒绝强加给他的谬误之后就宣称，已经没有任何理由禁止他及其朋友参加圣餐了。然而您的同伙却反其道而行之；

正是这点才让我怀疑你们这样做是有偏见的。

你们起先威胁要强迫他们在那条法令上面签字，只有你们认为他们会拒绝这样做；但是，你们一旦发现他们早就准备这样服从这一法令，就再也听不到你们的这一要求了。然而，人们以为这会使你们心满意足，但是你们又坚持称他们为异端，你们说："因为他们是心不应手；他们表面是天主教徒，内心却是异端。"

神父啊，这是一种令我感到十分震惊的推理；因为，这样岂不是可以在任何时候说任何一个人是异端了吗？要是允许谬论如此流传，岂不是带来无尽的麻烦和混乱吗！教皇圣格利高里说："如果我们拒不相信与教会观点一致的信仰告白，那么我们就是在怀疑所有的天主教徒。"我担心，神父啊，用同样这位教皇在论及一场相似争论时说过的话说："你们的目的就是要把那些人变成异端，不管他们实际上是怎样的；因为拒绝信任那些按照他们的信仰告白说他们是坚持真信仰之人，不是在清除异端，而是在制造异端——Hoc non est haeresim purgare, sed facere."但是使我相信在教会中其实没有异端的，在于我发现所谓的异端是如此成功地证明自己的无罪，以至于您并不能指责他们在信仰上有任何谬误，你们只好退而求其次，在与詹森派有关的事实问题上攻击他们，而这些问题也不可能被解释为异端。你们似乎坚持要他们不得不承认"这些命题出现在詹森派作品的许多术语里，一字一句，分毫不差"。或者用你们的话说："Singulares, individuae, totidem verbis apud Jansenium contentae。"

至此，你们的争论在我看来已完全变得无关紧要了。只要我相信您是在争论这些命题的正确与否，我就会全神贯注，因为这样的争论事关信仰；但是当我发现这一斗争的骨子里是要找到在詹森派的言论里面是否存在这些命题的原话，由于宗教已不再是争论的兴趣所在，我也不再对这样的争论感兴趣了。或许可以假定您说的话是真的；因为说某种表述可以在某个作者的书中一字不差地找到，这个问题是不会出错的。因此我并不奇怪不论在法国还是罗马，许多人根据一句不大会令人产生怀疑的话而相信詹森派确实传扬了这些可憎的教理。也因为同样的理由，我却惊奇地发现，你们如此肯定的、如此重大的事实问题竟然是虚假的；而且自从要你们援引詹森派所主张这些命题的"逐字逐句"的原话以来，时至今日，你们仍然未能做到。

我特别提到这一点，因为在我看来，它以一种令人震惊的方式揭露了在整个事件中你们耶稣会的本质；因为有人惊奇地发现，尽管上述事实明摆在那里，你们仍未停止散布他们是异端。只是你们变换了异端的内容以应时需而已；因为他们刚刚从你们的这一个指控中摆脱出来，你们的神父便巧立名目，用另外一种指责来取而代之。比如，在1653年，他们的异端存在于这五大命题的性质；接着是这种逐字逐句的异端；此后又有了内心的异端。而现在我们已听不到这些名目了，但他们肯定还是异端，的确，除非他们签署一项声明，内容大意为"詹森教理的意思就包含在这五项命题的意思里面"。

这就是你们的争论。他们谴责这五大命题，以及一切在詹森作品中看上去与之类似的内容，或者一切与奥古斯丁相违背的内容，但是这些在你们看来都还不够，因为这一切他们都已经做过了。现在问题的关键不是，例如，是否耶稣基督是为某些特选的人而死——他们也像你们一样谴责这一命题，而是是否詹森派持有这个观点？在这里我声明，而且比以前更加坚定地声明，你们的争论不能影响我，同样也不能影响教会。因为尽管我不是一名博士，和您一样，神父啊，但是我还是容易看出来，这一争论与信仰本身毫无关系。唯一的问题是要弄清楚詹森的意思究竟是什么。倘若他们相信他的教理与这些命题的确切的、实际的含义对得上号，他们就会谴责他的教理；他们拒绝这样做，因为他们深信，事实正好与此相反；所以，尽管他们或许误解了这个教理，但是他们仍然不是异端，因为他们仅仅在天主教的意思上去理解这个教理的。

为了举一个例子来说明这个问题，我想提到圣巴西勒和圣亚大纳西围绕亚历山大城的圣丹尼斯（St. Denis）的著作所发生的冲突，圣巴西勒认为，在他的著作中发现了阿里乌派的观点，反对圣父和圣子同体，因此谴责其为异端，而圣亚大纳西则相反，判断其中包含真正的教会观点，主张它们完全是正统的。因此，请您想一想，神父啊，主张这些观点为阿里乌派的圣巴西勒有没有权力仅仅因为圣亚大纳西为这些作品进行过辩护，就把他也称为异端呢？如果巴西勒的弟兄所捍卫的不是阿里乌派，而是这些著作中他所认为包含着的真理，那么巴西勒仍然谴责他为异端，他这样做有没有道理呢？要是这两位圣徒在关于这些著作的意义上有一致的看法，两者都承认其中存在着异端思想，那么亚大纳西赞同这些观点就犯了附和异端的罪；但是，由于这两人在作品文字的含义上有着不同的理解，圣亚大纳西为它们进行辩护也是符合正统的，即使他有可能对于它们的理解产生错误；因为，即便如此，他只是在事实的认定上犯了一个错误，因为，他所捍卫的实际上是他所认为的这些著作中所包含着的天主教思想。

神父啊，我认为这个事例非常适用于您。假设同意詹森本人的意思是主张——而你们的对手准备也与你们一样同意他主张——比如说，恩宠是不可抗拒的，那么，凡是拒绝谴责他的人就都属于异端。可是，由于你们的争论集中于这位作者的意思，而他们相信，根据这一教理，恩宠是可以抗拒的，那么，不论你们愿意称他们为何种异端思想，你们都没有理由把你们的对手也称为异端，因为他们谴责的乃是你们加在詹森头上的意思，而你们却不敢谴责他们所认为的詹森的意思。因此，如果你们想要让他们服罪，就要证明他们加在詹森头上的意思也是异端；那样的话，他们本身就是异端了。但是既然按照你们自己所证明的，他们赋予他语言的意思从未受到谴责，那么你们又怎么能够做到这点呢？

为了进一步说明这个观点，我将假定一条原则，一条你们也承认的原则——那就是有效恩宠的教理从来没有受到过谴责，并且教皇在他的法令中也从未涉及这一教理。而且事实上，当他提议通过对于这五大命题的意见时，有效恩宠的问题一点也没有受到申斥。从受教皇委托从事审查工作的顾问们所提出的意见来看，这一点是再清楚不过了。这些意见我都保留着，巴黎还有许多人，尤其是蒙彼利埃主教也同样保留着这些意见，就是这位主教把它们从罗马带回来的。根据这一文件，他们似乎分为两种观点：他们中的一些大人物，如圣廷导师①、宗教裁判所代表、奥古斯丁会总会长等等，认为这些命题可以在有效恩宠的意义上加以理解，他们的观点是它们不应受到申斥；而其余的人虽同意这些命题即使真有这些含义也不值得加以申斥，但是他们断言，这些命题应该受到申斥，因为正如他们所坚决主张的那样，这并不是它们的本来的、原先的意思。因此，教皇谴责了它们；所有的派别也都默认了教皇的裁决。

因此，神父啊，可以肯定有效恩宠没有受到谴责。事实上，圣奥古斯丁、圣托马斯及其学派、许多任教皇和宗教会议、圣传都坚决支持这一教理，以至于指责它是异端就是一种不虔诚的行为。于是所有那些你们谴责为异端的人，他们都主张在詹森的著作里面，除了有效恩宠之外就再没有别的什么了。这是他们在罗马所提出的唯一观点。你们自己也已经承认这一点，你们声称"在请求教皇定夺的时候，关于那些命题他们没有说一句话，把全部时间都用在谈论有效恩宠上了"。因此，不管他们的推测正确与否，至少无可否认的是，他们所认为的詹森的意思并不具有异端的意思；因此，他们绝不是异端；因为，可以说两句话，或者詹森只是宣扬了有效恩宠，如果是这样，他没有谬误；或者他传扬了某种别的什么，如果是这样，他没有辩护者。全部问题集中在，要断定是否詹森实际主张了某种与有效恩宠不同的东西；如果发现他确实是这样主张的，那么你们便是幸运儿，比较能够看透他的本质，但

---

① 圣廷导师（Magister Sacri Palatii），罗马教廷所设职务，简单说就是教皇的神学家。第一位被任命为圣廷导师的是多明我（1218年），以后该职均由多明我会士担任。

绝不意味着活该他们倒霉，在信仰上犯了错误。

因此，这是一个需要感谢上帝的问题，在教会里面其实没有异端。问题完全只与事实有关，而从中是绝不能捏造出异端思想来的；因为只有具有神圣权威的教会才能决定信仰问题，从而与那些不接受教会决定的团体决裂。但是在事实问题上教会的做法却不是这样。其理由是，我们的得救乃关乎启示给我们的信仰，它保留在教会的传统里面，而与那些上帝并没有启示给我们的事实无关。因此我们必然相信，上帝的十诫不是不可实行的；但是我们绝没有义务要去知道詹森对于这个问题说过一些什么。对于信仰问题的判断，上帝通过他永无谬误的圣灵来指导教会；而在事实问题上，他就把它留给教会的理智和健全的心智去处理，它们会对于这类问题做出合乎自然的判断。除了上帝之外，谁也不能在信仰上对教会指手画脚；可是，至于要弄明白詹森的著作中是否包含有这条或者那条命题，我们所要做的一切就是去读一读他的书。这便意味着，尽管抵制信仰的决定乃是异端，因为这就是用我们自己的灵去对抗上帝的灵，但是不相信某个特定的事实却绝非异端，虽然这样做也许是有些狂妄自大，因为这只不过是用理性——也许正是受到理性的启发——去对抗一个著名的，但未必绝对可靠的权威而已。

我目前提出的观点得到了所有神学家的一致赞同，贝拉敏枢机主教（Cardinal Bellarmine）、贵会的成员说过下面这段至理名言："合法的宗教会议在信条的判断上是永无谬误的，但是它们在事实问题上可能会犯错误。"在另外一个地方他又说："教皇，作为教皇，甚至作为大公会议的首脑，也可能在某些特定的有争议的事实上犯错误，因为这些争议是以从人类那里得来的信息和证词为基础的。"巴洛尼乌斯枢机主教（Cardinal Baronius）也有同样的说法："公会议在信仰问题上的决议必须无条件服从，但是就个人及其著作而言，对于它们的申斥就不必那么严格对待了，因为没有谁不会在这些问题上不受蒙骗的。"我还要补充到，为了证明这点，图卢兹大主教还从两位伟大的教皇，圣列奥和圣彼拉鸠二世的书信中引用了下面这条金律："公会议的恰当目标就是信仰；不论它们的决定是什么，只要与信仰无关，都可以评论和重新考察：在信仰问题上做出的决定是不容商量的；因为，正如德尔图良所言，信仰的规定是不可移易的、不可取消的。"

由此可见，尽管合法的公会议在信仰问题上相互之间是没有矛盾的，因为正如图卢兹的大主教说，"在信仰问题上做出的决定是不容重新审查的"；但是，在集中讨论某个作者的意思的事实问题上，这些公会议的确有时产生过互不相同的意见；因为，正如同样这位修士所言——他以教皇的观点为权威——"在公会议上决定了的，只要不涉及信仰，是可以重新讨论和审查的。"第四次和第五次公会议对于同一位作者的决定有相互矛盾的地方，便是一个例子。同样的事情也曾发生在两位教皇之间，他们对于某些斯基提亚僧侣提出的一个命题有不同看法。教皇何尔米斯达斯（Hormisdas）认为那个命题不怀好意，因此申斥了它；而教皇约翰二世则认为这个命题用意甚好，因而赞同它，称之为正统思想。你们会因为这个原因而称其中一位教皇为异端吗？难道你们不是一定会因此而承认，只要一个人谴责了教皇认为某书所具有的异端思想，那么，他绝不会因为教皇倾向于谴责其中的异端思想，而他则从教皇肯定未予谴责的意思上去理解这本书而变成异端吗？如果不同意这点，那么其中的一位教皇就一定是陷入了谬误之中了。

我已经使你熟悉了在事实问题上天主教徒中存在某些不一致的地方，其中包括对于作者的含义的理解，并且向你们证明，神父怎样反对神父、教皇怎样反对教皇、公会议怎样反对公会议的，现在我还要让你们看另外一种相互对立的事例，它们与前述的事例大同小异，但是就相互对立的派别方面却多少有些不对称。因为，现在我要引起你们注意的事例中，你们将会看到一方是公会议和教皇，而另一方是耶稣会士；而你们却从来没有因为这种对立，哪怕是指责你们的弟兄狂妄自大，指责他们为异端就更加不必说了。

神父啊，您是知道的，奥利金的作品曾经受到许多教皇和公会议的谴责，尤其是第五次公会议，谴责其具有某些异端思想，特别是他认为到审判日那天，就是魔鬼也会与神和好的。难道你们就会因此而断定，作为对天主教徒的一种考验，必须承认奥利金的确犯有这些错误，并且断定，仅仅谴责这些错误，却不将它们归在他的头上是不够的吗？如果确实如此，你们令人尊敬的哈鲁瓦（Halloix）神父——他可是一贯主张奥利金的信仰是纯正无瑕的——将变成什么人呢？还有许多的天主教徒，他们也持有同样的主张，比如皮科·米兰多拉（Pico Mirandola）和索邦的神学家杰纳布拉德（Genebrard）又将变成什么人呢？还有，难道这不是一个确定无疑的事实吗？同样第五次公会议谴责了狄奥多莱①反奂利耳的作品，称之为不敬神，"与纯真的信仰相矛盾，为聂斯托里的异端所玷污"。但是这并不能阻碍西尔蒙德（Sirmond）神父，一位耶稣会士为他辩解，这位神父一辈子都说，"他的作品与异端的聂斯托里完全无关"。

因此显而易见，在教会谴责某一本书，断定其中包含有它所谴责的谬误时，主张那个遭到谴责的谬误是一个信仰问题；但是，主张那本书事实上具有那个为教会认为具有的错误却不是一个信仰问题。我想，为了证明这一点我已经说够了；因此，我想以教皇洪诺留斯（Honorius）的事例做最后一个例子，他的故事想必是众所周知的。7世纪初，教会为异端的一志论派所困扰，教皇认为要结束这一争端，便下了一道教谕，似乎是对这些遭到许多人反对的异端思想家有利。然而事情就这样过去了，他在位期间没有引起许多纠纷；但是五十年过去之后，教会召开了第六次公会议，教皇阿嘉松（Agathon）通过他的特使宣布这道教谕是可疑的，经阅读和审查，谴责其包含有一志论派的异端思想，因而连同这些一志论派的其他著作一起被公开焚毁。这一决定得到极大的尊重，教会上下一致赞同，以至于此后连续两次公会议和两任教皇，列奥二世和距离这一决定的做出已经两百年的阿德良（Adrian）二世，都表示了赞同；这一普世的、和谐的一致赞同历经六七个世纪而没有变化。可是近年来，有一些作者，尤其是贝拉敏枢机主

---

① 狄奥多莱（Theodoretus Cyrensis，约393－约466年），教会史家，生于安提阿，西尔城的主教。神学上支持聂斯托里的基督"二性二位论"，反对奂利耳的观点，被以弗所公会议流放。

教丝毫不担心受到异端的非难，一反所有这些教皇、公会议，竭力主张教皇洪诺留斯并没有犯人们强加给他的那些谬误；"因为，"这位枢机主教说，"公会议在事实问题上有可能犯错的，所以我们有充分的证据主张，第六次公会议在我们现在所考察的事实上是弄错了；并且由于对洪诺留斯的书信的含义理解有误，便不公正地将这位教皇列为异端了。"神父啊，请您注意看，那敢于说洪诺留斯不是异端的人，他自己也不是异端，哪怕许多教皇和公会议考察了洪诺留斯的著作之后都声称他就是异端。

现在回到我们所面对的问题，我将让你们尽可能充分地阐明你们的立场。神父啊，为了把你们的对手贴上异端的标签，你们将怎么说呢？是"教皇英诺森十世已经声明在詹森的作品里面可以发现那些五大命题中的谬误"吗？我同意这点；你们从中能够得出什么结论呢？是"那么，凡是否认在詹森的著作里可以找到那五大命题中的谬误的人就是异端"吗？这怎么可能呢，神父啊？难道我们此处所见，不正是与前面所引的事例非常接近的一个事实问题吗？教皇声明五大命题的谬误包含在詹森的作品里面，这与其前任断定，聂斯托里和一志论派分别玷污了狄奥多莱和洪诺留斯的作品在形式上是一样的。对于后者，你们的作家毫不犹豫地说，尽管他们谴责这样的异端思想，但是他们并不同意那些作者实际上也持有这样的异端思想；同样，反对你们的人现在说他们谴责这五大命题，但是不同意詹森在宣扬这些命题。这两种情形何其相似乃尔；如果真有什么差异的话，那就是，经过比较各种不言自明的特殊情形——具体我就不说了——显然应该有利于目前的问题。怎么可以认为，同样特定的处境，对于你们来说就是天主教徒，对于你们的对手就是异端了呢？根据怎样一条奇特的例外原则，你们剥夺了后者的自由，却将它任意地奖掖给了所有其他信徒呢？神父啊，对此您将作何回答？您会说："教皇以通谕的方式确认了他的法令。"对此我的回答是，两次公会议和两位教皇都确认了对洪诺留斯书信的谴责。但是，你们在通谕语言——教皇只不过是说"他谴责这五大命题中的詹森的教理"——的基础上做过什么论证没有呢？这论证给那条教令中增加了一些什么呢，或者说你们能够从论证中引申出一些什么呢？如同第六次公会议谴责洪诺留斯的教理与一志论派相同一样，教皇说他谴责五大命题中詹森的教理，因为他做出的假设就是詹森的教理和五大命题一样。除了这样的假设之外，他还能够提出其他什么假设呢？贵会什么都没有出版；而您本人，神父啊，主张所谓的命题"一字不差地"出现在那位作者的著作中，在申斥公告通过的时候您正好在罗马（因为我对于您的去向了如指掌）。他会怀疑如此之多的神职人员的真诚和能力吗？在您向他保证，那些命题"一字不差"地出现在他的著作里面之后，他怎么会不相信这一事实呢？因此，显而易见，如果发现詹森并不支持这些教理，那么，正如你们的作者在前述事例中所说的那样，说教皇在这个事实问题上欺骗了自己，这种说法是错误的，传扬出去在任何时候都是棘手的、失礼的；确切地说是你们欺骗了教皇，正如你们所深知的，教皇是不会制造丑闻的。

然而，你们却决心不惜任何代价，要凭空捏造一个异端出来，你们企图通过以下方式把事实问题转变成为信仰问题。你们说："教皇声明他谴责这五大命题中詹森的教理，因此，在信仰上必须认为，涉及这五大命题的詹森的教理不管实际上是什么都是异端邪说。"这真是一个奇怪的信仰问题，不管这教理实际上是什么它都是异端邪说！天哪，如果詹森正好主张"我们都能够抵抗内心的恩宠"，主张"说耶稣基督只为那些特选者而死是错误的"，是否仅仅因为这是他的教理我们就谴责它是异端呢？同样一个命题，"人有行善或作恶的自由意志"在教皇的法令中是正确的，而在詹森的作品中就是错误吗？是因为怎样的宿命他必须陷于一种困境之中：真理一进入他的书籍里就成了异端呢？因此，你们必须承认，只有在他支持已经遭到谴责的谬误的前提下，他才是一个异端，因为教皇的法令也必适用于詹森，以便判断其特征是否与对他的描述相符合；因此，"他的教理是异端吗？"这个问题只有另外一个事实问题可以解答，就是"他的教理和这些命题的天然意思相一致吗？"如果确与这些意思相一致，那么他必是异端，如果正好相反，那么必是正统思想。因为，总而言之，既然教皇和主教都说"这些命题就其原来的、本有的含义而言是应当谴责的"，那么他们就不能够从詹森的意思上去谴责它们，除非我们理解，詹森的意思与这些命题原来的、本有的意思是相同的；而我认为这正是一个事实问题。

因此，关键依然是一个事实问题，不可能将其篡改为信仰问题。虽然你们不能把它扭曲成为异端，却动用你们的权力把它变成大肆迫害的口实，而且，要不是根本没有人会盲目地忠实于你们的利益而附和这种可耻的做法，也根本不能如你们所希望的那样，强迫大家签署一份声明，谴责詹森的意思中包含有这五大命题，却不解释詹森的意思本身是什么，那么你们也许已经大功告成了。很少有人愿意签署一份空白的信仰表白书。现在却真的要签署类似的一份劳什子了，任凭你们在空白处随意填写，就像你们按照你们自己的口味随意解释詹森未予解释的意思。现在事先就做出这样的解释吧，要不然恐怕我们对于你们的直接权力就会有完全不同的看法了，就会认为它毫无用处——abstrahendo ab omni sensu。你们也许心知肚明，你们的做法未必能够得到世人的赞同。人类一般不喜欢含糊其辞，在宗教问题上尤其如此，在这方面，一个人至少应该知道人们要他去谴责的东西究竟是什么，这是非常合乎情理的。对于那些相信詹森的意思只不过是主张有效恩宠的神学家，他们怎么可能同意声明他们谴责他的教理而不对其加以解释呢？按照他们现有的信念——这一信念没有通过手段加以改变——这样做无异于谴责有效恩宠，而谴责有效恩宠则势必会犯罪。因此，将他们置于一种不幸的困境，要么违背良心签署这一谴责声明，从而在上帝的眼里让他们的灵魂陷于罪恶，要么因为拒绝签署这一谴责声明而被宣布为异端，这岂不是一种残暴的专制吗？

但是在所有这一切的背后还有一个秘密。你们耶稣会士每走一步就要玩弄一个阴谋。我还需要揭穿你们为何拒不解释詹森的意思。我写作的唯一目的就是要揭露你们的计谋，由此挫败你们。因此我必须告诉那些尚未知晓的人一个事实，就是你们这场争论中所关注的乃是要保住莫林那的充分恩宠论，而要做到这一点就不能不诋毁有效恩宠这一与此截然相反的教理。然而你们觉得，既然后者如今得到了罗马和教会中一切博学之士的肯定，你们不能直接对抗这一教理，因此决定采取秘密手段，以攻击詹森的教理为名，行攻击有效恩宠论之实。于是你们就决定谴责詹森的教理而不解释他的教理；而且，为了达到你们的目的，宣布詹森的教理不是有效恩宠的教理，于是每一个人都可以随意谴责其中的一个而不必否定另外一个。于是你们现在就努力把这样一种观念烙在那些还不熟悉这位作者的人们心里面去。神父啊，你们就是通过下面这个三段论企图达到这一目的的："教皇已经谴责了詹森的教理；但是教皇没有谴责有效恩宠；因此，有效恩宠的教理一定与詹森的教理有所不同。"如果这种推理方法是结论性的，那么同样也可以证明洪诺留斯和所有为他辩护的人也是异端了。"第六次公会议谴责了洪诺留斯的教理；但是公会议没有谴责教会的教理；因此，洪诺留斯的教理与教会的教理是不同的；因此，所有为他进行辩护的人都是异端。"显然不能从这样的推理得出这个结论，因为教皇只是谴责了被当作詹森的教理呈递在他面前的这五大命题的教理。

但是无关紧要，你们本来就不打算长期利用这一逻辑。它实在是太不中用了，只能应付你们现在的需要。与此同时，你们利用它达到的全部效果就是引诱凡是不愿意谴责有效恩宠论的人谴责詹森不那么有所顾忌。当这个目的的达到之后，你们的论证就会被忘却。而他们的签名，作为他们谴责詹森教理的永久的证据，将为你们提供一个机会，使用另外一种比前者更加严密的推理方式在适当的时候直接攻击有效恩宠论。你们将论证"詹森的教理遭到谴责，已经为教会所普遍认可。既然这一教理显然就是有效恩宠的教理"（这一点你们是很容易证明的）；"因此，有效恩宠的教理甚至连他的辩护者们也都予以谴责的。"

瞧，这就是你们提议签署一份对于一条未经解释的教理的谴责文书的理由所在！瞧，这就是期望通过他们的签字同意所捞取的好处！然而，要是你们的对手拒绝签署，那么你们就为他们设下了另外一个圈套。你们略施巧计，把信仰问题和事实问题搅在一起，不允许他们将这两个问题区别开来，也不允许他们只签署其中的一份谴责文书，其结果就是：因为他们不能同时签署两份谴责文书，你们就四处张扬，说他拒绝这两份谴责文书。于是，尽管在事实问题上，他们只是不承认詹森主张他们所谴责的命题，不能称之为异端，但是你们却肆无忌惮地声称他们拒绝谴责这命题本身，而这便构成了他们的异端。

这就是你们期待从他们的拒绝中所收获的成果，这与从他们赞同你们的主张中所得到的收获是一模一样的。因此，只要你们要求他们签名，他们就陷入了你们的圈套，不管他们签名与否，在这两种情况之下，你们都能够达到目的；这就是你们的巧计之所在，不管他们倾向于什么观点，总是对你们有利！

我对于你们真是了如指掌，神父啊！看见上帝放任你们到了如此地步，使你们能够用这样可悲的手段而如此成功地获得幸福，我是多么悲哀啊！你们的幸运只会让人感到怜悯，只会让那些不知道什么是真正幸运的人心生嫉妒。只有挫败这全部过程中你们所欲获得的一切成功，才是一种真正的博爱之举，因为你们是通过错误的手段，通过骗取人们相信你们的两个谎言中的一个——教皇谴责了有效恩宠，以及那些捍卫这一条教理的人主张那五条已经被谴责为谬误的命题——达到你们的目的。

因此，世界一定知道这样两个事实：第一，按照你们本人的信仰表白，有效恩宠没有受到谴责；第二，没有人支持五大命题的谬误。因此，可以知道，那些拒绝按照你们要求那样去签名的人，他们只是拒绝考虑事实问题，并且准备认可任何信仰问题，他们不能因此而被认为是异端；因为，再说一遍，相信这些命题是异端邪说，这是一个信仰问题，但是主张可以在詹森的作品中找到这些命题，却绝不是一个信仰问题。他们是毫无谬误的，仅此而已。或许他们做出了非常有利于詹森的解释，但是，或许你们没有做出非常有利于他的解释。我不想探讨这个问题。我只知道，根据你们的基本原则，你们相信你们可以到处散布他是一个异端，因为他们与你们的认识不同，这样做是无罪的；而根据他们的基本原则，他们不能声明他是个天主教徒，除非他们被说服他是一个天主教徒，这样做是无罪的。因此，神父啊，他们比你们更加诚实；他们比你们更加诚实地审查了詹森的著作；他们绝不比你们更加自作聪明；因此，他们绝不比你们更不可靠一些。但是不管这一事实问题究竟怎样，他们当然是天主教徒啦。因为，做一名天主教徒不必声明另外一个人不是天主教徒；因为，一个人确实不必谴责别人的谬误，只要自己不陷入谬误足矣。

尊敬的神父啊，如果您觉得这封信难以辨认，当然，它不是用最好的铅字印刷的，不要责怪别人，要怪就怪你们自己吧。我是难得获得像你们这样的特权的。你们能够引诱它们甚至与奇迹进行斗争；我甚至不能让它们来为我进行辩护。印刷所就是那么鬼迷心窍。在这种情况下，你们自己是不会建议我再写书信给你们的，因为被迫使用奥斯纳布卢克印刷实在让人烦恼。

信札之十八

致尊敬的耶稣会安纳特神父

1657年3月24日

尊敬的神父：

为了发现你们对手的信仰和行为中的某些谬误，您已经费时弥久了，但是我倒是认为您最终将不得不承认，这件工作甚至比你们想象把那些不仅根本不是异端，而且本身在世界上最恨异端的人们变成异端还要困难。我在上一封信里成功地证明您指责他们犯下了一个又一个异端行为，但是所有指责一刻也站不住脚；所以你们只能抓住一点，就是他们拒绝谴责"詹森的意思"，你们拒绝解释这一原意，却坚持他们谴责之。当你们退缩到这样地步的时候，你们也许就完全不能给他们打上异端的烙印了。因为谁曾听说过一个谁也解释不了的异端呢？因此，答案是现成的，詹森没有犯错误，谴责他倒是一个错误；如果他犯了错误，你们就应该指出他错在哪里，我们也至少可以知道我们谴责他的是什么。然而，你们却一直不肯劳驾这样做；而且你们竟然还用教谕来巩固你们的立场，而它们实际上也没有帮上你们的忙，因为这些据说是谴责了五大命题的教谕也没有对于詹森的意思做过任何解释。这不是解决争端的办法。要是你们对于詹森真正的原意有一致的看法，要是你们之间唯一的差别尽在于这意思是否异端，在这种情况下做出决定，他的意思就是异端的决定，这倒是触及了所争论的问题的实质。但是，关于詹森的意思是否异端这一更大的争论，一方主张看不出有与圣奥古斯丁和圣托马斯不一致的地方，而另外一方则主张他们看出其中有着异端邪说，但是他们不想说出口。显然教皇的法令对于这一观点上的差别未置一语，只是泛泛地谴责詹森的意思，并不对它做出解释，这就使得这一争论悬而未决了。

因此，你们反复被告知，你们讨论的是一个事实问题，因此，不澄清你们对于詹森原意的理解就不能得出结论。但是，你们一直冥顽不灵，拒绝做出解释，我实在也没有别的办法，只好强迫你们做出解释。我在上一封信中提出，你们竭力要求签名同意谴责未做解释的詹森的意思，在这背后存在一个秘密，你们的目的就是利用这一未作定义的申斥公告，通过证明詹森的教理也是一种有效恩宠论——这一点是很容易做到的——有朝一日能够攻击有效恩宠的教理。这就使你们必须做出一个回应；因为要是在这样的旁敲侧击之下，你们还是一味拒绝提出你们对于詹森的意思的看法，那么人们就是再没有鉴别力也显然看得出来，你们的确是在有效恩宠的意思上谴责詹森的教理——由于人们对于教会所主张的这条神圣的教理充满了崇敬之心，这一结论会立刻令你们淹没在耻辱之中的。

因此，你们不得不交代你们心中真实的想法；我们发现，你们在对我的一封书信的答复中交代了你们的想法，在这封信中我曾经说："如果詹森表达了任何其他有别于有效恩宠的意思，那么就不会有任何人为他辩护；但是如果他的作品中没有其他的意思，那么他就不会有任何谬误需要辩解了。"[①] 神父啊，您发现已经不可能无视这一立场了；但是您却企图回避这一立场，而做了以下这种区分，您说"以詹森主张有效恩宠的教理为根据，这还不足以证明他没有过错，因为，可以有两种方式主张这一教理——一种是异端的，就是加尔文所主张的，认为人的意志受恩宠的影响，毫无抗拒恩宠的力量；另外一种是符合正统思想的，就是托马斯派和索邦神学家所主张的，乃是建立在各宗教会议基础之上的，认为有效恩宠本身制约着人的意志，却仍然让人具有抗拒它的力量"。

神父啊，所有这一切我全都同意；但是您却画蛇添足，得出了一个结论："詹森本该是个正统派，如果他以托马斯派的方式主张有效恩宠；但是他是一个异端，因为他反对托马斯派，与否认人有抗拒恩宠的力量的加尔文同流合污了。"詹森是否真的与加尔文观点一致，我不想涉及这个事实问题。我只要假设您是这样认为的，而且您告诉我，您认为詹森的意思与加尔文并无二致。神父啊，是否您的意思就是这样呢？是否您只不过想谴责在"詹森的意思"之名称下的加尔文的谬误呢？为什么您不及时告诉我们

[①] 在前一封信札中，帕斯卡尔说："可以说两句话，或者詹森只是宣扬了有效恩宠，如果是这样，他没有谬误；或者他传扬了某种别的什么，如果是这样，他没有辩护者。"

呢？本来你们是可以避免陷入一个麻烦境地的；因为我们时刻准备与你们一起去谴责一切谬误，不需要教皇诏书和通谕来助阵。你们是多么有必要做详细的解释啊！它能够消除多少困难！我亲爱的神父啊，我们想知道却无从知道教皇和主教所谴责的谬误，就是名为"詹森的意思"的谬误，它究竟是什么内容。整个教会都对此茫然无知，没有一个人能够向我们做出解释，消除我们的困惑。然而，神父啊，您现在却解释了——您，同仁都公认您是他们宗教会议的主要的、根本的推动者，熟谙这一争论的全部秘密。于是您告诉我们，詹森的意思与受到宗教会议谴责的加尔文的意思毫无二致。天哪，这就解释了一切。现在我终于知道他们所欲谴责的谬误是什么了，用您的术语说就是——詹森的意思和加尔文的意思毫无二致；因此，我们只要一起去谴责加尔文的教理，就意味着我们完全服从了教皇的通谕了。我们再也不必对于教皇和一些主教们对于"詹森的意思"表现出来的热情感到惊讶了。事实上，他们既然相信那些公开断定它就是加尔文教理的人所做的声明，那么他们不热烈地反对它还会做什么呢？

因此，神父啊，我不得不认为，您没有更多的理由来与您的对手展开争论了，因为他们和你们一样从心底里憎恶这一教理。我只是吃惊地看到，您无视这一事实，并且对于他们在这个问题上的观点——他们在其作品中曾一再表述的——一无所知。鄙见以为，如果比较熟悉这些作品，您一定会遗憾没有早一些本着和平的精神去了解这一在任何一方面都是神圣的、基督教的教理，无知产生的热情反而促使您去反对它。神父啊，您将会发现，他们不仅认为，应当卓有成效地抗拒那些虚弱的恩宠，它们名义上激动人心，然而是无效的，不会带来有益的结局；而且，与加尔文相反，他们还进一步坚决主张，人的意志甚至具有抗拒有效的、战胜一切的恩宠的力量，就像他们反对莫林那主张这种恩宠的力量胜过人类的意志，就像莫林那拒绝此一真理而他们却拒绝彼一真理一样。因为他们深知人类就其本性而言总是具有犯罪和抗拒恩宠的力量；并且人类既然堕落了，心中不幸就存在一种欲望的源泉，使得这一力量无限膨胀；而且不仅如此，当上帝以仁慈之心眷顾他时，便会让他的灵魂按照上帝的意志去做，正是通过这样的方式上帝实现了自己的意愿。与此同时，上帝的工作永无谬误，不会破坏人类天然的自由，因此上帝正是通过这样神秘的奇妙的方式促成人类的转变。圣奥古斯丁对此已经做了完美的解释，因而消除了那些反对有效恩宠的人空想出来的恩宠对于自由意志的压倒力量与自由意志具有抗拒恩宠的力量之间存在相互矛盾的一切疑虑。因为，根据这位伟大的圣徒——教皇和教会都认为他是这个问题上标准的权威——上帝改造人心，乃是将一种胜过肉体快乐的天堂般的甜美注入人心，引导他一方面感受到自身的必死和虚妄，另一方面发现上帝的崇高和永恒，使他对于那将他和不会毁坏的幸福分开来的种种罪恶的享乐产生厌恶。既在令他着迷的上帝那里找到了他的至乐，此人的灵魂就被正确地引向了上帝，但这是出于自愿，完全是一种自由的、自主的、由爱而生的动机。所以，把他和上帝分离开来，对于他是一种折磨和惩罚。就算这人总是有遗弃上帝的力量，上帝实际上也不会遗弃他，只要上帝不选择这样做。既然意志总是追求那最适合于它的事物，既然，就如我们现在所假设的，再也没有比拥有那本身就构成了其他诸善之至善更加适合于它的,那么它怎么可能还会选择一条相反的道路呢?(奥古斯丁说)"Quod enim amplius nos delectat, secundum operemur necesse est——我们的行为必然是受到那能够给予我们至乐的事物所决定的。"

上帝就是以这样的手段来管束,而不是侵害人的自由意志;通过这种手段,不论何时,只要上帝愿以他有效的圣灵感动之美不胜收的约束来引导它,那能够抗拒、却根本不会抗拒上帝恩宠的自由意志便会通过自愿的行动转向上帝,仿佛它无力抗拒一样。

神父啊,这些就是圣奥古斯丁和圣托马斯的神圣原理,据此,与加尔文不同,我们拥有抗拒恩宠的力量,这是正确的观点;尽管如此,用教皇克雷芒八世在他致神恩之助委员会[①]文章中的话说,"按照奥古斯丁的原则,上帝形成了我们意志的动力,有效安置了我们的心灵,通过这样一种最高的统治权,他那无上的崇高驾驭着我们人类的意志,驾驭着天底下所有的造物",这也是正确的观点。

根据同样的原则,这就意味着我们按照我们自己去行动,因此,与加尔文的另外一个谬误有所不同,我们的善功恰恰由我们自己而起;不过上帝是我们行为的第一原理,用圣保罗的话说,上帝"在我们心里所做,乃是在他眼里看为愉悦的工";或如特兰托公会议所言,"我们的功过是非皆是上帝的赠礼"。

[①] 神恩之助委员会(Congregation de Auxiliis),教皇克雷芒八世于1598年成立的一个组织,由枢机主教马德鲁奇和阿拉格纳(Madrucci and Aragone)负责,专门讨论多明我会和耶稣会之间关于自由意志和上帝恩宠的争端。因双方争论涉及的关键问题是上帝的恩宠如何帮助人类得救,故名。

根据这一原则，我们反驳路德的世俗观点，这一为公会议所谴责的观点乃是："我们只是与无生命的事物共同合作，获得拯救"；而且根据同样的推论方式，我们推翻了莫林那学派同样世俗的观点，莫林那不主张正是通过神圣恩宠的力量我们能够与之合作而获得拯救，因此，他与圣保罗确立的一条信仰的原则相冲突，这原则乃是："那通过我们的意志和我们的行动在我们心中做工的乃是上帝。"总之，正是通过这样的方式，我们才能够把如下看似相互矛盾的经文协调起来："您要转向上帝"、"上帝转向我们，我们也转向上帝"、"当抛弃一切可憎可厌的物"、"（上帝）从其中除掉一切可憎可厌的物"①、"做工就是悔罪"、"主啊，您破坏了我们心中一切的工"、"自做一个新心和新灵"②、"我也要赐给你们一个新心，将新灵放在里面"③，等等。

这些经文显然有不一致的地方，一会儿将我们的善行归诸我们自己，一会儿又归诸上帝；要将它们协调起来，唯一的办法只有考虑到这样一个特征，如同圣奥古斯丁所言："我们的行为就促成这些行为的自由意志而言是我们自己的，就上帝的恩宠使得我们的自由意志能够促成这些行为而言乃是上帝的"；而且，正如这位作者在另外一处所阐述的，"上帝使我们愿意做甚至是我们也许不愿意去做的事情，从而使我们能够去做在他眼里看为愉悦的事情"。

神父啊，你们的对手似乎完全是与现代的托马斯派站在一起

---

① 《旧约·以西结书》11:18。
② 《旧约·以西结书》18:31。
③ 《旧约·以西结书》36:26。

的，因为托马斯派与他们一样主张，抗拒恩宠的力量以及恩宠的效力绝对可靠这两条教理；特别是后面这一条教理，他们承认他们极为赞同，我们可以从他们神学的一条共同基本原则加以判断，他们的一位重要领袖阿尔瓦雷兹（Alvarez）曾在其著作中一再说明这一原则，表述如下（教规第七十二条，第四点）："当有效恩宠感动自由意志时，它将绝对同意；因为这种恩宠的效力就在于，尽管意志有力量能够拒绝同意，但是结果它还是同意了。"为了证明这一结论，他还引用了其导师圣托马斯的话："上帝的意志是不会实现不了的；因此，当他乐意一个人赞同恩宠的影响，他就会绝对可靠地赞同，而且甚至是必然地赞同，不是一种绝对的必然性而是一种绝对可靠的必然性。"为了达到这一效应，神圣的恩宠不是侵犯"人们抗拒他的力量，如果人希望去抗拒的话"，而是阻止人们产生抗拒的希望。贵会的皮塔乌（Petau）神父也持有同样观点，他写道（第一卷，第602页）："耶稣基督的恩宠绝对可靠地保证坚定的虔诚之心，却不是必然如此；因为正如宗教会议所述，一个人可以拒绝臣服于恩宠，如果他倾向于这样做的话；但是同样这个恩宠会阻止他产生这样的倾向。"

神父啊，这是圣奥古斯丁、圣普洛斯帕、继他们之后的教父、各宗教会议、圣托马斯以及所有托马斯派一致公认的教理。不管你们做何感想，同样也是你们的对手们的教理。而且我还要补充说，也是最近您本人亲口表示同意的教理。我引用您的原话："有效恩宠——它依然允许我们有抗拒它的力量——的教理是正统的，是建立在宗教会议基础上的，是托马斯派和索邦神学家所支持的。"神父啊，现在请您坦率地告诉我真相吧；如果您事先知道你们的对手也持有同样的教理，也许你们修会的利益就不会让您公开赞同这一教理的；但是，由于你们假设他们对于这一教理恨之入骨，同样强烈的动机就会引导您赞同那些您自己心中明白与贵会的观点截然相反的观点；正是由于您急于败坏他们的原则这种愚蠢行为，令您自己完全证明了这些原则。我们现在奇怪地看到，有效恩宠论的拥护者居然得到了莫林那的拥护者辩护——这是上帝的智慧使得一切事物都有助于弘扬真理的荣耀的一个绝妙例子。

因此，要让整个世界看到，由于您的许可，关于有效恩宠——对于一切虔诚的行为必不可少的恩宠、对于教会多么重要的恩宠、用救主的鲜血换来的恩宠——乃是无可争议的天主教真理，没有一个天主教徒，甚至包括耶稣会士在内，不承认它是正统思想。与此同时，还要注意到，根据你们的信仰表白，丝毫不可怀疑你们所经常侮辱的人是犯了错误的。因为只要你们暗中谴责他们是异端，却不指名道姓，他们就难以为自己辩护，而你们自己却可以轻易指责他们。而现在你们已经声明，迫使你们加以反对的谬误正是加尔文的异端邪说，那么人人都清楚了，他们并没有犯这些谬误；因为对于这个你们所唯一谴责的错误，他们是那样深恶痛绝，以至于他们通过讲课、通过他们的著作，总之，通过任何能够证明他们观点的方式表明，他们全身心地谴责这一异端邪说，托马斯派——你们毫不犹豫承认他们是天主教的，且从未被怀疑为别的什么——也是以同样方式予以谴责的。

神父啊，对此您将做何解答呢？您会说因为他们尽管不赞同加尔文的思想，但是也不同意詹森的思想与加尔文一样，他们仍然是异端吗？你们还将武断地说，这也是异端问题吗？难道这不是一个与异端毫无关系的纯粹事实问题吗？说我们不具有抗拒有效恩宠的力量，此乃异端；但是，怀疑詹森持有这样的观点也是异端吗？这是一条启示真理吗？这是一条哪怕受到诅咒也必须信仰的信条吗？尽管你们这样认为，但是难道它不是一个事实问题吗？而由于这一事实问题就说教会里面存在异端不是很荒谬吗？

因此，把异端的名号去掉吧，还是用其他更加适合于你们争论性质的称呼吧。告诉他们，他们无知而且愚蠢——他们误解了詹森。这些指责才是与你们的争论相称的；可是称他们为异端却是离题万里了。然而，他们是否异端，这是我唯一想要为他们辩解的一个问题，至于他们是否正确地理解了詹森的思想，我就不再自找麻烦、刨根问底了。对此，我只想说，神父啊，在我看来，如果按照你们的原则去判断他，那么很难说他不是一个好的天主教徒。我们能够根据您提议的办法对他进行考察。您说："想要知道詹森正确与否，我们一定要追究他如何拥护有效恩宠的，要是以加尔文的方式，否认人有抗拒恩宠的力量——他就是一个异端；要是以托马斯派的方式，认可人可以抗拒恩宠——他就是一个天主教徒。"神父啊，那就判断一下吧，他是否主张恩宠是可以抗拒的，他说："按照宗教会议，我们总是具有抗拒恩宠的力量；自由意志可以行动或者不行动、愿意或者不愿意、同意或者不同意行善还是为恶；那人在今生总是拥有这两种自由，可以称作某种矛盾性。"同样，还可以就判断是否如同你们所描述的，他不曾反对加尔文的谬误，他在全部第二十一章都表明了这样一个观点："教会谴责这种异端，它否认有效恩宠以教会长期以来一直相信的方式作用于自由意志，就是当有效恩宠在作用于自由意志的时候会让自由意志具有同意或者不同意的力量；而根据圣奥古斯丁的观点，我们总是具有选择不同意的力量；而根据普洛斯帕的观点，上帝甚至赐予他的选民固执己见的力量，而不会剥夺他们进行相反选择的力量。"总之，还可以根据下面第四章的声明来判断他是否与托马斯派不一致："所有托马斯派的作品都持这样一个观点，就是有效恩宠和抗拒它的意志是可以协调起来的，我的判断与之全无二致，要弄清楚我的观点，只需要参考他们的著作就可以了。"

既然在这些问题上他就是这么说的，我认为他是相信抗拒恩宠的力量的；他与加尔文不同而与托马斯派一致，因为他就是这么说的；因此，按照你们所言，他就是一个天主教徒。如果你们运用什么别的手段，而不是根据一个作者所表述的去理解他的思想，如果你们不引用他的任何一段原话，就决意主张，与他的原话完全相反，他否认这种抗拒的力量，他支持加尔文，反对托马斯派，那么，神父啊，您不要害怕，我也好同样指责你们是异端。我只想说你们没有正确地理解詹森，但是这无损于我们都是教会之子。

神父啊，你们怎么会把这场论战变得如此火药味十足呢，怎么会把他们当成最冷酷的敌人和最顽固的异端了呢？这些人除了他们对于詹森的理解与你们有所不同之外，你们不能指责他们犯有任何谬误。除了那位作者的意思到底是什么外，你们在和他们争论什么呢？您要他们谴责他的意思。他们则问你们要谴责他的什么意思。您回答就是加尔文的谬误。他们很乐意谴责这一谬误；既得到了这样的承诺（除非你们想谴责的是音节，而不是音节所表示的事物），你们应该心满意足了。如果他们拒绝说他们谴责詹森的意思，这只是因为他们相信他的意思与圣托马斯的意思无异，因此，"他的意思"，这四个倒霉的字使你们之间产生了分歧。在你们嘴里，它是指加尔文的意思；而在他们的嘴里，则是指圣托马斯派的意思。你们的分歧完全起因于你们把不同的观点附丽于同一个术语上面了。要是我在这场论战中做一个仲裁人，我就要禁止双方使用詹森这个词；我仅仅要求您表达您如何理解这场争论，便可看见你们只是要求对加尔文的谴责，这也正是他们乐于同意的；而他们只不过要求证明圣奥古斯丁和圣托马斯的意思是正确的，您的意见也完全与此相合。

因此，神父啊，我声明在我看来我将一如既往地认为他们都是好天主教徒，不管他们由于看到詹森的谬误而谴责他，还是由于发现詹森的主张正是你们自己所承认的正统而拒绝谴责他；我还将告诉他们，圣哲罗姆对耶路撒冷大主教约翰说的话——后者被谴责为赞同奥利金的八大命题："或是谴责奥利金，如果您承认他犯有这些谬误，或是否认他主张这些谬误——Aut nega hoc dixisse eum qui arguitur; aut si locutus est talia, eum damna qui dixerit。"

神父啊，看这些人是怎样做的，他们对事不对人；而你们却是对人不对事，除非你们达到了谴责某些你们选择要侮辱的人的目的，否则你们会认为这样的谴责是没有结果的。

你们的行为是何等粗鲁，神父啊！为了达到目的又是何等不择手段！我以前曾经告诉过你们，我现在还要重复一遍，粗鲁和事实互不相容。你们的指责越是甚嚣尘上，你们的对手就越是清白；对于有效恩宠的攻击越是阴险，它的获胜就越是有把握。你们处心积虑要人们相信，你们的争论涉及信仰问题；整个争论涉及的只是事实问题这一点就越是昭然若揭。总之，你们上天入地到头来只是让他们相信，事实问题是建立在真理基础上的；谁也不会对此表示怀疑。个中的原因就在于你们没有采用顺乎自然的方法让他们相信这个事实问题，就是给他们指出究竟在哪本书里面可以找到你们所指的那些字句，从而说服他们的理智。你们采用的方法却与这种直截了当的方法相差十万八千里，以至于连那些头脑愚钝的人也只要看一眼就会惊讶得莫名所以了。为什么你们不采取我用于揭露你们作家邪恶本性的基本原则的办法去做——就是忠实地引用他们作品的文字呢？这种办法乃是为巴黎的神父所采纳，也是从来被人们所采信的。但是，当你们遭到他们的攻击，认为比如拉米神父的命题，"僧侣可以杀死某个威胁要散布针对他本人或者他的修会的诽谤者，如果他别无他法阻止他散布这些诽谤的话"，如果他们不指出这些文字的具体出处，如果在反复要求他们引用他们的权威著作之后，他们仍然顽固地置之不理的话，如果不是同意这样做，而是远走罗马，去求得一纸通谕，强令所有人承认他们的声明合乎真理，你们将做何感想呢，公众又会怎么说呢？难道不会毫无疑问地得出结论，他们是让教皇在仓促间下了一道教谕，他们不该使用这种过分的手段，其实并不缺少自然的手段来维护真理，人人都可以用它来证明这些真理的吗？因此，他们只是告诉我们，拉米神父在第五卷第 36 条第 118 点（杜埃本）中传播了这一教理。通过这样的方法，任何想要看到的人都能够按图索骥，谁也不会再起什么疑心了。这似乎是一种很简单、能够及时结束事实问题的争论的方法，只要一个人处在问题正确的一方。

神父啊，你们怎么会不采取这样的计划呢？你们在你们的作品中说，那五大命题，一字一句都是詹森提出来的，用的是一模一样的文字——iisdem verbis。你们被告知这不是真的。在这之后你们要做的无非是，如果你们真能够找到这些字句，就指出书中的页码，要不就承认是你们弄错了。但是这两件事一件也没有做。相反，在发现詹森的所有摘录的文字——你们有时为了蒙骗民众引用的詹森文字——并不是像你们千方百计向我们所证明的那样是"条条都是遭到谴责的命题"后，你们出示了罗马的法令，它们没有一处明确声明这些命题就是从他的著作里面摘录出来的。

神父啊，基督徒对于圣座的感情我是深有体会的，而你们的对手也有足够的证据表明，他们决心信守圣座的决议。不要以为他们怀着小辈顺从长辈、个人顺从长上的谦恭之心向教皇提出异议，认为他在事实问题上可能受到了欺骗，便意味着他们对教皇缺乏应有的敬重——他们认为前任教皇在任职期间未及进行调查研究而已，而其后任，英诺森十世也只是审查了这些命题中的异端性质，却没有审查它们与詹森之间的联系这一事实。对此他们已经向主审官之一圣座代表陈述，这些摘录文字不能按照任何一位作者的意思而加以谴责，因为它们既被呈送上去，应按照本来的是非曲直加以审查，而不是考虑它们出自哪位作者之手；他们说，超过六十位神学家，以及许多饱学虔诚之士非常仔细地阅读了该书，根本没有看到受谴责的命题，倒是发现了一些正好相反的论述；他们说，那些让教皇产生这种想法的人很可能滥用了教皇对他们的信任，因为他们怀有诋毁那位作者的私心，这位作者指责莫林那犯有多达五十多项的谬误；他们说，使得这种假设更具有可能性的是，在他们中间盛行着一个基本原则，这在他们的神学体系里面得到了充分证明，那就是"诽谤那些他们认为不公平地恶毒攻击他们的人不算有罪"；因此，他们说，他们的证词是非常可疑的，而另外一方的证词倒是受到重视，因此他们有理由以最深的谦卑之情，祈求教皇下令当着双方神学家的面就这一事实展开调查，以便对于这场争论做出一个庄严、合法的决议。"让我们召集一次由称职的法官参加的会议（圣巴希尔遇到同样的情况，书信七十五）；让他们每一个人都有充分的自由；让他们审查我的著作；让他们阅读反对观点及其答复；以便对此事做出一个形式规范、认识得当的判断，而不是未经审查的肆意诽谤。"

神父啊，对于那些按照我现在所假设的方式采取行动的人，你们提出异议，认为他们没有恰当地服从圣座，这样做是徒劳的。教皇是不会像那些盗用教皇的名义欣然对基督徒飞扬跋扈的人的。教皇格利高里说："在谦卑的学校里面受教育的教会，对于那些她认为陷入了谬误的孩子们，不是以权威的名义发号施令，而是以理服人，使他们服从她的教导。"我们从圣伯纳德处得到证明，重新审查其不经意间做出的判断，教皇并不引以为耻，反以承认前愆为荣。他说（书信一百八十）："宗座以此忠告为荣：从不拘泥于一时一地的尊严，乐意撤销别人乘其不备从他那里骗取的决定；事实上，阻止任何人从一桩不公正的判决中获益乃是最公正的，在宗座面前尤其如此。"

神父啊，这便是教皇所应当具有的观点；因为所有的神职人员都同意有人会钻他们的空子，而他们的显著特征，不是他们不犯错误，而是他们更容易陷入错误，因为他们需要关注的事情太多太多了。有人惊奇另外一位教皇竟然多次上当受骗，同样这位格利高里教皇就对他们说："我们受人蒙骗，这有何奇怪，我们不也是人吗？你们不是读到过，大卫，这位有着预言之灵的国王，不也是由于错误地轻信了洗巴，而对约拿单的儿子做出了不公正的判断吗①？我们既非先知，受人蒙骗，有谁会觉得奇怪呢？我们事务缠身，不得心安，必须同时关注许多事情，难免顾此失彼，更容易在某些事情上受到蒙骗了。"神父啊，只是我应当认为，不管教皇是否上当受骗，他们都比你们明白事理。他们自己告诉我们，教皇就像国王一样，比起那些从事不那么重要职业的人更容易上当受骗。既是他们亲口所言，这一点就不可不信。并且不难想象，他们是怎样受人欺骗的。这一过程，圣伯纳德在他写给英诺森二世的信中为我们做了如下描述："毫不奇怪，毫不新奇，人心受到欺骗。您的身边围着一群僧侣，他们的灵魂充满了谎言和欺诈。您的耳朵里面充斥着各种针对他们所憎恨之人的传闻。这些人像疯狗一样咬人，竭尽颠倒善恶之能事。同时，最神圣的父亲啊，您陷入对于您的儿子的狂怒之中。为什么把快乐给予他的敌人呢？请不要轻信每一个灵魂，倒要试探它们是否属于上帝的灵魂。我相信，当您获知真相之后，所有建立在一纸虚假报告之上的妄见将会烟消云散。我祈祷真理之灵确保您获得恩宠，好教您区别黑暗与光明，喜爱善事，拒绝恶行。"您瞧，神父啊，以教

---

① 圣经故事。洗巴是约拿单之子米非波设的仆人，他告诉大卫王，米非波设欲恢复扫罗的王位。大卫便将米非波设的产业归给了他（《旧约·撒母耳记下》16:1-4）。

皇之尊尚不能豁免妄见的影响；我还要补充说，他们一旦犯了错误，后果比其他人更加危险，也更加严重。圣伯纳德向教皇欧根尼乌斯（Eugenius）就是做了这样的解释："在这世界上的伟人中间还存在一种很常见错误，以至于我还没有看到有谁能够避免它的；神圣的父亲啊，这个错误就是过分轻信，它是造成一切混乱的根源。这便滋生了对于无辜者的残酷迫害，无端的偏见和莫名其妙的怒火。这是一种无所不在的邪恶，如果您能够幸免于它的影响，我只想说，您是处在这一荣耀地位的同仁中唯一的一个。"

神父啊，我想我做的证明正在使您信服，教皇也会被人所利用。但是为了让您彻底转变立场，我还想给您举几个教皇和皇帝真正受到异端邪说欺骗的例子，它们在您的大著里面也提到过。您一准还记得您曾告诉我们，阿波利拿里[1]怎样蒙骗教皇达马苏[2]，而凯勒修斯[3]又是怎样蒙骗索西穆斯主教[4]的吧。此外，您告诉我们，有个叫亚大纳西（Athanasius）的，欺骗了赫拉克利乌斯皇帝（Emperor Heraclius），诱使他迫害天主教徒。最后，塞尔吉乌斯从教皇洪诺留斯那里取得的那份臭名昭著的教令，终于在第六次宗

---

[1] 阿波利拿里（Apollinarius，约310-约390年），叙利亚老底嘉主教，以基督论著名，认为他以神性的逻各斯为心灵，不像人由灵、魂和体三者构成，因而没有完全的人性，遭到罗马教会谴责。

[2] 达马苏一世（Damasius I，304-384年），366-384年任罗马主教，曾两次在罗马主教会议上谴责阿波利拿里神学。

[3] 凯勒修斯（Celestius），属贝拉基派，411-415年与贝拉基在罗马宣传贝拉基派的神学主张，与奥古斯丁为代表的正统神学发生冲突。

[4] 索西穆斯（Zozimus），417-418年任罗马主教，凯勒修斯曾经吁请他给予支持，推翻前两次宗教会议宣布贝拉基为异端的决议，但在418年索西穆斯召开的迦太基宗教会议上贝拉基派仍被谴责为异端。

教会议上被烧毁了,您说,他这是"在那些教皇面前搬弄是非"。

神父啊,按照你们自己所同意的,那些在教皇和皇帝面前扮演这类角色的人,乃是以劝说他们制止异端为名,怂恿他们迫害忠诚的真理捍卫者。教皇们对于这些不经意间造成的后果震惊无比,于是,通过亚历山大三世的一封书简,确定了一条教会规定并将其收入教会法,即他们所颁布的通谕和教令,如果有理由怀疑是在他们受到蒙骗的情况下做出的,就可以搁置执行。教皇对拉文纳的大主教说:"如果我们有时下达您等弟兄的教令,与您等观点相左,不要为此感到忧伤。我们希望,您等或怀着敬意执行这些教令,或把不应当执行教令的理由转达给我们;因为我们认为,不执行可能以欺诈或乘我们疏忽而颁布的通谕,这是您等的权力。"这就是教皇的策略,他们唯一的目的就是为了平息基督徒之间的争论,而不是对那些千方百计想让他们陷入困惑和麻烦境地的人煽风点火般的建议言听计从。他们遵从圣保罗和圣彼得的忠告,而后者又遵从耶稣基督的诫命,他们要避免施加决定性的影响。他们的全部行为散发着和平与真理的精神。正是本着这一精神,他们在书简中通常还插入这样一个短语,大家心照不宣,完全理解:"Si ita est; si preces veritate nitantur——如果事实与我们耳闻的一样,如果事实就是如此。"显然,如果教皇本人并没有给通谕附加一种强制性,除非它们以真正的事实为基础,那么,不是通谕本身证明了事实真相,而是相反——甚至教会法专家也认为——事实的真相使得通谕具有法律效力。

那么,通过什么办法我们才能获得事实真相呢?神父啊,必须通过眼睛,眼睛正是这类问题的合法的法官,就像推理是判断自然和理智的合适法官一样。因为，既然你们逼迫我参与这一讨论，你们就一定要允许我告诉你们，根据教会的两位著名神学家圣奥古斯丁和圣托马斯的观点，我们获取知识的三大本源：感官、推理和信仰，它们分别具有各自的对象，其可靠性也有不同的层次。上帝愿意通过感官的介入而让信仰深入人心（因为"信由听而生"），这绝不是意味着有了信仰就破坏感官的可靠性，而是意味着怀疑感官的可靠报告将破坏信仰。正是根据这一原则，圣托马斯明确提出，上帝愿让可感知的偶然事物存在于圣餐之中，以便那只是用于判断这些偶然事物的感官就不会受到欺骗了。

由此我们得出结论，不论那呈交给我们审查的命题是什么，我们都必须首先决定它具有什么性质，以便确定应当诉诸三大本源中的哪一种。如果它和超自然的真理有关，我们就不可根据感官和推理，而是根据《圣经》和教会的决议来判断。如果它关系到非天启真理并且处在自然推理的范围里的，推理就是合适的法官。如果它涉及事实问题，我们就应服从感官的证明，这些事情自然属于感性认知的。

在圣奥古斯丁和圣托马斯看来，这是一条非常普遍的规则，以至于当我们甚至在《圣经》里面遇到一段文字，其字面上的含义乍看上去与我们的感官和推理所认可的确实有所不同，在这种情况下，我们一定不可拒绝它们的证明，也不可屈从于对于这段《圣经》表面意思的权威理解，我们必须解释《圣经》，由此寻找出与感官真理相吻合的另外一种意思来；因为，上帝的话在所记载的事实上是绝对可靠的，而感官和推理的信息就在它们的范围里面发生作用，并且也是可靠的，这就意味着在这两种知识的源泉之间必有一致之处。由于《圣经》可以有好几种解释的方法而感官的证明则是一致的,我们在这些问题上必须采纳那种与感性忠实的报告相符合的观点作为对《圣经》的正确解释。圣托马斯说:"根据圣奥古斯丁,有两件事我们必须看到:第一,《圣经》通常只有一种真正的意思;第二,它可以容纳各种不同的意思,当我们发现其中的一种意思,理性显然告诉我们是虚假的,我们必不可坚持主张这是合乎自然的意思,而要寻找出另外一种合乎推理的含义来。"

圣托马斯以《创世记》一段经文为例解释他的意思,这段经文写道:"上帝造了两个大光,大的管昼,小的管夜,又造众星。"①《圣经》似乎是说月亮比所有的星星都大;但是显然,根据不可置疑的证明,这是错误的,这位圣徒说,我们的责任不是顽固地坚持这段经文上字面的含义;我们必须寻找另外一层与事实真相符合的含义,例如:"大光一语用来指月亮,是指它的光明在我们的眼睛里面看上去很耀眼,而不是指它本身的体积。"

另外还有一种与之相反的处理问题的方法,不是对《圣经》表示尊敬,而是让它受到渎神的羞辱;因为,正如圣奥古斯丁所言:"当他们发现我们根据《圣经》的权威相信,他们认为显然是错误的事物时,他们就笑话我们轻信这些比较深奥的真理,比如死人的复活和永生。"圣托马斯补充道:"而这种手段我们只会使我们的宗教在他们眼里遭到鄙视,还会妨碍宗教进入他们的心灵。"

神父啊,我还要补充一句,这一同样的手段极有可能妨碍《圣

---

① 《旧约·创世记》1:16。

经》进入异端的心灵并使教皇的权威在他们眼里遭到鄙视,还会将所有那些人排除在天主教徒的称号之外,这些人如果自己并没有发现某本书里的某话,绝不会仅仅因为某位教皇错误地声明这是一个事实就轻易相信它。只有通过审查一本书,我们才能够确定它究竟包含哪些文字。事实问题只有通过感官证明。如果你们所主张的观点是正确的,不妨展现给我们看,否则就不要让任何人去相信它——这样做是劳而无功的。地球上的一切势力都不能通过权威的力量强迫我们相信一个事实问题,它们同样也改变不了事实。因为什么也不能把事实问题变成真正非其所是的东西。

例如,拉提斯本(Ratisbon)的修士从教皇圣列奥九世那里索得一纸正式的通谕,断言巴黎的第一任主教,据说是亚略巴古人的圣丹尼斯的遗体已经运出法国,移葬在他们修院的教堂里面了,这一通谕是劳而无功的。可是确凿无疑的是这位圣徒至今还躺在以其名字命名的著名大教堂里,并且您发现让这所大教堂内的人接受这道通谕实非易事,尽管教皇向我们保证他"非常谨慎地审查了事情的来龙去脉,听取了许多主教和修院院长的建议;因此他严词责成全体法国人承认这些圣骨已不在他们的国家"。然而,法国人凭借他们自己的肉眼就知道这不是事实,他们打开圣龛,看到所有的圣骨后,就像当时的历史学家告诉我们的那样,于是就像他们日后一贯相信的那样,相信了与神圣的教皇责成他们相信的相反事实,明白甚至圣徒和先知也会上当受骗。

同样,你们从罗马获得了一纸针对伽利略的通谕,谴责他的地动说,这也是劳而无功的。像这样的一种论证根本不足以证明地球是静止的;如果能够根据确实可靠的观察证明是地球而不是太阳旋转,就是人类全部的努力和论证加在一起都不能妨碍我们的地球旋转,也不能妨碍他们本人同地球一起旋转。

再者,你们一定不可想象,教皇撒迦利(Zachary)对圣维吉利乌斯(St. Virgilius)实施绝罚,谴责他主张地球的背面也有人居住的观点,他这样做就能让整个新大陆消失;你们也不可假设,尽管他声明那种观点是最危险的异端邪说,西班牙国王更加相信从彼处回来的克利斯朵夫·哥伦布的判断而不是从未到过那里的教皇的判断,他这样做是错误的;也不可假设,教会没有从这一大发现中获利甚丰,把福音的知识传给了无数否则可能会在他们的不信神谬误中毁灭殆尽的灵魂。

因此,神父啊,您便看到事实问题的本质到底是什么了,应当根据怎样的原则解决事实问题了;再回到我们讨论的主题上来,就很容易得出结论,如果五大命题不是詹森提出来的,那就根本不可能从他的著作中概括出来;对此做出判断,让众人信服,唯一的办法就是像你们早就想做的那样,召开一次符合规定的会议审查他的著作。在这样做之前,你们没有权利指责你们的对手拒不服从教皇的命令;因为他们在事实问题上是无可指责的,就像他们在信仰问题上也是毫无过错的——教理上合乎天主教,事实上合乎理性,在这两者上都是清白的。

因此,神父啊,谁还感觉不出,争论的双方,一方绝无过错,另一方却横加指责!谁会假设在你们之间唯一的问题只是关系到一个无关紧要的是事实问题呢,其中一方希望另外一方相信这个事实却拒绝指出这个事实究竟是什么!谁曾料想在教会里引起轩然大波的事情就像圣伯纳德所言是无中生有(pro nihilo)!

但是，这正是你们策略的狡猾之处，以便让一切都好像危如累卵似的，而实际上什么都没有发生；以便向那些倾听你们说话的大人物大肆渲染，在你们的争论中包含有加尔文不可救药的谬误，以及各种危及信仰的原则，在他们信以为真之后，就怂恿他们以全部的热情和权威对付你们的对手，仿佛天主教的安危就在此一举了；可是，如果他们知道全部的争论竟然不过是一个微不足道的事实问题，他们就会不再关注，不仅如此，他们还会因为满足了你们私下的狂热，却在对于教会毫无意义的事情上花费那么多的精力而感到深深的遗憾。总之，退一万步讲，就算詹森的确提出过这些命题，而依旧有一些人表示怀疑，只要他们公开声明憎恨这些命题，就像他们已经这样做的那样，这又有什么大不了的呢？这些命题人人皆可无一例外地得而谴责之，并且按照你们希望的那样去谴责它们，这难道不就足够了吗？难道还要苛责他们，要他们也说这些命题是詹森提出来的吗？你们强迫他们承认这一点，除了要羞辱一位死在教会里面的神学家和一位主教之外，还会有什么别的目的吗？这样以制造诸多混乱为代价的做法，我是看不出有什么价值的。其后果对于国家、教皇、主教、神学家或者整个教会又有何益？神父啊，它们是不会受其任何影响的；而你们的修会自然要感到一阵窃喜，因为你们羞辱了一位只是给你们修会带来些许伤害的作家。同时，因为你们使人相信到了危急关头，于是一切便陷入了混乱之中。这是引起各种严重骚乱的秘密动力的根源，一旦争论的真实状况大白于天下，便会立刻烟消云散。由于教会和平系于这种解释，所以我认为，当务之急就是要揭露你们的一切阴谋，以此向全世界表明你们的指责是站不住脚的，你们的对手无谬误，教会也无异端。

神父啊，这就是我想要达到的目的；从任何一个观点看，这一目的对于宗教是何等的重要，以至于我不敢想象你们提供了如此众多的发言机会，何以众人竟三缄其口，沉默不语。就算他们对于你们所犯的个别错误无动于衷，那些教会所承受的痛苦，在我看来，也应该促使他们表示不满呀。除此之外，我也不能断定，是否天主教的神职人员应该牺牲他们的名誉而任人诽谤，尤其是在宗教问题上。尽管如此，他们还是允许你们说出你们想说的一切；因此，要不是纯粹出于偶然，我得到了一个替他们发言的机会，你们向全世界每一个角落所散布的关于他们臭名昭著的观点也许就很有可能畅通无阻。我得承认，他们的沉默令我吃惊；我不能怀疑他们的沉默是出于胆怯和无能，因为我坚信他们是不想论证他们清白无辜，也不想对真理表现出狂热，这就更加让我吃惊了。不过，我看到他们如此虔诚地保持沉默竟到了一种在我看来毫无道理的地步。神父啊，就我而言，我才不会以他们为榜样。我以我的至诚之心保证，你们让教会安生，我就让你们安生；但是只要你们出于一己之私利而让她不得安生，你们就丝毫不必怀疑，在她怀抱中就会有和平之子，他认为必须运用一切手段确保她的安生。

信札之十九（片段）

致安纳特神父

尊敬的神父：

如果在前面几封书简中，由于我致力于证明你们费尽心机恶意中伤的那些人是无辜的而令您产生一些不满，那么在这封书简中我将让你们知道，你们给那些人带来了怎样的痛苦，以此博取你们的愉悦吧。我好心的神父啊，你们高兴吧，你们仇恨的对象正忧伤着呢！如果尊敬的主教们受你们的怂恿，在他们各自的教区执行了你们的建议，认可并诅咒某个本身不可信、又不能强迫任何人相信的事实问题——你们事实上就成功地将你们的对手投入悲哀的深渊，就目睹教会被带入如此凄惨的境地。

是的，先生，我去看过他们；这是一次多么快乐的见面啊！我看到了这些神职人员；他们显示了他们的立场。他们并没有掩藏在哲人般的崇高之后；他们也无意表现出那种随意的坚定性，欲绝对服从每一种转瞬即逝的冲动性的义务；他们也没有显示出软弱和胆怯的性格，使他们找不到真理，或者找到了真理却不敢追随真理。我只是发现他们虔诚的心灵,镇定自若,不可动摇;给人留下一种温和地服从教会权威的印象;留下一种精神恬淡、勇于追求真理并且渴望验明且服从教会指令的印象;他们充满了一种值得赞美的怀疑自我的精神,觉得他们意志薄弱,悔恨这样反而会招徕痛苦;尽管如此,心中一直存有一种谦卑的希望,就是他们的主将以光明引导他们,以力量支持他们;相信他们救主的力量——他们所要维系的正是他们救主的影响,正是为了这个原因,他们才备受人世的煎熬——将立刻指导并支持他们!总之,我已经看到他们秉有一种基督徒虔诚的性格,他们的力量……

我发现,他们的朋友聚集在他们周围,这些人忙着向他们提出他们认为最适合于他们现在的紧急状况的各种忠告。我听说过这些忠告;我看到他们是怎样接受,又是怎样做出回答的;真的,神父啊,要是您当时也在现场,我认为您也会承认,在全部过程中绝无违抗和分歧之举;他们唯一的希望和目的就是让两件在他们看来是最可宝贵的事物不受侵犯——真理和安宁。

因为,在向他们阐明了他们拒绝签署教皇法令将会受到什么惩罚并且会给教会带来怎样不好的名声之后,他们的回答是……

图书在版编目(CIP)数据

致外省人信札/(法)帕斯卡尔著；姚蓓琴，晏可佳译.—北京：商务印书馆，2021(2022.7重印)
(汉译世界学术名著丛书)
ISBN 978-7-100-18654-4

Ⅰ.①致… Ⅱ.①帕…②姚…③晏… Ⅲ.①基督教—神学—研究 Ⅳ.①B972

中国版本图书馆CIP数据核字(2020)第101341号

权利保留，侵权必究。

汉译世界学术名著丛书
致外省人信札
〔法〕帕斯卡尔 著
姚蓓琴 晏可佳 译

商 务 印 书 馆 出 版
(北京王府井大街36号 邮政编码100710)
商 务 印 书 馆 发 行
北京冠中印刷厂印刷
ISBN 978-7-100-18654-4

2021年8月第1版　　开本850×1168 1/32
2022年7月北京第2次印刷　印张 10¼
定价：58.00元